宜都长江大桥设计与施工

主　编　朱红明
副主编　张清利　朱　文　罗　勇　殷　源

人民交通出版社股份有限公司
北京

内 容 提 要

本书系统全面地介绍了宜都长江大桥的设计与施工。全书分为五篇：第一篇为总论，介绍了悬索桥的发展和宜都长江大桥的项目概况；第二篇为设计篇，介绍了主桥和引桥的结构设计；第三篇为施工篇，介绍了大桥的施工总体部署、施工方案和构件施工方法；第四篇为控制篇，介绍了大桥的平面控制网和控制测量；第五篇为成果篇，介绍了大桥设计与施工的关键技术与主要创新和科研成果。

本书为桥梁设计施工类著作，可供行业内相关设计、施工技术人员参考使用，也可作为高等院校高年级本科生及研究生的参考资料。

图书在版编目(CIP)数据

宜都长江大桥设计与施工/朱红明主编.—北京：人民交通出版社股份有限公司,2022.12
ISBN 978-7-114-18310-2

Ⅰ.①宜… Ⅱ.①朱… Ⅲ.①钢桁架桥—悬索桥—桥梁工程—宜都 Ⅳ.①U448.21

中国版本图书馆 CIP 数据核字(2022)第 198175 号

Yidu Changjiang Daqiao Sheji yu Shigong

书　　名：	宜都长江大桥设计与施工
著 作 者：	朱红明
责任编辑：	李　瑞　陈虹宇
责任校对：	赵媛媛　魏佳宁
责任印制：	张　凯
出版发行：	人民交通出版社股份有限公司
地　　址：	(100011)北京市朝阳区安定门外外馆斜街 3 号
网　　址：	http://www.ccpcl.com.cn
销售电话：	(010)59757973
总 经 销：	人民交通出版社股份有限公司发行部
经　　销：	各地新华书店
印　　刷：	北京虎彩文化传播有限公司
开　　本：	787×1092　1/16
印　　张：	19.125
字　　数：	466 千
版　　次：	2022 年 12 月　第 1 版
印　　次：	2022 年 12 月　第 1 次印刷
书　　号：	ISBN 978-7-114-18310-2
定　　价：	95.00 元

(有印刷、装订质量问题的图书，由本公司负责调换)

策划委员会

总策划：刘祖雄　潘新平
成　员：蔡明征　周望虎　朱红明　王运红　刘占兵　徐世雄
　　　　　　王华瑞　余国中　马伦权

编写编委会

主　编：朱红明
副主编：张清利　朱　文　罗　勇　殷　源
参　编：（排名不分先后，按拼音首字母排）
　　　　　　陈　煜　胡俊超　焦长青　刘　健　刘志林　彭　劲
　　　　　　王佳宇　王康明　许　亮　徐　强　杨　峰　张　帆
　　　　　　张洪翠　朱志刚　张芷璇

主　审：张德军　雷丽君　谢功元

前言

宜都长江大桥,原称白洋长江公路大桥,是中国湖北省宜昌市境内连接枝江市与宜都市的过江通道,为呼和浩特—北海高速公路(呼北高速)的控制性节点工程,是沟通鄂西、湘西地区的省际快速通道和重要枢纽,也是湖北省"753"骨架公路网规划中"纵6"的重要组成部分。

宜都长江大桥的建成有利于进一步完善长江湖北段过江通道布局,在区域公路网中居重要地位。同时,大桥对宜昌市建设全国重要的区域性综合交通枢纽、构建三峡综合交通运输体系,将发挥巨大的推动作用。

本书分五篇对大桥的设计和施工进行介绍,其中第一篇为总论,介绍了悬索桥的发展和宜都长江大桥的项目概况;第二篇为设计篇,介绍了主桥和引桥的结构设计;第三篇为施工篇,介绍了大桥的施工总体部署、施工方案和构件施工方法;第四篇为控制篇,介绍了大桥的平面控制网和控制测量;第五篇为成果篇,介绍了大桥设计与施工的关键技术与主要创新和科研成果。

本书主编为湖北省路桥集团有限公司朱红明,副主编为湖北省路桥集团有限公司张清利、朱文、殷源及湖北交通投资集团有限公司罗勇,主审为湖北交通运输厅质量监督局张德军、雷丽君及湖北交通投资集团有限公司谢功元。此外,参与本书编写的还有湖北省路桥集团有限公司王佳宇、王康明、朱志刚、焦长青、张帆、许亮、刘志林、陈煜、徐强、张洪翠、张芷璇,湖北交通投资集团有限公司胡俊超、彭劲、刘健,以及湖北交投智能检测股份有限公司杨峰。

本书得到湖北白洋长江公路大桥有限公司、中交第二公路勘察设计研究院有限公司、湖北省交通运输厅工程质量监督局、中铁武汉大桥工程咨询监理有限公司、四川公路桥梁建设集团有限公司、武船重型工程股份有限公司、江苏法尔胜股份有限公司、成都西南交大技术转移中心有限公司、湖北省公路学会等单位的大力支持,在此一并深表谢意。

本书编著过程中,参考了国内外桥梁方面的专著、教材、报告及宜都长江大桥设计与施工方案等资料。在此,谨向这些资料的作者们表达敬意和谢意。

由于作者水平有限,本书中错谬之处在所难免,敬请批评指正。

编 者
2022 年 5 月

目录

第一篇 总 论

1 悬索桥概述

1.1 桥型概述 ……………………………………………………………………… 3

1.2 悬索桥的组成和特点 …………………………………………………………… 3

1.3 悬索桥发展历程 ………………………………………………………………… 6

2 宜都长江大桥项目概况

第二篇 设 计 篇

3 基础设计

3.1 主桥锚碇基础 …………………………………………………………………… 15

3.2 桥塔基础 ………………………………………………………………………… 15

3.3 引桥基础 ………………………………………………………………………… 18

3.4 岸侧锚碇基础 …………………………………………………………………… 18

3.5 小结 ……………………………………………………………………………… 18

4 主塔设计

5 引桥设计

5.1 南岸跨堤引桥 ……………………………………………………………… 23
5.2 南岸标准跨径引桥 …………………………………………………………… 25
5.3 小结 …………………………………………………………………………… 26

6 锚碇、锚体设计

6.1 北岸(白洋侧)锚碇 …………………………………………………………… 27
6.2 南岸(宜都侧)锚碇 …………………………………………………………… 29
6.3 锚固系统设计 ………………………………………………………………… 31
6.4 锚碇附属设施设计 …………………………………………………………… 33
6.5 小结 …………………………………………………………………………… 34

7 缆索系统设计

7.1 主缆 …………………………………………………………………………… 36
7.2 吊索 …………………………………………………………………………… 36
7.3 索夹 …………………………………………………………………………… 38
7.4 主索鞍 ………………………………………………………………………… 38
7.5 散索鞍 ………………………………………………………………………… 41
7.6 钢桁梁 ………………………………………………………………………… 43
7.7 主缆防腐与除湿 ……………………………………………………………… 47
7.8 桥面系及附属工程 …………………………………………………………… 50
7.9 小结 …………………………………………………………………………… 53

第三篇 施 工 篇

8 项目施工总体部署

8.1 主要施工方案 ………………………………………………………………… 57
8.2 临建施工 ……………………………………………………………………… 57
8.3 工期及施工计划 ……………………………………………………………… 59

9 南索塔基础施工

9.1 工程概况 ·· 60
9.2 钻孔灌注桩施工 ·· 61
9.3 南索塔承台施工 ·· 67
9.4 南索塔塔座施工 ·· 75
9.5 小结 ·· 77

10 北索塔基础施工

10.1 工程概况 ·· 79
10.2 钻孔灌注桩施工 ·· 80
10.3 北索塔承台施工 ·· 84
10.4 北索塔塔座施工 ·· 86
10.5 小结 ·· 87

11 南锚碇施工

11.1 工程概况 ·· 88
11.2 施工总体部署 ·· 89
11.3 总体施工方案 ·· 91
11.4 锚碇悬臂模板及模板支架设计施工 ····························· 94
11.5 锚碇型钢锚固系统设计施工 ······································ 95
11.6 锚碇钢筋施工概述 ·· 97
11.7 锚碇混凝土施工概述 ··· 98
11.8 小结 ·· 100

12 北锚碇施工

12.1 工程概况 ·· 102
12.2 施工总体部署 ·· 102
12.3 总体施工方案 ·· 104
12.4 北锚碇施工流程 ··· 109
12.5 小结 ·· 110

13 南索塔施工

- 13.1 工程概况 ········· 111
- 13.2 施工总体部署 ········· 111
- 13.3 混凝土配合比设计 ········· 114
- 13.4 南索塔总体施工方案 ········· 115
- 13.5 南索塔主动横撑设计 ········· 118
- 13.6 南索塔液压自爬模体系设计与施工 ········· 119
- 13.7 南索塔柱施工 ········· 120
- 13.8 塔柱劲性骨架设计与施工 ········· 120
- 13.9 塔柱钢筋施工 ········· 121
- 13.10 索塔混凝土施工 ········· 122
- 13.11 塔柱主动横撑施工 ········· 122
- 13.12 塔柱横梁处钢筋、预应力管道接头处理 ········· 123
- 13.13 南索塔上下横梁施工 ········· 123
- 13.14 小结 ········· 126

14 北索塔施工

- 14.1 工程概况 ········· 129
- 14.2 施工总体部署 ········· 129
- 14.3 北索塔总体施工方案 ········· 131
- 14.4 北索塔横梁支架 ········· 134
- 14.5 小结 ········· 134

15 大体积混凝土施工

- 15.1 抗裂安全性评价指标 ········· 135
- 15.2 温控标准 ········· 136
- 15.3 大体积混凝土施工措施 ········· 137
- 15.4 现场温度监控 ········· 144
- 15.5 小结 ········· 147

16 钢结构加工与制造

16.1 索鞍与索夹鞍座制造 ········ 149
16.2 钢桁梁加工与制造 ········ 158
16.3 主缆索股与吊索制造 ········ 164
16.4 小结 ········ 176

17 上部结构安装

17.1 上部结构安装综述 ········ 177
17.2 主要构件施工 ········ 181
17.3 小结 ········ 221

18 桥面系及附属工程施工

18.1 主桥沥青混凝土桥面施工 ········ 224
18.2 主桥伸缩缝安装 ········ 235
18.3 主桥防撞护栏制造及安装 ········ 237
18.4 小结 ········ 242

第四篇 控 制 篇

19 平面控制网及高程施测方法

19.1 平面控制网测量 ········ 246
19.2 高程具体施测方法 ········ 248
19.3 小结 ········ 251

20 锚碇施工测量

20.1 南锚开挖线施工放样 ········ 252
20.2 南锚基底垫层施工放样 ········ 252
20.3 锚碇施工测量方法 ········ 252
20.4 锚碇模板测量 ········ 255
20.5 锚固系统测量 ········ 255
20.6 支架预埋件坐标计算转化 ········ 256

20.7 各锚面锚杆坐标转化计算公式 257
20.8 定位检测及注意事项 257
20.9 小结 257

21 索塔施工测量

21.1 基础施工测量 258
21.2 塔柱和横梁测量定位 258
21.3 施工测量放样 259
21.4 沉降和位移观测 260
21.5 小结 260

22 索鞍安装测量

23 上部结构施工前准备工作

23.1 施测 264
23.2 测量作业技术指标、要求 266
23.3 小结 268

24 猫道施工测量

24.1 猫道天顶角法测量控制 269
24.2 施工质量标准 272
24.3 猫道架设完毕数据收集 272
24.4 小结 272

25 上部结构控制测量

25.1 主缆控制测量 273
25.2 索夹放样 274
25.3 吊索安装测量 275
25.4 钢桁梁吊装过程中桥塔偏位及主索鞍顶推测量 275
25.5 钢桁梁线形测量 277
25.6 小结 277

26　成桥竣工测量与变形观测

26.1　主缆线形测量 ·· 279
26.2　钢桁梁长度和轴线方向的测量 ·· 279
26.3　索塔和主索鞍位置测量及跨径测量 ······································ 279
26.4　散索鞍位置测量 ·· 280
26.5　索塔、锚碇变形观测 ·· 280
26.6　小结 ·· 280

第五篇　成　果　篇

27　关键技术与主要创新

27.1　关键技术问题 ··· 283
27.2　设计创新点及成效 ··· 284

28　科研成果

28.1　科技成果 ··· 286
28.2　论文 ·· 286
28.3　专利 ·· 287
28.4　工法 ·· 288
28.5　QC（质量控制）成果 ·· 289

参考文献

第一篇

总论

1 悬索桥概述

1.1 桥型概述

悬索桥又称吊桥,主要承载结构为缆索。其特点是在荷载作用下,缆索以承受拉力为主,次弯矩很小,锚固点处不仅产生竖向反力,还产生水平拉力。这种桥型充分发挥了高强度钢材的抗拉性能,使其能以较小的建筑高度,实现任何其他桥型都无法达到的特大跨径。

悬索桥有着如下优点:
①构造简单、受力明确。
②与拱桥比,凭借其柔性的缆显现其刚性。
③与斜拉桥比,恒载主要由主缆承受,加劲梁所受的弯矩较小,截面尺寸较小,即加劲梁截面与跨度无必然联系。
④猫道、主缆为施工提供了现成的悬吊脚手架。
⑤显著的美学价值。
⑥跨越能力最大,跨径可达 2000m 以上。

1.2 悬索桥的组成和特点

悬索桥结构体系是功能、外形和受力的统一。悬索桥按照桥面系的刚度大小分为柔性悬索桥和刚性悬索桥。悬索桥从受力上主要分为地锚式悬索桥和自锚式悬索桥两种,如图1-1所示。

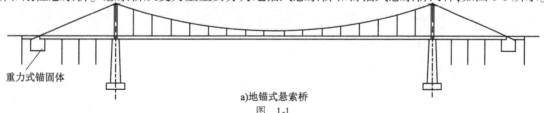

a)地锚式悬索桥
图 1-1

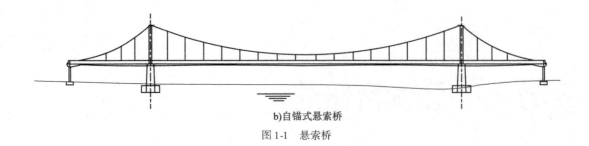

b)自锚式悬索桥

图 1-1 悬索桥

1.2.1 悬索桥的基本组成

悬索桥主要由加劲梁、吊索、主缆、鞍座、索塔、索夹、锚碇组成。自锚式悬索桥主缆锚于加劲梁上,没有锚碇。悬索桥的基本组成如图 1-2 所示。加劲梁主要提供抗扭刚度和荷载作用面,并将荷载传递给吊索。吊索连接主缆和加劲梁,并将加劲梁传来的荷载传递给主缆。主缆是悬索桥的主要承重构件,承受活载和加劲梁、吊索及自身的恒载等。塔顶鞍座是主缆转向装置,将缆力的竖向分力传递给索塔。索塔起支承主缆的作用,承受缆力的竖向分力和不平衡水平力。散索鞍在主缆进入锚碇前起分散主缆和转向作用。锚碇(地锚式悬索桥)是锚固主缆的构造物,根据构造的不同以不同方式承担主缆的拉力。

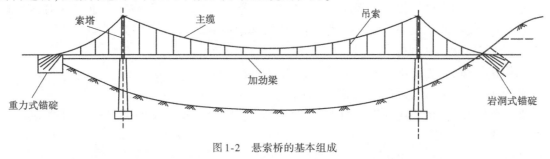

图 1-2 悬索桥的基本组成

1.2.2 悬索桥的受力特点

悬索桥属于柔性结构,是依靠主缆初应力刚度抵抗变形的二阶结构,整体受力表现出显著的几何非线性。成桥时,结构自重由主缆和索塔承担,加劲梁受力状态则由施工方法决定;成桥后作用的荷载由结构共同承担,受力按刚度分配。地锚式悬索桥的传力路径为:加劲梁→吊索→主缆→索塔→锚碇,如图 1-3a)所示。自锚式悬索桥的传力路径为:加劲梁→吊索→主缆→索塔→加劲梁,如图 1-3b)所示。

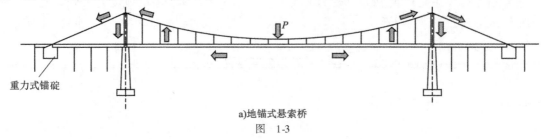

a)地锚式悬索桥

图 1-3

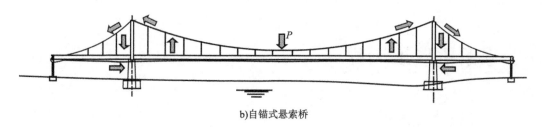

b)自锚式悬索桥

图1-3 悬索桥传力路径

加劲梁是保证车辆行驶的传力构件。地锚式悬索桥加劲梁在一期恒载作用下仅受梁段节间自重弯矩作用,在二期恒载和活载作用下主要承受整体弯曲内力。但由于主缆强大的"重力刚度",大部分荷载都分配给了主缆,因此大跨径悬索桥加劲梁的挠度从属于主缆,以致增大加劲梁截面尺寸会出现梁内应力增大的现象。随着跨径的增大,加劲梁退化为传力构件。由于加劲梁在横桥向没有多点约束,因此需要足够的横向抗弯刚度和抗扭刚度。

自锚式悬索桥的加劲梁受力与地锚式悬索桥不同,主缆不提供"重力刚度",加劲梁通过弯曲承担大部分荷载,且还要承受锚固在加劲梁两端的主缆传递来的轴向压力,因此自锚式悬索桥加劲梁的截面尺寸较大。

吊索是联系加劲梁和主缆的纽带,承受轴向拉力。吊索内轴力的大小,既决定主缆的成桥线形,也决定加劲梁的弯矩,是决定悬索桥受力状况的关键因素。竖直布置的吊索只承受拉力作用,但斜吊索会因为车辆荷载或风荷载作用不断产生拉、压交变应力,存在严重的疲劳问题。

主缆是结构体系中的主要承重构件,属于几何可变体系,承受拉力作用。主缆在恒载作用下有很大的初始张拉力,为后续结构提供"几何刚度",可同时通过自身弹性变形和几何形状的改变来影响体系平衡,表现出大位移非线性的力学特征。这是悬索桥区别于其他桥型的重要特征之一,也是悬索桥跨径得以不断增大、加劲梁高跨比得以减小的根本原因。

悬索桥的施工与其结构体系构造相关,因此地锚式悬索桥与自锚式悬索桥的施工工艺存在较大差异。

地锚式悬索桥采用"先缆后梁"的施工方法,施工主要分为四步:
①施工塔锚的基础,同时加工制造上部施工所需构件,为上部施工做准备。
②施工塔柱与锚体,包括鞍座、锚碇钢框架安装等。
③主缆系统安装架设,包括牵引系统、猫道的架设,主缆索股预制、架设、紧缆,索夹、吊索安装等。
④钢箱梁节段的吊装架设,包括整体化焊接等。

对于自锚式悬索桥来说,"先缆后梁"的施工方法工艺复杂、程序多、工艺难度大,采用"先梁后缆"的施工方案更加合理。施工过程中,自锚式悬索桥的体系转换是关键。首先,需要在架设完成加劲梁后,安装缆索系统,然后通过落梁法、顶升法或者吊索张拉法将自锚式悬索桥进行体系转换。目前大多自锚式悬索桥的施工都是借助吊索张拉来实现成桥体系的转换。

1.3 悬索桥发展历程

1.3.1 古代悬索桥

中国古代的吊桥是悬索桥的维形。公元前250年,李冰在都江堰修建了竹索吊桥;公元1世纪,汉朝出现了铁索吊桥。相比之下,英国在1741年才出现铁索吊桥(Tees河桥,跨径为21.84m)。

古代吊桥主要分为三类,即无桥面系、有桥面系和网状结构。其中无桥面系的是索桥。古代吊桥构造非常简单,仅由一根或数根索构成。荷载直接或者通过某种机具施加在其中一根索(承重索)上,其他索与承重索之间没有任何联系,只起扶手作用。溜索桥、双索桥等都属于此类。由于单根索的承载力有限,只能运送小件物体,因此这种"桥"一般出现在人烟稀少的山区,供生活所用。

古代吊桥的共同特点是:
①依靠经验建造,无特定设计。
②没有索塔,纵向索直接锚于两岸山壁或桥头堡上。
③没有加劲梁,尽管大部分吊桥有桥面系,但没有刚度,只起到分散和传递荷载的作用,荷载依然靠索承受。

因此,古代吊桥在承载能力、跨越能力、刚度和稳定性等方面存在诸多不足。

1.3.2 近代悬索桥

近代悬索桥的发展分为两个阶段:1883年前属于奠基时期,1883—1945年属于发展时期。

奠基时期悬索桥的发展主要在欧洲。公元14世纪的文艺复兴为欧洲的桥梁发展奠定了丰富的自然科学理论和物质财富基础。其中,意大利科学家伽利略建立了代数学,并在《关于两种新科学的对话》中对材料强度、杠杆原理等进行了描述,使工程师们能够科学地建造桥梁。在该时期,悬索桥的计算主要基于弹性理论。

威尔士康威城堡桥(Conwy Castle Bridge,1822年,图1-4)是最早的近代悬索桥之一,由托马斯·泰尔福特(Thomas Telford)设计。该桥的跨径只有99.7m,但采用了索塔、吊索、加劲梁等重要部(构)件,这与古代吊桥相比有本质的变化。之后,托马斯又于1826年修建了英国梅奈海峡桥(Menai Straits Bridge,图1-5)。该桥索塔高46.7m,跨径176.6m,是当时跨径位居世界之首的桥梁。

该时期悬索桥主缆普遍采用由铁眼杆做成的索链,索塔为圬工结构。由于索链杆件之间接触面小,会产生应力集中,而制成眼杆所用的锻铁又是脆性材料,因此眼杆索链容易在连接处破坏,这使得悬索桥的跨径难以增大。

图1-4　威尔士康威城堡桥

图1-5　梅奈海峡桥

1883年之后进入近代悬索桥的发展时期。近代悬索桥的发展得益于两大成就：一是纽约布鲁克林大桥的建造，其在主缆材料（平行钢丝）和施工方法（空中纺丝）上做出了创新，并完善了近、现代悬索桥的体系和构造；二是挠度理论的出现，使悬索桥向轻型化方向发展，跨径有了质的飞跃。

"弹性理论"没有考虑初应力的刚度贡献，并将平衡建立在变形前的位置。根据"弹性理论"计算出的加劲梁需要很大的刚度，因而这一时期的悬索桥有着过高的加劲梁和笨拙的索塔，大大限制了悬索桥的跨径。1888年，出生于维也纳的美国工程师约瑟夫·米兰（Josef Melan）提出了挠度理论，使人们认清了悬索桥的受力特性。悬索桥的跨径得到了进一步的提升。

利昂·所罗门·莫西夫（Leon Solomon Moisseiff）最早应用挠度理论设计了纽约曼哈顿大桥（Manhattan Bridge，1912年），如图1-6所示。该桥主跨448.1m，总长2089m，加劲梁为双层钢桁梁，结构体系为三跨两铰式。纽约曼哈顿大桥改变了传统悬索桥笨重的形象，用全钢索塔代替圬工索塔，是第一座用华伦式桁梁作为加劲梁、第一次采用骑跨式吊索的悬索桥，整座大桥纤细、美观。

1931年由奥斯玛·赫尔曼·安曼（Othmar Herrmann Ammann）设计的纽约乔治·华盛顿桥（George Washington Bridge，图1-7）主跨为1067m，该桥的建成标志着悬索桥进入千米级。在该桥的设计中，因认识到加劲梁对于活载作用下大跨悬索桥刚度的贡献有限，即加劲梁高度不必随跨径增大而增大，故该建成后的31年里未设加劲梁，只安装了抗弯刚度极小的桥面系纵、横梁和平纵联（抗风桁架）。

图1-6　纽约曼哈顿大桥

图1-7　纽约乔治·华盛顿桥

由于挠度理论的应用,1885—1945年期间的悬索桥加劲梁向纤细化方向发展,钢索塔代替了圬工索塔,加劲梁由深桁梁变为浅桁梁,甚至出现了高跨比1:350的板梁。但对"挠度理论"的极端利用和对加劲梁作用的忽视导致了巨大灾难。1940年,由莫西夫设计的塔科马大桥(图1-8)在一场风速68km/h的持久大风中振毁。该桥主跨长853m,加劲梁为钢板梁,高跨比只有1/350,宽跨比为1/72,其宽跨比仅为金门大桥(1/47)和华盛顿大桥(1/33)的一半左右。塔科马大桥事件引起了工程师们对悬索桥加劲梁抗扭刚度的重视,并使人们开始关注大跨径桥梁的空气动力稳定问题。

图1-8 塔科马大桥

自锚式悬索桥首先出现在德国莱茵河上(1915—1917年)。与地锚式悬索桥相比,自锚式悬索桥省去了巨大的地锚,解决了悬索桥对地基要求过高的问题。但受到加劲梁截面及施工条件等限制,自锚式悬索桥使用范围有限,难以成为大跨径桥型。

1.3.3 现代悬索桥技术

新塔科马大桥(New Tacoma Bridge)(1950年)加劲梁由钢板梁改为钢桁梁,桥面部分设有若干带状孔隙,以改善抗风性能。悬索桥的模型风洞试验从此在桥梁设计中成为必要的手段。

英国塞文桥(Severn Bridge)(1966年)首次采用扁平流线型钢箱梁代替桁架梁,通过改变加劲梁的抗扭刚度和外形来提高悬索桥的空气动力稳定性。

丹麦大海带桥(Great Belt Bridge)(1998年)结构形式独特,主跨1624m,名列当时跨径世界第一,是英式悬索桥中跨径最大的一座。

日本明石海峡大桥(Akashi kaikyo Bridge)(1998年)主跨为1991m,是当前跨径世界第一的悬索桥。建设过程中首次采用了"海底穿孔爆破法""大口径掘削法"和"灌浆混凝土"等新技术。

虎门大桥(1999年)是我国第一座自行设计建造的大跨径钢悬索桥,拥有18项代表当时国内或国际先进水平的工程技术和工艺,为我国大跨径桥梁的建设奠定了坚实的基础,如图1-9所示。

江阴大桥(1999年)是我国首座跨径超千米的特大型钢箱梁悬索桥,为20世纪90年代造桥最高水平的代表之一,是桥梁工程建设里程碑,如图1-10所示。

图1-9　虎门大桥

图1-10　江阴大桥

舟山西堠门大桥(2009年)首次采用了分离式双箱断面形式,攻克了结构抗风稳定性难题,开创了台风期架设钢箱梁的先例。

贵州坝陵河大桥(2009年)为国内首座千米级的单跨双铰钢桁梁悬索桥,首次采用桥面起重机架设加劲梁。

泰州大桥(2012年)项目提出并应用了高强度轻质纤维绳先导索水面过江施工技术,采用了具有自主知识产权的主缆除湿系统,促进了我国桥梁施工的技术进步。

湖南湘西矮寨大桥(2012年)项目首次提出塔梁分离式悬索桥新结构,实现了结构与环境的完美融合,针对山区大跨径悬索桥加劲梁运输与架设的难题,提出了柔性轨索滑移法架设加劲梁的新工艺,如图1-11所示。

南沙大桥(2019年)采用"短线匹配法"工艺,实现全桥节段箱梁的装配化预制拼装施工。大桥项目开发了基于BIM(建筑信息模型)技术的节段梁预制厂生产管理系统,保证了预制构件质量的可追溯性及构件出运的合理性,如图1-12所示。

图1-11　湘西矮寨大桥

图1-12　南沙大桥

五峰山长江大桥(2020年)是我国首座公铁两用悬索桥,也是目前世界上荷载最大、行车速度最快的公铁两用悬索桥。

土耳其1915恰纳卡莱大桥(1915Canakkale Bridge)(2022)主跨2023m,刷新了桥梁跨度世界纪录。该桥加劲梁采用分离式钢箱梁,重量更轻、经济性更好。

江苏张皋长江大桥(在建)主跨(2300+717)m,建成后将创下六项世界之最:世界最大跨径桥梁、最大跨径悬索桥、最高钢-混凝土组合索塔、最长主缆、最大锚碇基础、最长吊索。

2 宜都长江大桥项目概况

宜都长江大桥（原名白洋长江公路大桥）是宜昌至张家界呼北高速公路在湖北省宜昌市境内跨越长江的通道。宜张高速公路宜昌段是湖北省"753"骨架公路网规划中"纵6"线之一——郧县至五峰高速公路的重要组成部分。该项目北接保康至宜昌高速公路，南连宜昌至张家界高速公路湖南段，是《湖北省公路水路交通运输发展"十二五"规划》建设的重点项目。"纵6"线由郧县至十堰、十堰至房县、神农架至保康、保康至宜昌、宜昌至张家界等高速公路项目组成，路线走廊总体呈南北向，是一条纵贯湖北省西部地区的省际通道。目前，郧十、十房、保宜等高速公路项目均已开工建设，湖南省也在同步开展与宜张高速公路对接的高速公路前期工作。因此，宜张高速公路的建设不仅具备良好的条件，同时也具有较强的紧迫性。

宜张高速公路宜昌段起于当阳市（双莲镇），路线依次经宜昌市夷陵区、枝江市，在宜都工业园与宜都市陆城镇交界区跨越长江，途经宜都市、五峰县，止于五峰县炉红山（鄂湘界）。桥址位于长江中游宜昌至枝城河段，北岸是宜昌市枝江市宜都镇（在建宜都工业园），南岸是宜都市城镇带（陆城镇、枝城镇等）。该项目作为宜昌至张家界高速公路的重要组成部分，与G318国道、宜昌至华容一级公路、规划岳阳至宜昌高速公路以及众多国道、省道和县道相连接，是联系鄂西北、湘西地区的省际快速通道。

宜都长江大桥段路线全长15.679km。全线设长江大桥（以下简称大桥）1座，长2210.65m，其中跨江主桥跨径布置为单跨1000m的钢桁梁悬索桥。主塔与加劲梁通过塔连杆连接，主梁与主塔横向设置抗风支座，主缆跨中设置中央短斜索（中央扣）形成缆梁固结。

宜都长江大桥桥址区域属北亚热带季风性湿润气候，多年平均气温16.8℃，最大风速25.6m/s。桥位处常水位江面宽约900m，断面主槽靠左，左岸较陡，河道呈冲淤交替状态，冲刷幅度较大，右岸较平缓。工程河段断面边坡基本稳定，历年岸线变化不大。受沿程宜都、枝城等基岩节点控制，河势长期以来比较稳定，深泓平面位置变化不大。

桥址区地质覆盖层主要为第三系海相砂岩、黏土岩。第四系主要呈带状分布于长江流域Ⅰ、Ⅱ级阶地和河流、沟谷和山间洼地，属冲积成因形成。上部土层主要由第四系粉质黏土、粉质黏土混卵石、粉细砂、中粗砂混卵石、卵石组成；下部岩层由强至中风化岩组成，岩性多变且岩面起伏大，多为第三系半成岩状态的泥质砂岩、细砂岩、砂质泥岩互层状，岩体软硬分布不均，总体均匀性较差，有软弱夹层（带）分布，宜都岸覆盖层厚度多在40~65m不等。

综合地形地质条件、河道航道条件、施工条件、全寿命周期成本等因素,大桥主桥最终选用主跨1000m的双塔单跨钢桁梁悬索桥,组合梁桥面系。主缆矢跨比1/9,北岸边缆跨度276m,南岸边缆跨度269m。南岸跨堤引桥采用(37+67.5+37)m预应力混凝土连续刚构,其余引桥采用30m预制T梁。大桥全长2210.65m。

第二篇

设计篇

3 基础设计

3.1 主桥锚碇基础

主桥锚碇基础设计过程中充分利用卵石层摩阻系数大、后期压缩量小、枯水期长江水位低的特点,首次在富水巨厚卵石地层上采用浅埋扩大基础锚碇。基础平面尺寸 101m×71.5m,开挖深度仅 8m,基底进入卵石层约 3m,高于枯水期地下水位,基坑开挖过程不涉水。浅埋扩大基础方案回避了富水卵石层中大范围深基坑开挖风险,一个枯水期(6 个月)即完成施工。该方案较沉井或地下连续墙方案在施工安全性、便利性、工期、环保性等方面具有明显优势。此外,宜都长江大桥浅埋扩大基础方案锚碇总造价仅 1.33 亿元,相比于深基础方案节约超 1.5 亿元,经济优势显著。

大桥在国内首次将悬索桥锚碇基础置于第四系浅层卵石层基础上,针对卵石层基础受力特性、锚碇基础长期变形、锚碇基础稳定备用措施等进行了专题研究。

针对卵石层的受力特性,提出了基于旁压试验的九参数模型,完善了规范中较大粒径的卵石层的物理力学参数及相关特性;结合施工过程中锚碇基础变位观测,进行了悬索桥锚碇大型浅埋扩大基础在卵石层上的长期变形有限元分析,完善了适用于悬索桥锚碇基础的卵石层有限元本构模型参数;通过试验验证了注浆加固对于卵石层物理力学特性的改善及悬索桥锚碇基础抗滑稳定性的提高。专题研究对悬索桥锚碇基础在卵石层推广采用大型浅埋扩大基础具有重要实用价值。

3.2 桥塔基础

桥塔基础采用群桩基础。

白洋岸桥塔(北索塔)单个塔柱基础采用 12 根直径 3m 钻孔灌注桩,横桥向 4 根,顺桥向 3 根。基础按端承桩设计,基底位于中风化泥质砂岩中,桩长 65m。承台平面尺寸为 25.5m×19m,厚 6m,承台顶高程 55.6m。承台顶设置高 2m 的塔座。

宜都岸桥塔(南索塔)单个塔柱基础采用12根直径3m钻孔灌注桩,横桥向4根,顺桥向3根。基础按端承桩设计,桩身穿过卵石层,基底位于中风化泥质砂岩中,桩长85m。承台平面尺寸为25.5m×19m,厚6m,承台顶高程47.1m。承台顶设置高2m塔座。

主塔基础断面如图3-1所示。

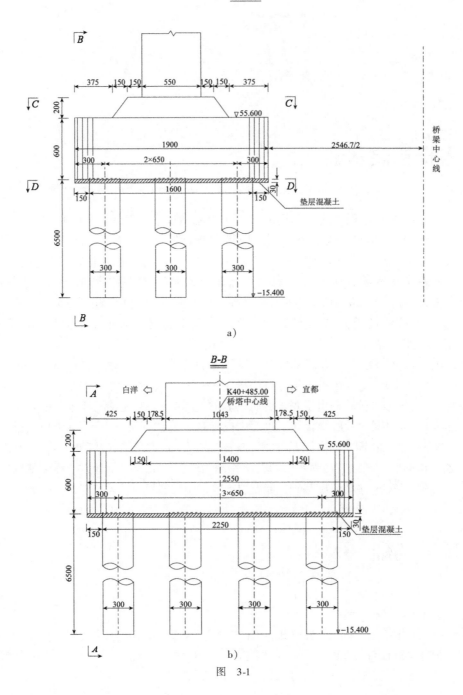

图 3-1

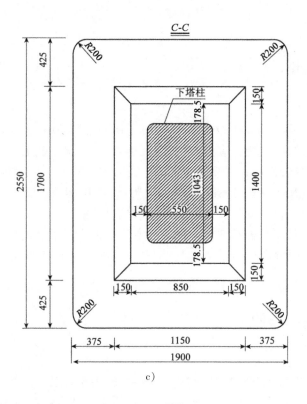

c)

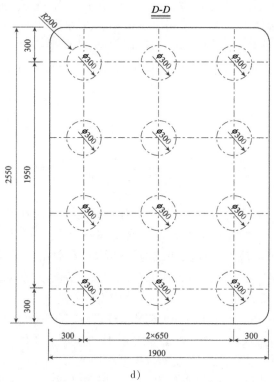

d)

图 3-1 主塔基础断面(尺寸单位:cm;高程单位:m)

3.3 引桥基础

长江大桥两岸桥塔至锚碇范围内的引桥桥墩采用实心薄壁墩,大悬臂帽梁接矩形墩截面。帽梁为预应力混凝土结构,按全预应力构件设计,帽梁长15.8m,过渡墩处宽2.2m,中间墩处宽2m,高度2.2m,悬臂长5.4m,帽梁外侧圆弧半径为19.773m,内侧圆弧半径为15.408m;墩柱为矩形实心薄壁墩,尺寸5m×1.8m,墩身四周倒0.2m的圆角。基础采用矩形承台桩基础,承台尺寸为8m×3m×3m,共设2根直径1.8m的钻孔灌注桩。

其余桥墩均采用双柱墩,桩基础。根据不同墩高分别采用了直径1.4m柱接1.6m桩和直径1.6m柱接1.8m桩两种形式。

3.4 岸侧锚碇基础

北岸(白洋侧)锚碇基础共设四级台阶,基础总长62.5m,最大开挖深度48m左右。锚体顶设置1%的纵坡,与该段主线纵坡一致;横向对称桥中心线,在33.5m宽的范围内设置2%的"人"字形横坡;其余部分为平坡。锚碇前端支墩扩大基础宽61.7m,长22.5m,基底高程55.5m;后端锚块基底高程42m,锚块形状与基坑开挖形状保持一致。

南岸(宜都侧)锚碇基础基底高程为35.5m,位于地下水位以下,基坑开挖须采用相应的降排水措施。

3.5 小结

主桥锚碇基础设计过程中充分利用卵石层摩阻系数大,首次在富水巨厚卵石地层上采用浅埋扩大基础锚碇。浅埋扩大基础方案回避了富水卵石层中大范围深基坑开挖风险,一个枯水期(6个月)即完成施工。该方案较沉井或地下连续墙方案在施工安全性、便利性、工期、环保性等方面具有明显优势。此外,宜都长江大桥浅埋扩大基础方案锚碇总造价仅1.33亿元,相比于深基础方案,节约工程造价超1.5亿元,经济优势显著。

桥塔基础采用群桩基础。北索塔基础按端承桩设计,基底位于中风化泥质砂岩中,桩长65m。南索塔基础按端承桩设计,桩身穿过卵石层,基底位于中风化泥质砂岩中。

引桥桥墩采用实心薄壁墩,大悬臂帽梁接矩形墩截面。

锚碇基础、主塔基础、引桥基础分别根据实际地形条件,综合多方面因素,选取适宜的设计方案,不仅缩短工期,也大大节省了经费。

4 主塔设计

主塔为牌楼造型门形框架结构,由塔柱、上横梁和下横梁组成。塔柱采用钢筋混凝土结构,上、下横梁采用预应力混凝土结构。北索塔和南索塔仅下塔柱高度及下横梁位置不一样,其他结构相同。两岸主塔顶高程均为198.1m(不含6m鞍罩),北索塔承台顶高程(不含塔座)55.6m,塔高142.5m;南索塔承台顶高程(不含塔座)47.1m,塔高151m。塔柱横桥向由上至下向外倾斜,内、外侧斜率均为1:33.898,顺桥向由上至下向外倾斜,外侧面斜率1:100。两岸桥塔塔柱横向中心间距,在塔顶索鞍 I.P. 点(主缆中心线的交点位置)处均为36m;在塔底(塔座顶)处,北索塔44.467m,南索塔44.968m。

塔柱采用钢筋混凝土单箱单室箱形断面。由塔顶至塔底,北索塔断面平面尺寸由5.5m×7.62m变化至5.5m×10.43m,南索塔断面平面尺寸由5.5m×7.62m变化至5.5m×10.6m。上塔柱标准断面壁厚1.2m,塔顶实心段厚度为4.3m;下塔柱标准断面壁厚为1.5m,塔底设置2m实心段。为满足塔柱受力和横梁预应力锚固要求,塔柱在上、下横梁范围内壁厚增加。上横梁范围内塔柱横桥向壁厚1.7m,顺桥向壁厚2.2m;下横梁范围内塔柱横桥向壁厚1.2m,顺桥向壁厚2.2m。塔柱四角均倒半径为20cm圆角。

主塔断面如图4-1所示。

塔柱内与下横梁顶、底板的对应位置设置横隔板,隔板厚1m。

北索塔、南索塔上横梁顶面高程均为196.6m,采用单箱单室截面,宽7m,高7m,壁厚0.9m。上横梁从塔柱横向两侧各外挑2m实心段,兼顾景观效果与预应力锚固需要。北索塔、南索塔下横梁顶面高程分别为74.1m、69.1m,采用单箱单室截面,宽8m,高度7m,壁厚1m。由于下横梁顶部的荷载来自引桥支墩,引桥支墩中心处设置竖向隔板,隔板间距12m,厚度0.8m。下横梁从塔柱横向两侧各外挑2m实心段,兼顾景观效果与预应力锚固需要。

上横梁内布置50束19ϕ^s15.2钢绞线,北索塔、南索塔下横梁内分别布置84束、76束钢绞线。钢束锚下张拉控制应力的每束张拉力为3686kN,所有横梁预应力均穿过塔柱,锚固点设在塔柱横梁外挑实心段。预应力管道均采用金属波纹管,真空压浆工艺。两岸下横梁上均设置引桥支墩,支墩采用三柱拱门形造型,实心截面。墩柱横向间距12m,横桥向2m,顺桥向1.6m,墩顶盖梁高2m,顺桥向宽1.6m。北索塔支墩上接30m装配式T梁,南索塔支墩上接宜都岸(37+67.5+37)m跨堤引桥边跨。支墩墩柱采用钢筋混凝土结构,墩顶盖梁采用预应力混凝土结构。

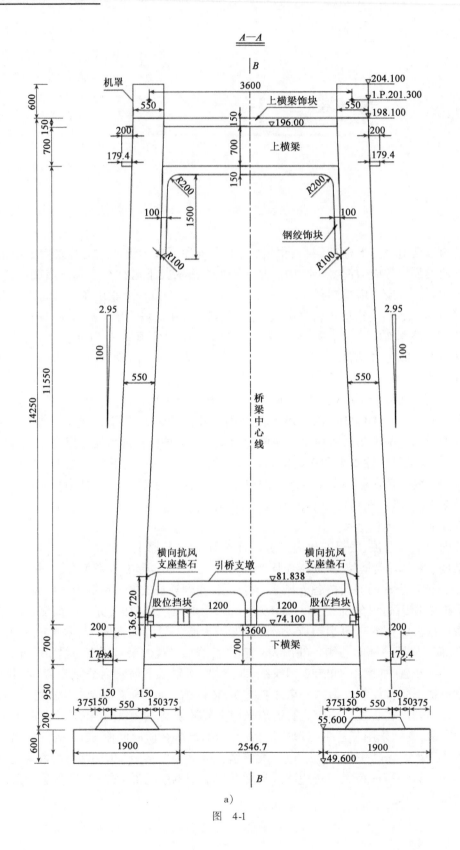

图 4-1

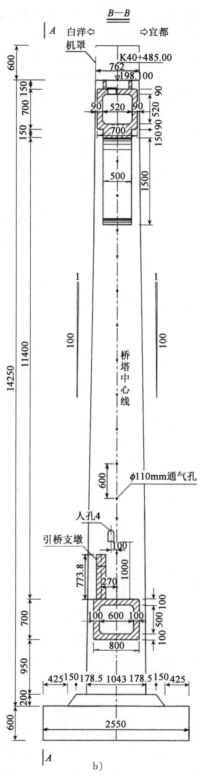

图4-1 主塔断面(尺寸单位:cm;高程单位:m)

为减小塔柱及横梁内外温差,改善通风状况,在塔柱塔壁横桥向西侧及横梁腹板、底板设置通风孔。通风孔位于塔中心线上,沿塔高方向按6m一排等间距布置。所有通风管均由里朝外向下倾斜3°设置。上横梁侧面每8m设置一个通风孔,下横梁侧面每6m设置一个通风孔。通风孔建议采用ϕ110mm×3.8mmPVC(聚氯乙烯)管。

为便于通行和维护,在塔柱桥面处、上横梁顶面、上横梁均设有进出索塔的人孔,塔柱、横梁的人孔均相互连通。

5 引桥设计

大桥南引桥工程分 2 大段:南岸跨堤引桥、南岸标准跨径引桥。其中南岸跨堤引桥采用 (37+67.5+37)m 预应力混凝土变截面连续刚构,其余引桥均采用 30m 跨径预应力混凝土 T 梁。

北引桥布置为:3×(3×30)m,共 3 联,每联跨径组合为 3×30m,均为标准跨径引桥。

北引桥上部和下部结构形式及设计要点与南引桥标准跨径引桥相同,这里仅以南引桥为例进行介绍。

5.1 南岸跨堤引桥

5.1.1 桥梁布置

本桥跨越长江南岸花庙堤,平面位于直线上,纵面位于 -2.45% 的下坡段上。

本桥起、终点桩号分别为 K41+485 和 K41+626.5,孔跨布置为 (37+67.5+37)m,桥长 171.5m;右幅桥起、终点桩号分别为 K94+159.8 和 K94+354,上部结构采用变截面预应力混凝土现浇箱梁,下部结构采用薄壁墩配承台接桩基础。

南引桥布置示意图如图 5-1 所示。

5.1.2 设计要点

(1) 上部结构

主桥上部结构为 (37+67.5+37)m 预应力混凝土连续梁体系箱梁,挂篮悬臂浇注结合支架现浇。

单幅箱梁采用单箱单室截面,顶板宽 20m,底板宽 8.5m。顶板悬臂长度 4m;顶板翼缘端部厚 20cm,根部厚 70cm;顶板厚 30cm。悬臂施工部分箱梁根部梁高 4.4m,跨中梁高 2.2m,底板厚从跨中至根部断面位置由 32cm 变化为 60cm,箱梁高度及箱梁底板厚度按二次抛物线变化。腹板厚度为 60~80cm,腹板变厚段在两个节段范围内直线变化。

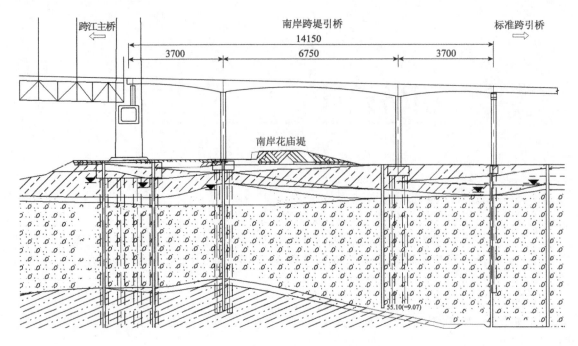

图 5-1 南引桥布置示意图(尺寸单位:cm)

悬臂施工部分箱梁0号节段长9m,每个悬浇T梁纵向对称划分为7个节段,梁段长从根部至跨中对称布置7×4m节段,悬浇总长28m。边、中跨合龙段长分别为2m、2.5m,边跨现浇段分别长3.07m和2.5m。

箱梁上部构造纵向按A类预应力混凝土设计,采用双向预应力。

纵、横向预应力筋采用国家标准《预应力混凝土用钢绞线》(GB/T 5224—2014)规定的高强度低松弛钢绞线,其标准强度 $f_{pk}=1860MPa$,弹性模量 $E_p=1.95×10^5MPa$,松弛率小于0.035,设计锚下张拉控制应力 $0.75f_{pk}$。钢束每股直径15.2mm,群锚体系。纵向预应力束管道和箱梁顶板横向预应力束管道采用预埋金属扁波纹管成孔、真空辅助压浆工艺。

竖向预应力筋采用精轧螺纹钢筋,标准强度 $f_{pk}=785MPa$,弹性模量 $E_s=2×10^5MPa$,张拉控制应力为 $0.9f_{pk}=706.5MPa$,YGM型精轧螺纹钢筋锚固体系,竖向预应力管道采用预埋金属波纹管成孔。

横、竖向预应力采用二次张拉工艺,以消除锚具回缩应力损失。

(2)下部结构

引桥主墩墩梁固结,墩高分别为26.5m和27m,采用实心薄壁墩,截面尺寸8.5m×2m,墩身四周倒0.2m的圆角。基础采用矩形承台群桩基础,承台尺寸为10m×8.5m×3.5m,共设4根直径2m的钻孔灌注桩,顺桥向2排,横桥向2排。

引桥过渡墩采用T形墩。帽梁为预应力混凝土结构,按全预应力构件设计,帽梁长15.8m,宽2.6m,高度2.2m,悬臂长5.4m,帽梁两侧圆弧半径为17.3m。墩柱为矩形实心薄壁墩,尺寸5m×1.8m,墩身四周倒0.2m的圆角。基础采用矩形承台桩基础,承台尺寸为8m×3m×3m,共设2根直径1.8m的钻孔灌注桩。

5.2 南岸标准跨径引桥

5.2.1 桥梁布置

南岸(宜都岸)标准跨径引桥布置为:4×30m+3×(3×30)m,共4联,第1联跨径组合为4×30m预应力混凝土T梁,后三联跨径组合为3×30m预应力混凝土T梁。

标准跨径引桥上部构造均采用30m跨径预应力混凝土T梁,先简支后结构连续。引桥桥墩高度8~33m,为配合主塔墩景观效果,两岸桥塔至锚碇范围内的桥墩采用薄壁墩配承台接桩基础,其余桥墩均采用双柱墩、桩基础。

桥台采用扶壁式桥台,桩基础。南引桥桥台布置示意图如图5-2所示。

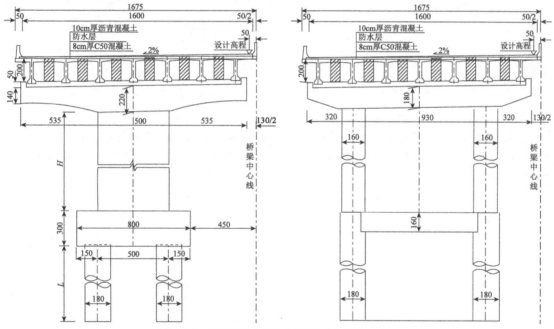

图5-2 南引桥桥台布置示意图(尺寸单位:cm)

5.2.2 设计要点

(1)上部结构

上部结构为后张预应力混凝土T梁,先简支后结构连续。预制梁高2m,单幅T梁标准桥宽每孔布置7片T梁,梁距2.36m,梁间横向采用61cm宽的湿接头连接。

T梁上部构造按部分预应力混凝土A类构件设计。

纵向预应力筋采用国家标准《预应力混凝土用钢绞线》(GB/T 5224—2014)高强度低松弛

钢绞线,其标准强度 $f_{pk}=1860\text{MPa}$,弹性模量 $E_p=1.95\times10^5\text{MPa}$,松弛率小于 0.035,设计锚下张拉控制应力 $0.75f_{pk}$。钢束每股直径 15.2mm,群锚体系。纵向预应力束管道采用预埋金属波纹管成孔,真空辅助压浆工艺。

(2)下部结构

大桥两岸桥塔至锚碇范围内的引桥桥墩采用实心薄壁墩,大悬臂帽梁接矩形墩截面。帽梁为预应力混凝土结构,按全预应力构件设计,帽梁长 15.8m,过渡墩处宽 2.2m,中间墩处宽 2m,高度 2.2m,悬臂长 5.4m,帽梁外侧圆弧半径为 19.773m,内侧圆弧半径为 15.408m。墩柱为矩形实心薄壁墩,尺寸 5m×1.8m,墩身四周倒 0.2m 的圆角。基础采用矩形承台桩基础,承台尺寸为 8m×3m×3m,共设 2 根直径 1.8m 的钻孔灌注桩。

其余桥墩均采用双柱墩,桩基础。根据不同墩高分别采用了直径 1.4m 柱接 1.6m 桩和直径 1.6m 柱接 1.8m 桩两种形式。

桥台采用肋板台、桩基础。

(3)其他

引桥墩台基础均为桩基础,桩基按摩擦桩设计。

5.3 小结

引桥主要分两类:跨堤引桥和标准跨径引桥。其中南岸跨堤引桥采用(37+67.5+37)m 预应力混凝土变截面连续刚构,其余引桥均采用 30m 跨径预应力混凝土 T 梁;北引桥均为标准跨径引桥。

6 锚碇、锚体设计

6.1 北岸(白洋侧)锚碇

白洋侧锚碇为重力式嵌岩锚,锚碇对水平力的抗力依靠锚碇基底的摩阻力来平衡,锚碇基础前端对基岩的承压作为安全储备。为确保锚碇混凝土与岩石的紧密接触,在锚块和支墩扩大基础前端混凝土内预埋接触灌浆系统和测缝计,待后期混凝土降温张开形成接触缝后,进行接触面水泥灌浆,兼起固结灌浆作用。

散索鞍支墩纵桥向底长23.4m,横桥向宽13.2m,支墩高17.3m。锚室侧墙厚1.5m,行车道之上墙厚0.7m,非行车道侧预留高1.7m、宽0.8m的进人洞,墙总高25.1m。前墙厚0.7m,高7.8m,宽13.2m,其上预留直径1m的主缆通过孔。锚室顶盖由预制盖板及现浇混凝土层组成。盖板置于侧墙之上,其上现浇8cm厚C35钢纤维混凝土层;盖板长10.96m,宽1.55m,厚0.5m。

北岸锚碇如图6-1所示。

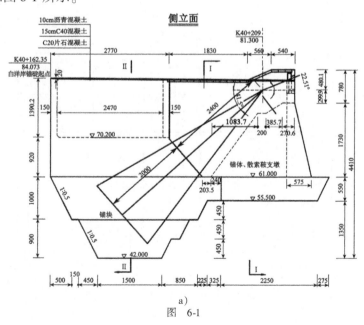

a)

图 6-1

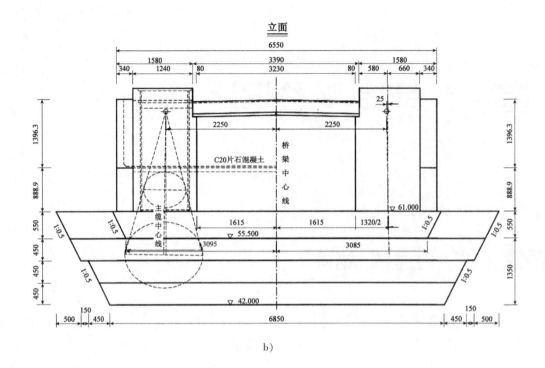

b)

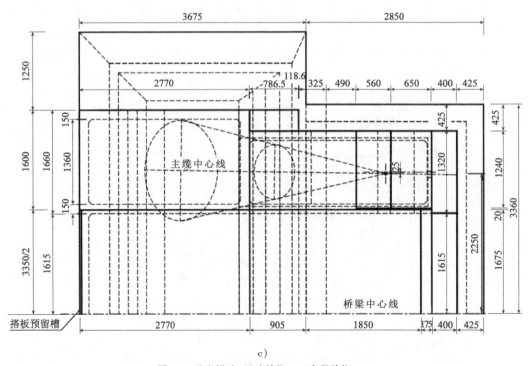

c)

图 6-1 北岸锚碇(尺寸单位:cm,高程单位:m)

6.2 南岸(宜都侧)锚碇

宜都侧锚碇为重力式锚,锚碇基础采用扩大基础,平面尺寸为 101m×71.5m,高 10m;基底高程为 35.5m,持力层为卵石层,基底进入卵石层 2.5m 左右。

锚体长 62.65m,宽 65.5m;锚体顶设置卵石砂压重块,兼作行车道;锚体顶设置 2.5% 的纵坡,与该段主线纵坡一致;横向对称桥中心线,在 33.5m 宽的范围内设置 2% 的"人"字形横坡;其余部分为平坡。

散索鞍支墩纵桥向底长 12.85m,横桥向宽 57.10m,支墩高 27.486m。侧墙厚 0.7m,墙总高 23.8m,行车道侧桥面以下墙厚 1.5m,非行车道侧预留高 1.7m、宽 0.8m 的进人洞。前墙厚 0.7m,高 5.22m,宽 11.6m,其上预留直径 1.0m 的主缆通过孔。锚室顶盖由预制盖板及现浇混凝土层组成。盖板置于侧墙之上,其上现浇 8cm 厚 C35 钢纤维混凝土层;盖板长 10.96m,宽 1.55m,厚 0.5m。

南岸锚碇如图 6-2 所示。

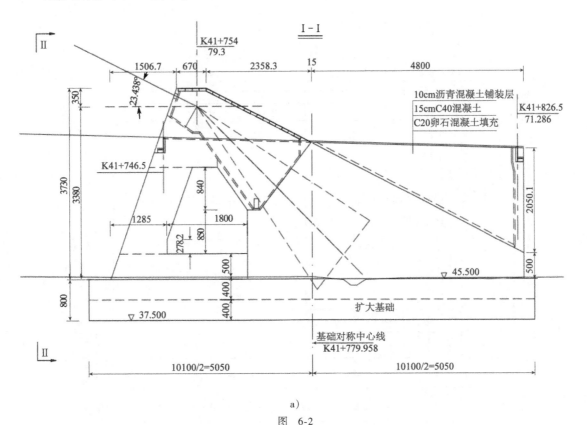

a)

图 6-2

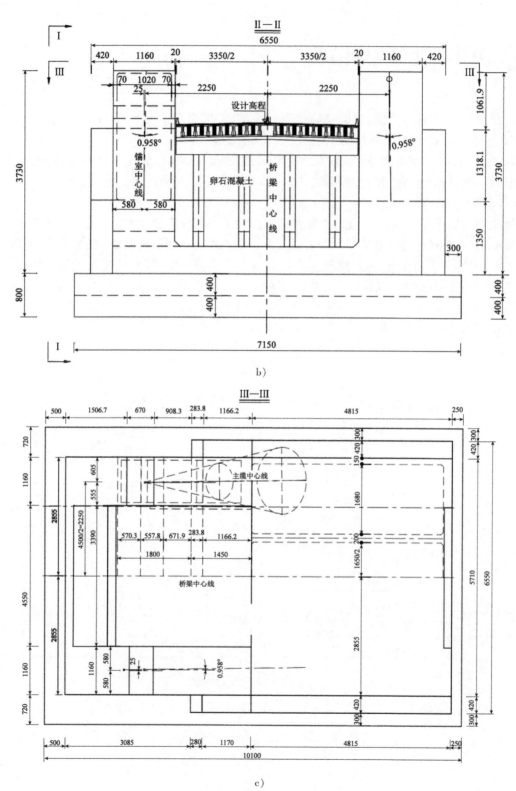

图6-2 南岸锚碇(尺寸单位:cm;高程单位:m)

6.3 锚固系统设计

锚固系统采用型钢锚固系统,由后锚梁和锚杆组成。后锚梁埋于锚碇混凝土内,锚杆一端连接在后锚梁上,另一端伸出锚体前锚面与主缆索股相连接。索股拉力通过锚杆传递到后锚梁,再通过后锚梁的承压面传递到锚碇混凝土。

锚体前后锚面为两平行的平面,其与水平面的夹角为 41.5°,间距 20m,理论散索点到前锚面的距离均为 24m。后锚梁中心线与后锚面在同一个平面上。锚杆中心在前锚面的横向间距为 1.1m,竖向间距 0.7m。前锚面到后锚梁中心线的距离为 16.01m。主缆理论散索点到锚杆最前端的距离为 21m。

锚杆和后锚梁均采用钢结构制作而成。由于主缆进入锚体散开后散索点到各束后锚梁间的长度不同,为了便于制造、方便施工,锚杆设计长度采用统一尺寸,将各束长度余量集中在后锚梁连接段,使设计与制造大大简化。

锚杆分单束股锚杆和双束股锚杆,每一根主缆对应的锚体上一端共布置 103 根锚杆。其中,单束锚杆 37 根,双束锚杆 66 根。为了制造、运输及安装方便,每根锚杆制造时分成两段。下段锚杆分别与后锚梁和上段锚杆连接,采用焊接 H 形截面,长度均为 15.99m。上段锚杆长度均为 6m,下端分别与锚杆连接,上端则伸出前锚面,与主缆索股锚头连接。

后锚梁采用"][" 截面,由两片分离的"[" 形梁通过缀板、加劲肋等连接而成。为便于锚杆与后锚梁的连接,依据主缆散索角度及锚固位置,在锚梁相应位置设置锚杆连接接头,连接接头采用与锚杆截面一致的 H 形截面。连接接头直接插入后锚梁的两片"[" 形梁之间,将 H 形截面的两块翼板分别与后锚梁两片"[" 形梁的腹板焊接,锚杆内力通过该焊缝传递给后锚梁。

上、下锚杆之间及锚杆与后锚梁之间均采用高强度螺栓进行连接。

锚固体系如图 6-3 所示。

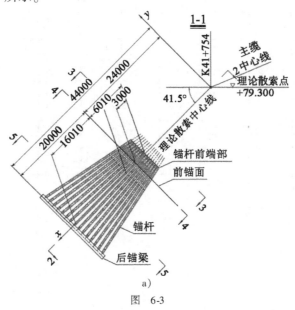

图 6-3

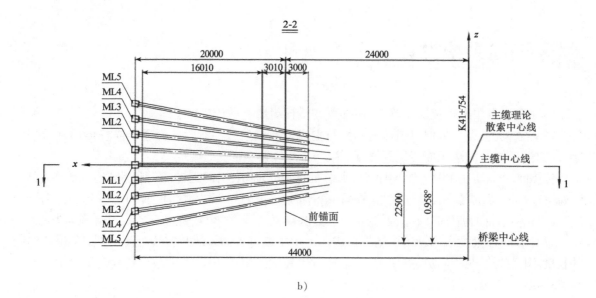

b)

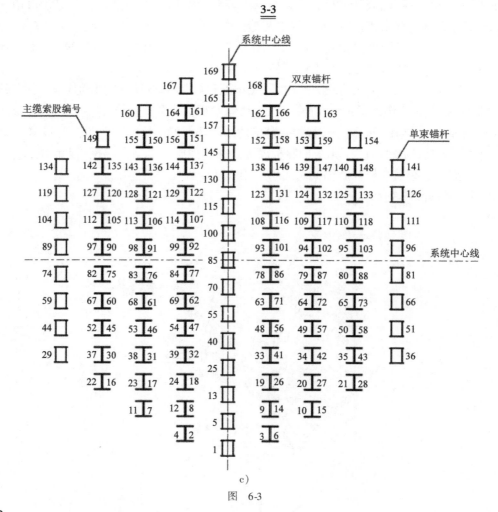

c)

图 6-3

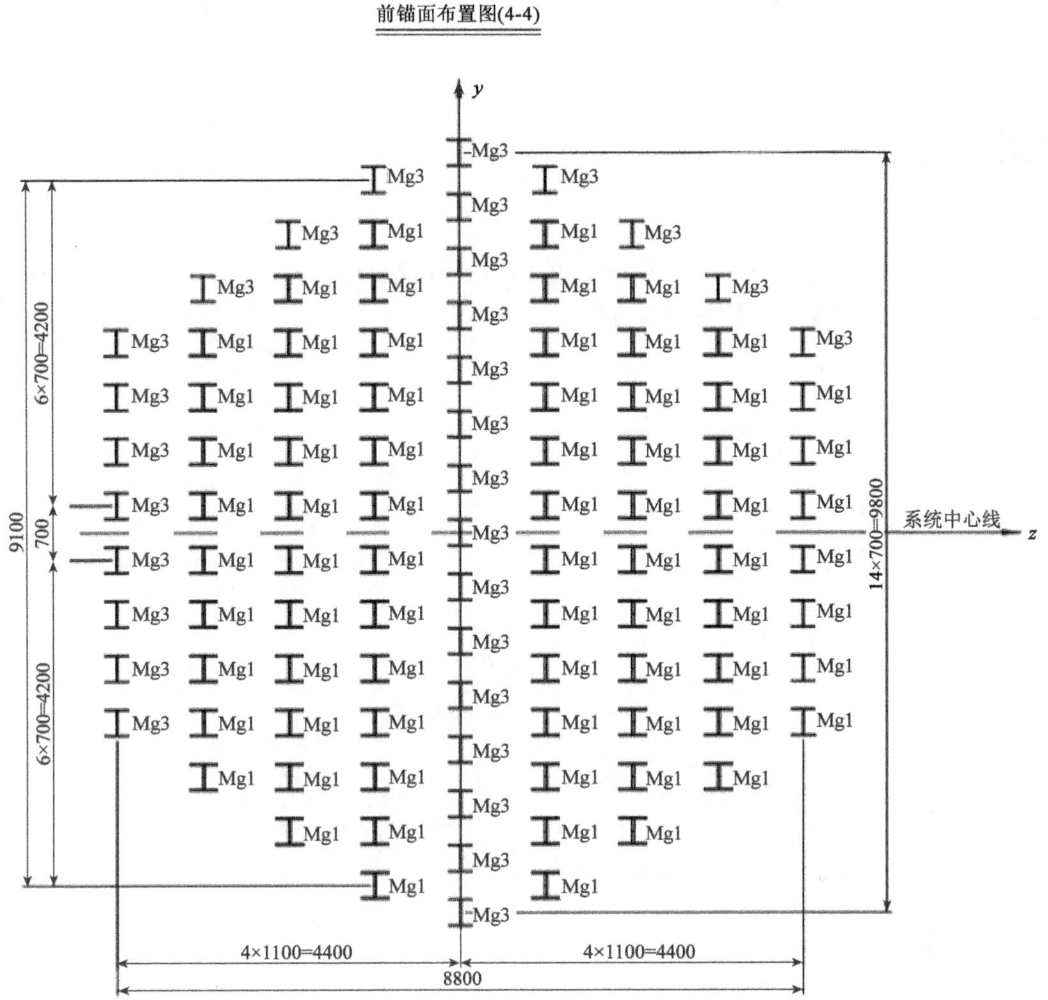

前锚面布置图(4-4)

d)

图 6-3 锚固体系(尺寸单位:cm;高程单位:m)

6.4 锚碇附属设施设计

①锚碇检修梯道根据使用要求和实际情况,选用混凝土梯道和钢梯道;栏杆采用钢栏杆。

②检修梯道的锚固件均需在锚碇混凝土内预埋,预埋时务必按设计要求和有关规范或规程进行。所有预埋件均与锚体内钢筋连接,以满足避雷接地的要求。

③钢梯道各构件的焊接均根据等强原则施焊。

④锚室密封门采用船用单把手快开闭钢质风雨密门。为保证密封门防雨水,要求厂家生产的门框边留有预埋锚固件,施工时与锚碇混凝土同时浇注。风雨密封共2樘,左右开各一樘。

⑤为力求锚碇结构表面美观,锚碇设置挡水墙并暗埋泄水管,将锚体顶面的雨水集中引至地面。

6.5 小结

白洋侧锚碇为重力式嵌岩锚,宜都侧锚碇为重力式锚。根据地形、地质情况,在设计时充分考虑了各类锚碇的优劣势,发挥其特点。

7 缆索系统设计

本桥主缆由5跨组成,由北至南分别为:北锚跨—北边跨—中跨—南边跨—南锚跨,根据桥位地形条件,按边跨不对称布置。成桥阶段两主塔塔顶高程相同。中跨主缆理论跨径1000m,综合考虑缆力、桥梁整体刚度、塔高等因素,经分析比较后,理论垂跨比定为1:9;白洋侧、宜都侧边跨主缆理论跨径分别为276m和269m。锚跨的跨长和转角由散索鞍构造、散索要求及锚固系统构造确定。

成桥状态主跨跨中处主缆中心点设计高程为90.189m,塔顶处主缆中心理论交点高程为201.3m,主缆理论散索点高程为白洋侧81.3m、宜都侧79.3m。

全桥共两根主缆,中跨两主缆中心横向间距为36m。为使锚室结构不与主线引桥相抵触,使主线引桥在锚碇中间处顺利穿过,设计将散索点向桥梁中线外侧平移4.5m,理论散索点横向间距为45m,理论散索点到主塔中心面的距离仍为白洋侧276m、宜都侧269m。边跨主缆所在平面与中跨主缆竖直面的夹角为:白洋侧0.9341°,宜都侧0.9584°。

成桥状态主缆切线角:白洋侧主索鞍,与边跨侧切线角为24.4579°,与中跨侧切线角为23.6627°,主鞍座预偏量为1.4973m;宜都侧主索鞍,与边跨侧切线角为25.3230°,与中跨侧切线角为23.6698°,主鞍座预偏量为1.4574m;白洋侧散索鞍,理论散索点至前锚面中心的连线与水平面的夹角为41.50°,成桥状态边跨侧切线角为22.5108°,空缆状态边跨侧切线角17.8993°,散索鞍绕摆轴预偏角1.0004°;宜都侧散索鞍,理论散索点至前锚面中心的连线与水平面的夹角为41.50°,成桥状态边跨侧切线角为23.4380°,空缆状态边跨侧切线角18.9810°,散索鞍绕摆轴预偏角0.9964°。

本桥只在中跨设吊索,为控制主桁梁端竖向变位和适应梁端活载变幅大的特点,靠梁端塔柱内侧设塔连杆,在中跨跨中采用三对中央扣以适度控制主桁的纵向变位,同时减小跨中短吊索的疲劳应力幅。主缆线形为分段悬链线,形状用解析法求得,为使成桥后线形与设计线形一致,应使主鞍及散索鞍弧线分别与边缆、中缆曲线及锚缆、边缆曲线相切。

散索鞍竖弯面由半径逐渐减小的多段弧线组成,同一段弧线的各层索股弧线为不同半径的同心圆。散索跨各索股与不同段不同层的弧线相切形成不交于一点的直线簇,取各索股几何重心连线作锚跨主轴线。此几何重心连线(大缆合力线)的延长线与边跨主缆入鞍时起弯点切线夹角的平分线通过散索鞍转动中心,两线的交点作为主缆转点,也就是主缆边跨与锚跨的分界点。

全桥索夹共设三大类:连接主缆与吊索的吊索索夹、用于主缆定型的紧箍索夹和主缆主鞍出口处及锚碇锚室出口处防护密封的密闭索夹。

7.1 主缆

主缆采用预制平行钢丝索股法(PPWS)形成,每根索股由127丝直径为5.2mm、公称抗拉强度1860MPa的锌-铝合金镀层高强钢丝组成。全桥共两根主缆,每根主缆有索股169股。主缆索夹外直径约852mm。

索股用定型捆扎带绑扎而成,其断面呈正六边形,两端设热铸锚头。热铸锚头由锚杯、盖板及分丝板组成,锚杯内浇铸锌铜合金。

7.2 吊索

吊索与索夹为骑跨式连接,与钢加劲梁为销接式连接。

吊点从白洋侧向宜都侧方向编号,第一吊点为1号,顺次为2~65号。吊点标准间距为15m,索塔中心线至近吊点间距为20m。每一吊点均设置2根吊索,1号、65号每根吊索采用φ82mm镀锌钢丝绳,2~64号每根吊索采用φ76mm镀锌钢丝绳,吊索公称抗拉强度为1960MPa,结构形式为8×55WS+IWR。吊索结构如图7-1~图7-3所示。

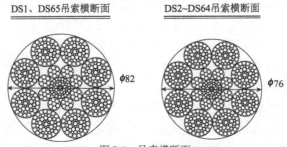

图7-1 吊索横断面

吊索下端锚头采用热铸锚。锚头由锚杯与叉形耳板组成,锚杯内浇注锌铜合金,叉形耳板与锚杯通过调节螺杆连接,转动调节螺杆可调节吊索长度,设计考虑调节螺杆有±50mm调节量,用以调节制造及架设引起的吊索长度误差。锚杯口设置由氯丁橡胶浇制的缓冲器,以改善吊索的弯折疲劳性能。

在成桥状态长度 H(同一吊点远离主跨跨中侧吊索下端叉形耳板销轴中心到主缆中心的距离)小于20m的吊索下端销轴处设置轴承,能使短吊索横向转动3°,从而适应在横向风力作用下主缆与加劲梁产生的横向位移差而产生的转角,以改善短吊索的疲劳性能。

对成桥状态吊索索长 H 大于20m的吊索设置减振架,当 $20m \leqslant H < 65m$ 时,设置一道减振架;当 $H \geqslant 60m$ 时,设置两道减振架。减振架将一个吊点的吊索互相联系,以减小吊索的风致振动。

为限制主缆和钢桁架的纵向水平位移,在每根主缆跨中设置三对柔性中央扣来形成缆梁连接。中央扣上端采用骑跨式,下端采用销接式,在销轴处设置轴承。

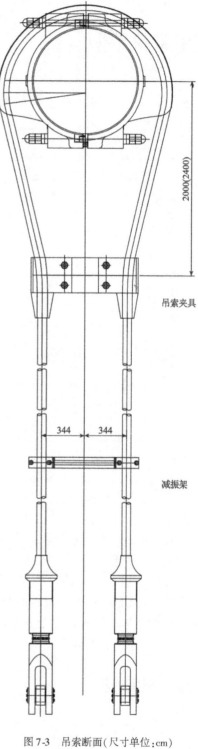

图 7-2　吊索大样(尺寸单位:cm)　　　　　图 7-3　吊索断面(尺寸单位:cm)

7.3 索夹

索夹分为有吊索索夹和无吊索索夹。索夹结构如图7-4所示。

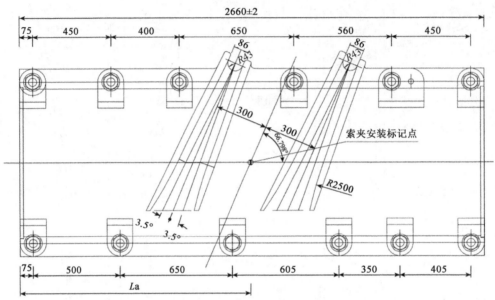

图7-4 索夹(尺寸单位:cm)

吊索索夹与吊索对应,索夹采用骑跨式,每个索夹设两道承缆槽。索夹按主缆倾角不同、所需夹紧力不同,索夹长度及螺杆数量不同。为节省模具,将相近长度的索夹并为6组,同一组索夹安装标记点位置略有变化,以适应索夹倾角的变化。为了适应索夹倾角变化及吊索在运营荷载作用下顺桥向产生的角位移,承缆槽的设计张角采用±3.5°。

无吊索索夹位于边跨无吊索区,起夹紧主缆及支撑主缆检修道的作用。

中央扣索夹位于主跨跨中及两侧处,与中央扣索和相应的竖向吊索对应,采用骑跨式。每个索夹设四道承缆槽。

索夹采用左右两半的结构形式,用高强度螺杆连接紧固。为保证在预紧高强度螺杆作用下索夹能紧抱主缆,在两半索夹间留有适当的缝隙,接缝处嵌填橡胶防水条防水。

索夹螺杆做成缩腰形,以避免在螺纹处断裂。

7.4 主索鞍

7.4.1 主索鞍系统

主索鞍鞍体采用铸焊结合结构。鞍头用铸钢铸造,鞍身由钢板焊成。鞍体下设不锈钢板-

聚四氟乙烯板滑动副,以适应施工中的相对移动。为增加主缆与鞍槽间的摩阻力并方便索股定位,鞍槽内设竖向隔板,在索股全部就位并调股后,在顶部用锌质填块填平,再将鞍槽侧壁用螺栓夹紧。主索鞍示意图如图 7-5 所示。

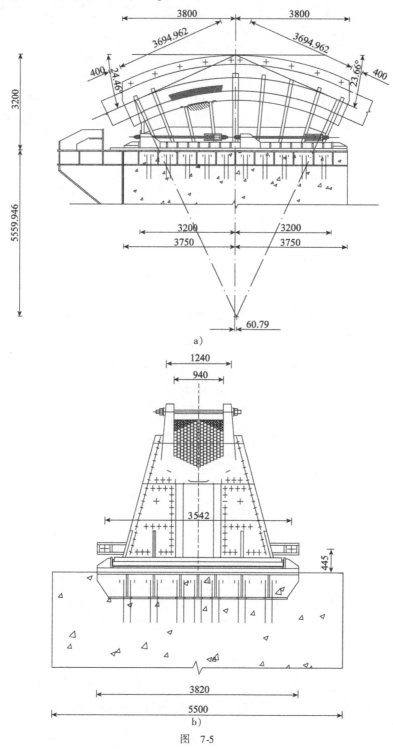

图 7-5

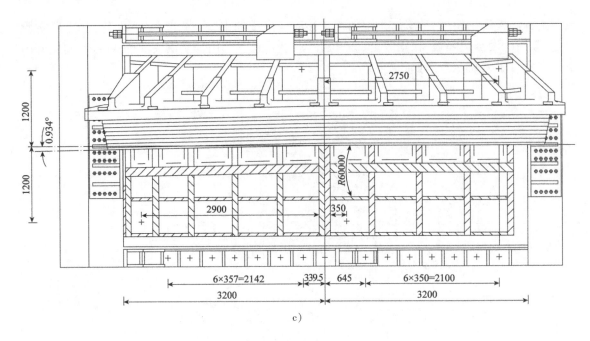

c)

铸造鞍座槽大样图

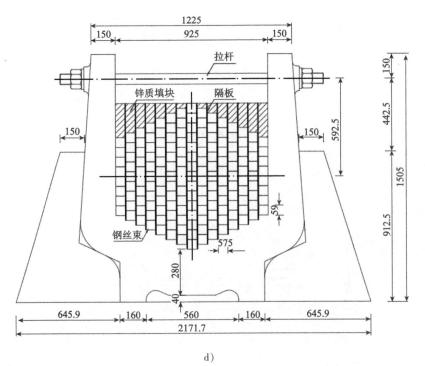

d)

图7-5 主索鞍示意图(尺寸单位:cm)

塔顶设有格栅,以安装主索鞍。格栅悬出塔顶以外,以便安置控制鞍体移动的千斤顶,鞍体就位后将格栅的悬出部分割除。为减轻吊装运输重量,将鞍体分成两半,吊至塔顶后用高强度螺栓拼接。

7.4.2 塔顶格栅及顶推架

构造形式:格栅要求表面平整,与塔顶构成一体并具有足够的竖向弯曲刚度,故采用纵横向以竖直钢板焊成的格构,上、下设格状顶、底板,形成纵横两向均为工字形断面的网格,网格内设锚固钢筋并填浇混凝土。

7.5 散索鞍

散索鞍为摆轴式结构,采用铸焊结合的形式。鞍槽用铸钢铸造,鞍身由钢板焊成。

理论散索点到散索鞍底混凝土面的距离为 5m。鞍槽底最低处竖弯半径从边跨向锚跨分四次变化,半径分别为 8m、6.4m、4.2m 和 2.1m;鞍槽侧壁的平弯半径为 11m。

为增加主缆与鞍槽间的摩阻力,并方便索股定位,鞍槽内设竖向隔板,在索股全部就位并调股后,在顶部用锌块填平,上紧压板及楔形块等压紧设施,再将鞍槽侧壁用螺杆夹紧。

为适应施工过程中鞍座角度的调整,散索鞍设有由上、下承力板、销组成的摆轴式转动装置。散索鞍示意图如图 7-6 所示。

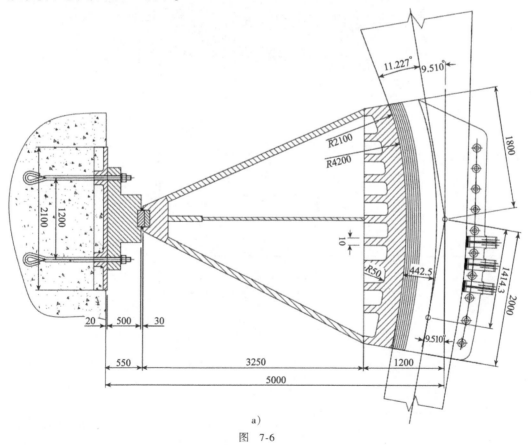

图 7-6

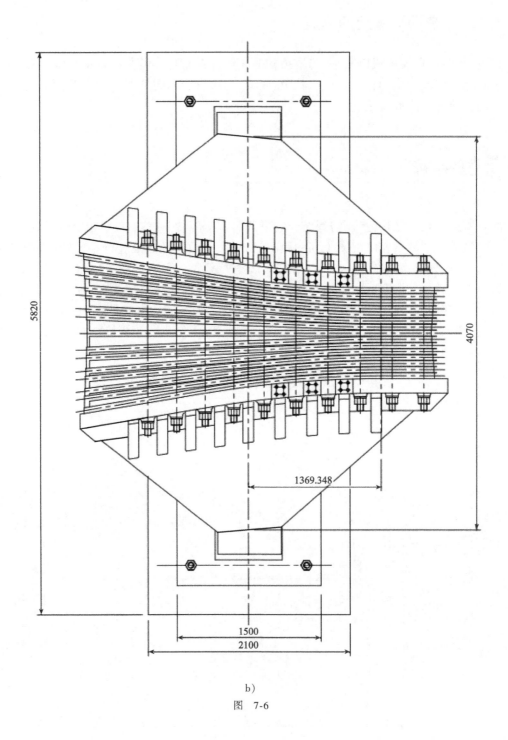

b)

图 7-6

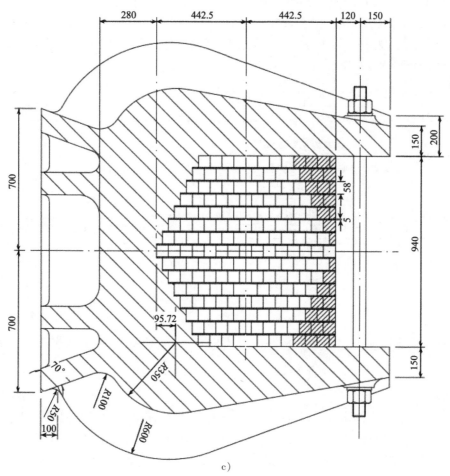

c)

图 7-6 散索鞍示意图(尺寸单位:cm)

7.6 钢桁梁

7.6.1 钢桁加劲梁

钢桁加劲梁在主桁上弦杆端节点处设竖向塔连杆,全桥共计 4 个;在主桁上、下弦杆端节点的外侧各设一个横向抗风支座,全桥共计 8 个。

组合梁桥面系为支撑于钢桁梁横梁上弦杆顶面的多跨连续结构,支点处设板式橡胶支座。

钢桁加劲梁由主桁架,横向桁架及上、下平联组成。

(1)主桁架

主桁采用华伦式桁架,横向共两片主桁,中心间距 36m,桁高 7.5m。全桥主桁共划分为 35 个节段,标准节段节间长 7.5m,2 个节间(15m)设一吊索吊点,4 个节间作为一节段现场整体吊装,标准节段吊装长度 30m;端部节段节间长 6m,吊装长度 15.26m;跨中节段吊装长度 10.58m。

主桁采用焊接整体节点结构形式，由主桁上弦杆、主桁下弦杆及主桁腹杆组成。主桁上、下弦杆均采用箱形截面，内高660mm，内宽660mm，板厚20mm，节点处加厚至28mm；主桁腹杆均采用工字形截面，全桥主桁竖腹杆及斜腹杆均各自采用统一规格，仅根据计算结果在端部节段局部加厚。

主桁梁示意图如图7-7所示。

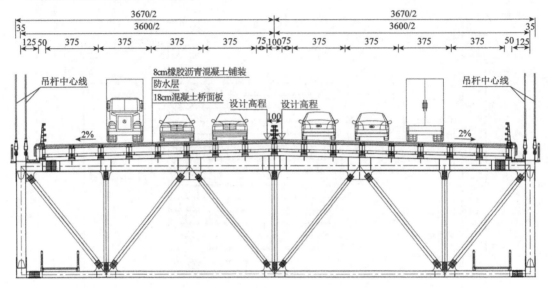

图7-7 主桁梁示意图(尺寸单位：cm)

（2）横向桁架

横向桁架采用焊接整体节点结构形式，由横梁上弦杆、横梁下弦杆及横梁腹杆组成。全桥主桁节间节点处均设有横向桁架。横梁上弦杆采用变高箱形截面，端部与主桁上弦杆等高，以2%的横坡变高至中部，内高765.2～1082.8mm，内宽400mm，板厚20mm；横梁下弦杆采用箱形截面，内高400mm，内宽400mm，板厚20mm；横梁腹杆均采用工字形截面，一片横梁的横梁腹杆划分为四种规格，各片横梁保持统一。

（3）上、下平联

上、下平联布置采用K形支撑，在端部及跨中适当加密，均采用箱形截面，内宽340mm，内高400mm，板厚12mm。

钢桁加劲梁示意图如图7-8所示。

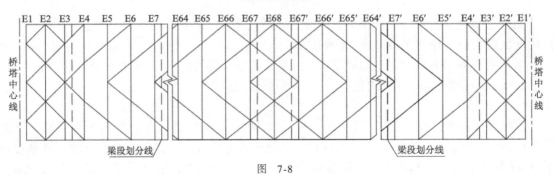

图 7-8

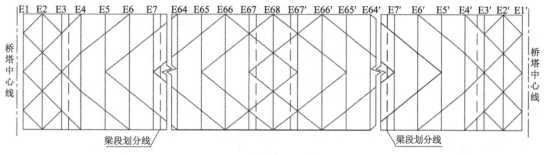

图 7-8 钢桁加劲梁示意图

7.6.2 组合梁桥面系

桥面系结构采用钢-混凝土组合梁,全宽 33.5m,整幅设计。纵梁支撑于钢桁梁横梁上弦杆上,单跨跨度与主桁节间相同,标准跨径 7.5m、端部跨径 6m。主桥桥面系纵向结构连续,全桥共 7 联,端部联长 130.5m,中间联长 135m,其余联长 150m,联间设 80 型梳齿板伸缩缝。

(1) 钢纵梁

组合梁钢纵梁采用工字形截面,梁高 660mm,腹板厚 12mm;上翼板宽 400mm,厚 12mm;下翼板宽 400m,厚 14mm;支点处下翼板叠合支座调平钢板,钢板中心厚 20mm;纵梁端部支座上方设置 16mm 厚加劲隔板。组合梁钢纵梁示意图如图 7-9 所示。

纵梁纵向按长度划分共为 14.185m、28.5m、30m、27.765m、32.185m、10.58m 六类,纵向相邻钢纵梁通过高强度螺栓拼接形成连续结构。

桥面全宽范围共 17 道钢纵梁,横向间距 2.063m。纵梁间设置钢横系梁,通过 M24 高强度螺栓与纵梁端隔板连接。系梁采用 $(180 \times 110 \times 12)$ mm 非等边角钢。

(2) 混凝土桥面板

组合梁钢筋混凝土桥面板采用 C50 混凝土,分块预制。预制板纵向按长度划分为 5.3m、5.6m、7.1m、7.275m 四种,宽度 1.763m,厚度 0.18m,端部加腋处加厚至 0.21m。桥面板吊装就位后,纵、横向通过 CF50 钢纤维混凝土湿接缝形成整体。纵向湿接缝宽 0.3m,钢梁和钢筋混凝土桥面板通过布置在纵向湿接缝处的 $\phi 19$ 栓钉剪力键形成组合梁;横向湿接缝宽 0.4m,可采用吊模浇注。

组合梁钢筋混凝土桥面板示意图如图 7-10 所示。

大桥地处亚热带湿润区,气候潮湿,雨量充沛,为防止路面污染水对桥面混凝土中钢筋造成危害,避免组合结构失效,预制及现浇桥面板的混凝土配合比设计要使其具有较好的抗渗防水性能。桥面板与沥青混凝土铺装之间采用水泥基渗透结晶型防水涂层和聚合物防水层双重防水,水泥基渗透结晶型防水材料应符合《水泥基渗透结晶型防水材料》(GB 18445—2012)的要求。

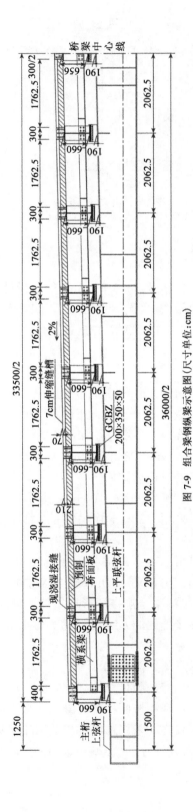

图7-9 组合梁钢纵梁示意图（尺寸单位:cm）

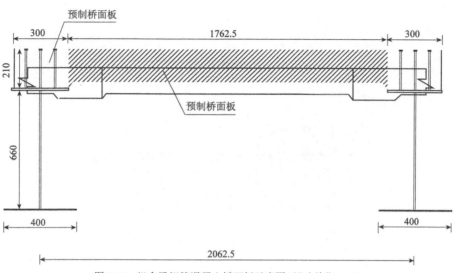

图 7-10 组合梁钢筋混凝土桥面板示意图(尺寸单位:cm)

(3) 检修通道

为方便钢桁梁的后期维护,分别在钢桁梁主桁上弦杆顶面、横梁下弦杆顶面设置检修道,全桥共设 4 道。上平面检修道宽 2m,下平面检修道宽 2.5m。

7.7 主缆防腐与除湿

主缆防腐采用表面缠丝和缠包带并配合除湿的方案。

主缆防腐构造示意图如图 7-11 所示。

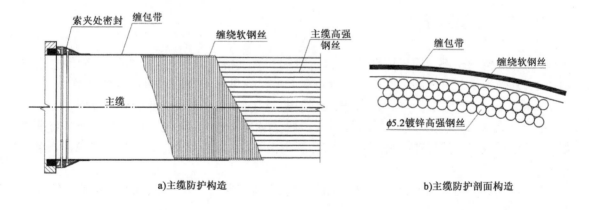

图 7-11

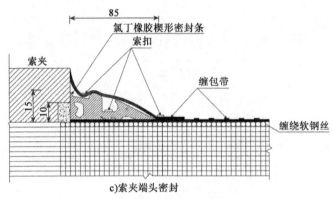

图 7-11 主缆防腐构造示意图(尺寸单位:cm)

7.7.1 主缆表面缠丝

主缆缠丝采用直径 4mm 的圆形镀锌钢丝。

7.7.2 主缆缠包带

缠包带采用 1.20mm ± 0.05mm 的氯磺化聚乙烯层压制品。8 × 8 网格状加强聚化物确保了系统的稳定性,螺旋层叠式绕法使主缆钢丝覆盖了双层缠包带,厚度达 2.4mm,重叠部分为 3 层时厚度为 3.3mm。需对钢索进行检测时,修补只需一截新带和一个风筒,较为方便。

缠包带系统的基本组成包括:索夹环缝的氯丁橡胶楔形带、不锈钢带、缠包带条、斜缠装置、环带电加热套管。

7.7.3 主缆除湿

全桥除湿空间全部采用正压设计,即送入空间的风量略大于排出空间的风量,确保除湿空间内没有外部湿空气进入的可能性。正压的实现主要通过排出空间的单向阀门调节,根据不同的保压要求,设定不同的单向阀开启压力,实现空间内长期存在一个低水平正气压。

本项目除湿系统包括主缆、锚室、鞍室的长期除湿及在线监测功能。全桥共设置 2 套主缆及鞍室除湿系统,4 套锚室除湿系统,每根主缆划分 12 个除湿区域,两根主缆共 24 个除湿区域。

鞍室内控制相对湿度≤55% + 5%。由于主缆不断有空气排入鞍室,鞍室不单独设置除湿设备。

(1)主缆及鞍室除湿系统

全桥共配置 2 套主缆及鞍室除湿系统,负责大桥主缆及鞍室内部的除湿。设备位置在主塔上横梁处,主缆及鞍室转轮除湿设备性能参数见表 7-1。

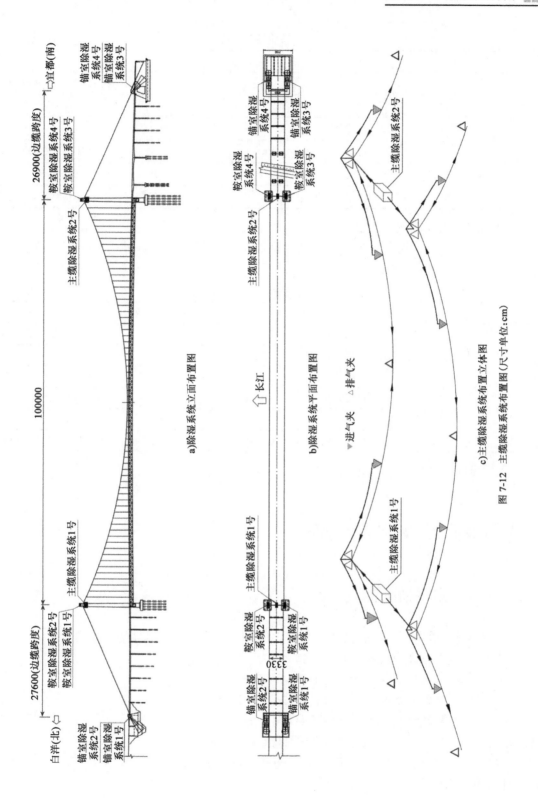

图 7-12 主缆除湿系统布置图(尺寸单位:cm)

主缆及鞍室转轮除湿设备　　　　　　　表7-1

设备型号	项　目	单　位	参　数	备　注
LBCST-1100P	额定处理风量	m³/h	1100	温度20℃,压力1atm
	加热功率	kW	12.6	
	除湿量	kg/h	8.1	温度20℃,RH=60%情况下
	除湿能效	kW·h/kg	1.55	温度20℃,RH=60%情况下
	再生温度	℃	125	
	出口空气露点	℃	-5.2	温度20℃,RH=60%情况下

(2)锚室除湿系统

全桥共配置4套锚室除湿系统,负责宜都长江大桥锚室内部的除湿。设备位置在锚室内,锚室转轮除湿设备性能参数见表7-2。

锚室转轮除湿设备性能参数　　　　　　　表7-2

设备型号	项　目	单　位	参　数	备　注
LBCST-1100P	额定处理风量	m³/h	1100	温度20℃,压力1atm
	加热功率	kW	12.6	
	除湿量	kg/h	8.1	温度20℃,RH=60%情况下
	除湿能效	kW·h/kg	1.55	温度20℃,RH=60%情况下
	再生温度	℃	125	
	出口空气露点	℃	-5.2	温度20℃,RH=60%情况下

主缆除湿系统布置图如图7-12所示。

7.8 桥面系及附属工程

7.8.1 主桥桥面铺装设计

主桥面行车道采用双层高黏高弹改性SMA-13的铺装方案,具体铺装结构形式如下。

铺装上层:高黏高弹改性SMA-13,40mm;

黏结层:PCR改性乳化沥青,洒布量0.3~0.6kg/m²;

铺装下层:高黏高弹改性SMA-13,40mm;

防水黏结层:热喷高黏高弹改性沥青同步碎石封层(高黏高弹改性沥青洒布量1.2~1.4kg/m²,4.75~9.5mm玄武岩碎石覆盖面积60%~70%);

混凝土粗糙化处理:抛丸除浆,要求构造深度≥0.4mm。

桥面铺装结构形式如图7-13所示。

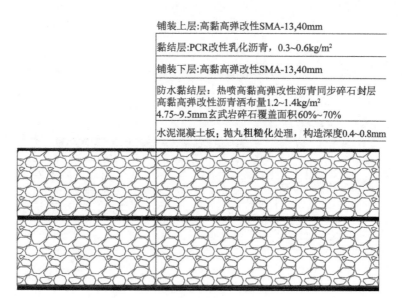

图 7-13　主桥桥面铺装结构形式

7.8.2　桥面铺装材料

桥面铺装用改性沥青玛琋脂碎石混凝土为高黏高弹改性 SMA，主要由粗集料、细集料、矿粉及高弹改性沥青组成，并根据试验研究掺入合适的纤维稳定剂及抗车辙剂。

7.8.3　桥面排水

宜都长江大桥采用集中排水，桥面水通过每隔 6m 设置的横向泄水管排入纵向排水槽，排水槽中的水集中引至两岸桥塔承台处沉淀池。

在桥面外侧边缘设置 10cm×8cm 排水明沟，通过桥面泄水孔将桥面水排至桥下合适位置。在沟底及侧面涂刷两遍乳化沥青，防止渗水。在沥青铺装层靠近中央防撞护栏基座 30cm、不易压实的部位，涂刷两遍乳化沥青，防止路面水下渗。桥面排水横断面示意图如图 7-14 所示。

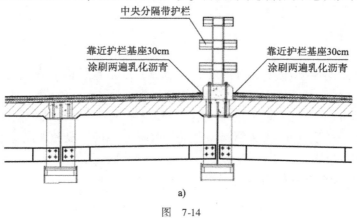

图　7-14

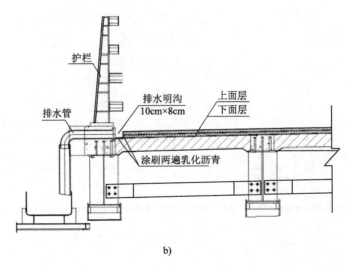

b)

图 7-14 桥面排水横断面示意图

7.8.4 防撞护栏

桥面防撞护栏采用金属梁柱式护栏,边侧防撞护栏等级按 SS 级设计,中央防撞护栏等级按 SA 级设计。

防撞护栏立柱采用钢板焊接而成,顺桥向标准间距为 1.5m。

边侧防撞护栏含底座铺装层以上高 1500mm,沿高度方向在内侧设置四道横梁。横梁采用冷弯空心方钢。

中央防撞护栏含底座铺装层以上高 1000mm,沿高度方向左右两侧各设置三道横梁。横梁采用冷弯空心方钢。

防撞护栏立柱底座采用两块板厚为 20mm 的钢板;防撞护栏立柱采用 M30 地脚螺栓锚固在底座上。

为适应桥梁端部的伸缩和转动变位,跨越伸缩装置的护栏横梁两端各设一个长 1000mm 的长圆孔,防撞护栏横梁通过在螺柱上滑动实现伸缩。

7.8.5 伸缩缝

桥面系各联间采用 80 型模数式伸缩缝。伸缩缝的施工在桥面沥青混凝土铺装连续摊铺完成以后进行,以沥青混凝土铺装层来控制伸缩范围内混凝土及伸缩缝本身的平整度和高程。桥面铺装层施工结束后,对沥青铺装进行开槽切割,安装伸缩缝。放线切割前,为保证伸缩缝装置与沥青面层的平整度,应检查预留槽口段沥青混凝土与桥面段沥青混凝土的平整度;若平整度不能保证施工后伸缩缝装置的平整度,应增加切割断面宽度。

主桥桥面系 80 型伸缩缝构造示意图如图 7-15 所示。

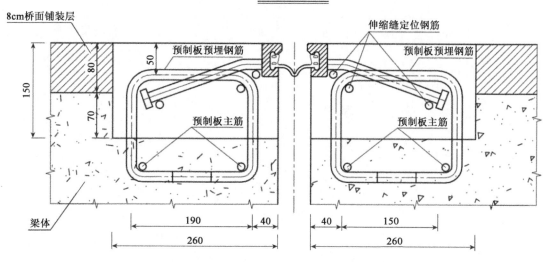

图7-15 主桥桥面系80型伸缩缝构造示意图(尺寸单位:cm)

梁端伸缩缝采用1360型模数式伸缩缝,伸缩量较大。为保证伸缩缝安装平整度,采用先装伸缩缝后铺装桥面的工序。伸缩缝安装完毕后,将伸缩缝边梁与中梁间密封胶条内填塞泡沫至伸缩缝顶面,然后进行桥面沥青摊铺施工。摊铺完成后,对伸缩缝表面沥青进行清理,抽掉胶条间泡沫。

7.9 小结

本桥主缆由5跨组成,由北至南分别为:北锚跨—北边跨—中跨—南边跨—南锚跨。根据桥位地形条件,按边跨不对称布置。

成桥阶段两主塔塔顶高程相同,综合考虑缆力、桥梁整体刚度、塔高等因素,经分析比较后,理论垂跨比定为1:9。

锚跨的跨长和转角由散索鞍构造、散索要求及锚固系统构造来确定。

吊索、索夹、主索鞍、散索鞍、钢桁梁、主缆防腐与除湿、桥面系及附属工程等均结合实际情况进行设计,在优化设计的同时,综合考虑重量、经济等因素。

第三篇

施工篇

8 项目施工总体部署

8.1 主要施工方案

大桥主要施工方案清单如表8-1所示。

主要施工方案清单　　　　　表8-1

1	主塔桩基施工方案	13	索鞍、索夹制造加工方案
2	主塔承台塔座施工方案	14	主、散索鞍吊装方案
3	索塔施工方案（含横梁施工）	15	主缆、吊索制造加工方案
4	主塔液压爬模施工方案	16	主缆架设施工方案
5	锚碇基坑开挖施工方案	17	主缆紧缆施工方案
6	锚碇基础施工方案	18	索夹吊索安装方案
7	锚体施工方案	19	钢桁梁移梁支架搭设方案
8	锚碇大体积混凝土温控方案	20	缆载起重机安装与拆除方案
9	锚碇锚固系统安装施工方案	21	钢桁梁吊装方案
10	型钢锚固系统制造加工方案	22	主缆缠丝防腐施工方案
11	猫道安装与拆除方案	23	桥面板吊装方案
12	门架安装与拆除方案	24	桥面系施工方案

8.2 临建施工

8.2.1 项目经理部驻地建设

本项目分别在桥址两岸设置项目部驻地。项目经理部驻地采用院落式封闭管理，设置办公区、生活区、车辆停放区、活动场地等功能区。办公区内设项目经理室、总工程师办公室、副经理办公室、各部门办公室、档案室、资料室及会议室等；生活区内设宿舍、食堂、文体活动室、浴室、厕所等。

8.2.2 拌和站建设

本标段设置两个拌和站，分别设置在桥址两岸。按照标准化要求，每个混凝土拌和站设置遵循"布局合理、少占良田"的原则，拌和站占地以满足功能性生产任务为主。站内设置拌和作业区、材料计量区、材料库、砂石料存放区（分待检区域和检验合格料区域）、混凝土运输车停放区、办公区、生活区、标准养护室、蓄水及污水处理区等区域。

拌和站采用HZS180和HZS120两套拌和设备，根据项目最大混凝土日消耗量计算所需拌和设备配置是否合理。拌和站实际生产能力按设计生产能力的60%计算，每天工作时间按16h计算，根据以上数据可计算拌和站混凝土日产量，再利用混凝土配合比计算粉罐、料仓配置（按3d储备量）。

8.2.3 试验室建设

大桥项目设置工地试验室。工地试验室包括包含主任室、技术负责人室、质量负责人室、办公室、资料室和会议室等。试验室检测区设置有样品室、土工室、集料室、岩石室、水泥室、混凝土室、力学室、化学室、外检室、标准养护室和储藏室等，各功能室面积见表8-2。

试验室功能室面积标准要求　　　　表8-2

序号	功能室名称	要求面积(m²)	建筑面积(m²)	备注
1	土工室	≥30	39.7	
2	力学室	≥25	39.7	
3	集料室	≥30	39.7	
4	化学室	≥15	26.5	
5	现场检测室	≥20	39.7	
6	水泥室	≥30	39.7	
7	混凝土室	≥25	53	
8	高温室	≥15	26.5	
9	加工室	≥15	26.5	
10	沥青室	≥15	26.5	
11	沥青混合料室	≥20	53	
12	标准养护室	≥30	66.2	
13	样品室	≥20	53	
14	办公室	≥40	79.5	
15	资料室	≥30	39.7	
16	储藏室	≥10	26.5	

8.3 工期及施工计划

大桥实际开工日期为2016年10月16日,完工日期为2020年8月13日,总历时1398工作日,主要包括:桩基基础施工、承台塔座施工、索塔施工、锚碇施工、主散索鞍安装、猫道安装、主缆架设、索夹吊索安装、加劲梁吊装、桥面板及附属结构施工、路面工程施工、交安工程施工等施工任务。具体施工时间见表8-3。

施工时间表　　　　　　　表8-3

任务名称	工期	开始时间	结束时间
宜都长江大桥	1398工作日	2016年10月16日	2020年8月13日
1　钻孔桩施工	194工作日	2016年12月1日	2017年6月12日
2　承台塔座施工	103工作日	2017年6月15日	2017年9月25日
3　塔柱施工	391工作日	2017年10月4日	2018年10月29日
4　锚碇施工	719工作日	2016年10月16日	2018年10月4日
5　主散索鞍安装	14工作日	2018年7月17日	2018年7月30日
6　猫道施工	80工作日	2018年12月1日	2019年2月18日
7　主缆架设	70工作日	2019年2月19日	2019年4月29日
8　索夹吊索安装	62工作日	2019年6月19日	2019年8月19日
9　加劲梁吊装	49工作日	2019年9月28日	2019年11月15日
10　桥面板及附属结构施工	177工作日	2020年1月26日	2020年7月20日
11　路面工程施工	5工作日	2020年7月28日	2020年8月1日
12　交安工程施工	12工作日	2020年8月2日	2020年8月13日

9 南索塔基础施工

9.1 工程概况

南岸索塔承台尺寸为(25.5×19×6)m,为分离式,承台内间距25.968m,承台顶设置高2m的塔座,塔柱底部为2m厚实心段。承台顶高程为47.1m,底高程为41.1m,地面高程为47.92m,塔座顶设计高程为49.1m,承台开挖深度为7m。南岸桥塔单个塔柱基础采用12根直径3m钻孔灌注桩,横桥向4根,顺桥向3根,桩长85m的钻孔灌注桩24根,为超长大直径钻孔灌注桩。

南岸桥塔基础区域地质条件较为复杂,存在较为深厚的富水卵石覆盖层,具体如表9-1所示。

大桥南岸桥塔基础处地质条件　　　　表9-1

地貌单元	水文地质条件	高程 (m)	土层及基本特征	地基承载力 基本容许值(kPa)
河流堆积阶地平原	地下水较丰富,主要为孔隙水与基岩裂隙水	34.66~47.963 (桩顶高程40.714m)	人工填土,以松散状卵石土为主	110
		31.31~44.11	粉质黏土,可塑	180
		29.41~31.31	中粗砂混卵石,中密-密实状	250
		4.69~29.41	卵石混砂,松散-稍密状	300~350
		4.69~-30.09	强风化:泥质砂岩、细砂岩、砂质泥岩	300/300/250
		-43.9~-30.09(桩底高程)	中风化:泥质砂岩、细砂岩、砂质泥岩	700/700/600

南索塔基础总体施工程序:

第一阶段:①场地处理,施工机具进场就位;②沉设钢护筒,钻孔,吊放钢筋笼,浇筑钻孔桩混凝土。

第二阶段：根据实际地质条件，按承台平面形状并预留施工空间（约1.5m），插打不同长度的钢板桩，并对钢板桩采用捻缝防漏。

第三阶段：开挖基坑，并设置钢板桩围堰支撑架，开挖过程中进行基坑排水。

第四阶段：对基坑进行处理，浇筑封底混凝土。

第五阶段：①绑扎承台钢筋，安设混凝土冷却水管，并预留下塔柱钢筋；②浇筑承台第一层混凝土，拆除内支撑，浇筑第二层混凝土；③按同样方法，完成塔座施工，浇筑后浇带混凝土。

第六阶段：①回填承台周围基坑，平整场地；②拔除钢板桩围堰，为塔身施工做准备。

9.2 钻孔灌注桩施工

9.2.1 钻机选取及钻孔顺序

（1）钻机选型

南岸桥塔桩基础前期采用泵吸反循环钻机（TL-500型），根据初期试钻情况，结合施工经验，在大粒径的卵石层和钙质胶凝卵石层钻进时的施工效率低、钻机损坏严重。经系统研究，拟定采用4台冲击钻配合2台泵吸反循环钻机施工。冲击钻主要钻进粉质黏土层、大粒径卵石层、钙质胶凝卵石层；泵吸反循环钻机主要钻进中风化泥质砂岩层、中风化细砂岩层。由此可充分利用冲击钻和反循环砂石泵钻机的技术优势，在确保复杂富水厚卵石覆盖层钻进成孔质量的前提下，最大限度提高桩基的施工效率，保证施工进度。

（2）钻头选用

根据实际地质情况，开孔时采用三级渐进式钻头钻进，对应地层为黏土层、粉砂层、小卵石层、泥岩层。当钻头进入粒径较大的卵石层时，应注意观察钻具运转情况、进尺速度和排渣情况；当进尺速度小于6cm/h时或者没有进尺、出渣困难时，更换为锥形钻头（钻头压力集中，能提高卵石破碎效率）；当穿透大粒径卵石层后再采用三级渐进式钻头钻进。

（3）钻孔顺序

主塔桩基础钻孔顺序布置图如图9-1所示。

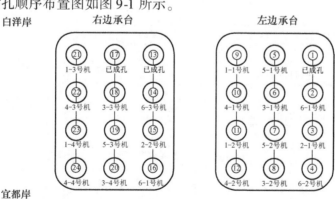

图9-1 主塔桩基础钻孔顺序布置图

9.2.2 总体施工工艺流程

桩基总体施工工艺流程如图9-2所示。南岸桥塔桩基础施工先采用冲击钻对粉质黏土层、卵石层、钙质胶凝卵石层进行钻进,钻进深度大约为60m,然后采用泵吸反循环钻机接力钻进至孔底设计高程。

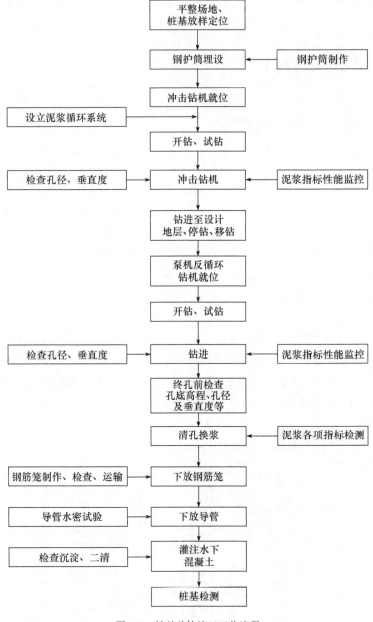

图9-2 桩基总体施工工艺流程

9.2.3 施工准备

(1) 钻孔平台及泥浆池施工

索塔桩基础位于长江大堤一码头区域内。该码头旧址为混凝土硬化场地,根据桩基钻孔施工工艺(钻孔反循环)及安全文明施工要求,桩位区域设置的泥浆池里面的泥浆需要自流入桩孔内。为了满足该要求,需要在桩基施工范围内修建钻孔平台。主墩承台左边设置泥浆池、沉淀池;中间设置储浆池;右边设置泥浆池、沉淀池、储浆池。每个泥浆池都可以蓄浆 800m³。泥浆池高 1.5m,宽 30cm,墙身采用 C25 钢筋混凝土。钻孔平台及泥浆池总体布置如图 9-3 所示。

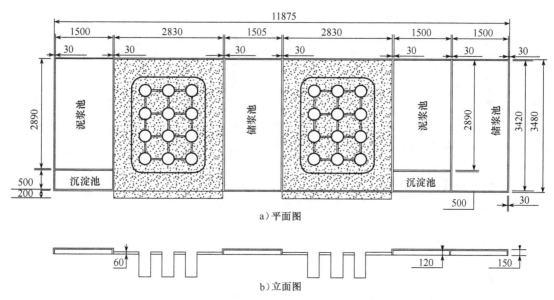

图 9-3 钻孔平台及泥浆池总体布置(尺寸单位:cm)

(2) 钢护筒制作与埋设

护筒采用 20mm 厚钢板卷制成直径 3.3m 的护筒,护筒上下部各加焊 20mm 厚加劲板,20cm 宽加劲板作为刃角。每节钢护筒长 5m,并且在护筒内部设置两道十字撑避免护筒在运输及吊装时产生变形。钢护筒总共 24 个,采用螺旋焊管,直接在武汉卷成护筒,通过航运送至现场。

钢护筒利用挖掘机直接开挖基坑埋设。根据护筒的埋设深度和护筒的尺寸大小来决定基坑开挖的尺寸,基坑挖设好后根据桩位复核,如果开挖尺寸达不到施工要求,须利用机械或人工修整至施工要求。基坑尺寸达到施工要求后方可埋设护筒,护筒在埋设过程中一定要保证护筒的中心点与桩位中心点在同一垂直线上,平面位置偏差小于 25mm,倾斜度不大于 1/100。护筒对中定位好后利用黏土填充护筒壁与基坑壁之间的空隙,并且人工夯实。护筒埋设完毕后要高出原地面 30cm 左右。钢护筒设计如图 9-4 所示。

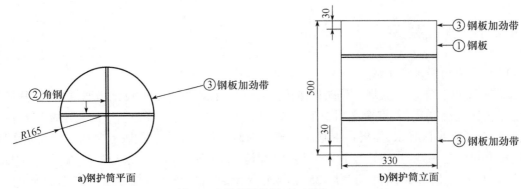

图9-4 钢护筒设计图(尺寸单位:cm)

(3)泥浆的制备与循环

护壁泥浆在钻孔中非常重要,泥浆性能的好坏决定了钻孔时的成孔质量。泥浆性能好可以避免在钻孔中出现质量事故。根据地质报告结果,该施工区域内上部有将近14m的粉质黏土层。该土层适合自身造浆,即利用钻头正反循环的旋转在钻进过程中可以自行造浆。自身造浆的泥浆性能达不到护壁及钻进要求或者在钻机钻进到卵石层而出现漏浆需要补浆时,可以在原有的泥浆里加入膨胀土、烧碱、纤维素。钻进时应重点监测泥浆的性能指标(泥浆相对密度<1.20g/cm³,黏度25~28Pa·s,含砂率≤4%),及时排浆、加水稀释泥浆,既要提高钻进效率,更要保证泥浆浓度满足粉砂层钻进施工的要求。

9.2.4 施工过程

1) 冲击钻施工

冲击钻成孔施工如图9-5所示。关键技术要点如下。

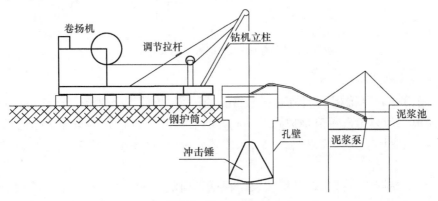

图9-5 冲击钻孔施工

(1)开孔

准备工作就绪后,先在孔内灌注泥浆(泥浆相对密度等指标根据土层情况而定),再向孔中注入适量水,直接投入黏土,用冲击锥以小冲程反复冲击造浆。投入的黏土至护筒刃角1.0m,以防首次冲进导致护筒的变形和移位。开钻时,严格按照短落距、满进速的方法进行,落距一般控制为50cm,待冲深达到安全深度(2.5倍孔径)后方可按照设计最大冲程钻进。开孔及整个钻进过程中,应始终保持孔内水位高出地下水位1.5~2.0m,并低于护筒顶0.3m以防溢出,掏渣后应及时补水。当钻头穿过护筒底部2~3m时,要及时观察护筒底泥浆的渗漏情况,一般液面下沉速度大于等于50cm/h时,可判断为漏浆,应及时回填优质黏土,掺入适量碱、盐和水泥,使黏土增加黏性并产生轻微固化,停一段时间后再重新施工。

(2)正常钻进施工

本工程根据基桩的直径和地质条件采用12t冲击锤。在钻机驱动钻锤冲击的同时,利用泥浆泵向孔底输送泥浆(当钻进一个时期,检查孔内泥浆性能,如果不符合要求,必须根据不符情况采取不同的方法予以净化改善)。冲洗孔底,携带钻渣的泥浆沿钢丝绳与孔壁之间的外环空间上升,从孔口回流向沉淀池,形成排渣系统。冲进过程中,每进5~8尺检查钻机直径和竖直度,注意地层变化,在地层变化处捞取渣样,判明后记入记录表中并与地质剖面图核对。根据实际地层变化采用相应的钻进方式,在砂土或软土层中,冲进时要控制进尺,低挡、慢速大泵量、稠泥浆冲进,防止泥浆排量不足、冲渣来不及排除而造成埋冲头事故;在土夹砾(卵)石层中冲进时,宜采用低挡、慢速、大泵量、良好的泥浆,以确保成孔质量。

(3)冲击钻停钻、移机

冲击钻钻进深度达到60m左右后穿透卵石层达到中风化泥质砂岩,提钻头,移钻机,泵吸反循环钻机就位,进行钻进施工。由于冲击钻钻进时泥浆循环为正循环,故泵吸反循环钻机在入孔钻进时必须要调整泥浆性能,保证泵吸反循环正常钻进。

2)泵吸反循环钻机施工

(1)施工技术准备

冲击钻吊走后,测量组重新对桩位进行测定,并且复核之前冲击钻所标记的引桩。钻机各部件完好、齐全,才能进场,用油漆标出桩位中心,确保桩位中心偏差不大于20mm。待钻机就位后,再进行测试,检查其钻头中心位置与桩位中心的对中及钻机水平情况,保证钻机在钻进过程中的稳定性,其控制指标为四角高差不大于2mm、钻头对中误差不大于10mm。钻机在钻进过程中应时刻观察其平整度(观看水平气泡),避免钻机倾斜而导致成孔位置倾斜。

(2)钻孔施工

当泵吸反循环钻机钻进接力时,应该控制钻进速度,保证钻头不碰到孔壁。当钻头钻到冲击钻钻进深度时必须对孔底进行清孔,调整泥浆性能,满足钻进要求后方可正常钻进。在地质情况复杂、层面交界多变位置,要控制钻进速度,防止钻孔倾斜,通过调整钻机的水平度和垂直度来保证钻孔的垂直度。

钻孔桩在钻进过程中要观察长江水位情况,始终维持孔内泥浆高于护筒外水位2m以上,根据试桩施工时实际地质情况,在高程24~30m范围是大粒径卵石层,此高程范围内,钻孔漏浆现象十分严重。钻机在钻进该地层时应多注意孔内水头高度变化,一旦水头降低立即停止钻进并且补浆、往孔内填黏土堵漏。

先暂停钻进再加接钻杆,将钻具提至距孔底0.3~0.5m,同时用泥浆循环5min左右,清理钻孔底部的沉渣和管内钻渣,最后连接钻杆。钻杆使用螺旋丝扣连接,每节钻杆上都有螺旋丝扣,靠钻机自身的动力头旋转进行钻杆连接。检查气密性,避免钻杆接头漏气导致反循环失败。在钻进过程中需检查钻头和钻杆,防止因某节钻杆的接头坏丝或损坏导致钻杆或钻头脱落,造成钻进事故。

距孔底高程 50cm 左右时用测绳量孔深,钻具不再进尺,先停钻停气,清理掉沉渣池钻渣,以增加清渣效果。再采用大气量低转速开始清孔循环,对泥浆进行全部净化,2h 后停机用测绳测孔深,此时若不到孔底高程,差多少,钻具再下多少。在钻孔桩工艺试验中要得出钻具距孔底多少距离清孔达到高程的参数。通过以上工艺来保证不会超钻钻孔,不会清孔过深,避免出现沉渣少的假象。

(3)清孔

清孔时将钻具提离孔底约 30~50cm,缓慢旋转钻具,补充优质泥浆,进行反循环清孔,同时保持孔内水头,防止塌孔。孔底沉渣厚度经检测满足设计及规范要求、孔内泥浆指标符合泥浆控制技术规范要求后(循环时间控制在 2~4h),及时停机拆除钻杆(提钻过程中,保证钻机的稳定、垂直,防止钻头将孔壁的泥皮刮落)、移走钻机,尽快进行成桩施工。在钻孔和清孔的过程中,孔内泥浆携钻渣经过砂石泵抽入沉渣池内,沉渣经过沉淀分离后的优质泥浆继续返回孔内循环使用,而钻渣通过排渣槽收回到指定堆放处。

成孔检测合格后,进行钢筋笼的孔口安放并做好检验与验收工作。钢筋笼安放完成后,须对孔底沉渣厚度进行检测。厚度超标时,必须在灌注混凝土前,利用钻机砂石泵法兰盘连接导管,根据反循环原理进行二次清孔。

3)钢筋笼施工

本工程中钢筋笼总长 87m,因为受施工场地限制,钢筋笼采用两次整体成型制作。钢筋笼制作台拟采用 2 根主纵梁 I25 型钢,总长为 48m,宽为 1.5m,挂线调平后用 $\phi25$ 钢筋每 3m 一道横向布置使型钢连成总体,用来保证钢筋笼的整体顺直。

由于本桩基是大直径桩基,且钢筋笼自重达到 42t,钢筋笼安装时不可能采用常规施工方法进行定位。经研究分析,采用制作钢筋笼定位架的方法进行钢筋笼安装定位施工。钢筋笼定位架采用钢护筒和型钢组合而成。

4)二次清孔

钢筋笼下放完成后立即进行第二次清孔并随时检测孔内泥浆质量和孔底沉淀厚度,桩底沉渣厚度按设计要求控制。二次清孔采用气举反循环进行。

清孔后泥浆性能指标如表 9-2 所示。

清孔后泥浆性能指标 表 9-2

相对密度	黏度 (Pa·s)	含砂率 (%)	胶体率 (%)	失水率 (mL/30min)	泥皮厚 (mm/30vmin)	静切力 (Pa)	酸碱度 (pH)
1.03~1.15	17~20	<2	>98	≤20	≤2	3~5	7~10

5)水下混凝土浇筑

(1)混凝土配合比

桩基混凝土配合比经总监办中心试验室批准后使用,确保其强度、流动度、缓凝时间、扩展度、黏聚性、经时坍损等指标满足设计及施工实际需要的要求。要求其坍落度 180~220mm,缓凝时间不小于 12h,并具有良好的黏聚性,不得出现泌水、板结现象;经时坍落度损失(2h)不大于 20mm。C30 水下混凝土配合比如表 9-3 所列。

C30 水下混凝土配合比 表9-3

设计坍落度 (mm)	7d 抗压强度 (MPa)	水泥 (kg/m³)	粉煤灰 (kg/m³)	中粗砂 (kg/m³)	碎石 (kg/m³)	水 (kg/m³)	外加剂 (kg/m³)
180~220	36	300	105	772	1065	158	4.86

(2)导管及漏斗、集料斗

采用漏斗导管法,在水下将混凝土浇筑成桩。导管采用 $\phi 345 \times 10$ 无缝管加工制作(钢管内径325mm),接头采用粗丝螺纹。导管由专业厂家定制加工,标准节段为2.5m,配备1m、1.5m、0.5m短节,以便调节导管底口距孔底高度。导管投入使用前必须在工地现场进行接头抗拉强度试验、水密试验,合格后方可正式使用。须对导管进行编号和长度标注,便于施工控制。

(3)首批混凝土的确定

首批灌注混凝土的数量应能满足导管埋置深度不小于1.0m,以及填充导管底部的需要,所需混凝土数量计算见式(9-1)。

$$V \geqslant \pi (H_1 + H_2) \times \frac{D_2}{4} + \pi \frac{h_1 \times d_2}{4} \tag{9-1}$$

$$h_1 = \rho_1 H_W / \rho_2$$

式中:V——灌注首批混凝土所需数量,m³;

D_2——桩孔直径,m;

H_1——桩孔底至导管底端间距,m;

H_2——导管初次埋置深度,取1.0m;

d_2——导管内径,m;

h_1——桩孔内混凝土达到埋置深度 H_2 时,导管内混凝土柱平衡导管外(或泥浆)压力所需的高度,m;

ρ_1——泥浆密度,取11kN/m³;

ρ_2——灌注混凝土密度,取25kN/m³;

H_W——桩孔内混凝土达到埋置深度 H_2 时,孔内泥浆高度。$H_W = L - (H_1 + H_2)$,L 为钻孔深度。

9.3 南索塔承台施工

9.3.1 承台基坑开挖形式

旱地承台基坑开挖常见方法有以下两种。

①放坡明挖:主要适用于地质条件好、开挖深度较浅、施工区域大、不受周边建筑物及其他障碍物影响的情况。

②支护开挖:主要适用于地质条件差、开挖深度较深、施工区域受限制、受地下水影响等情况。

根据设计情况,索塔单个承台设计尺寸为(25.5×19×6)m,开挖深度为7m。承台开挖区域地质条件主要以杂填土、粉质黏土为主,且结合现场施工环境,承台位置设置在长江堤岸外侧。为了保证不大面积开挖而破坏原有江堤,且基础施工不受汛期水位影响(根据调查,长江历年最高水位高于承台基坑底高程),承台基坑支护使用钢板桩围堰施工。

9.3.2 承台基坑支护设计

南索塔承台位于岸上,承台整体埋入原地面以下。根据工期安排,承台施工期长江水位低于承台底高程,围堰采用钢板桩围堰(拉森Ⅳ)。围堰桩顶高程48.1m,桩底高程36.1m,桩长12m,围堰设置2道钢支撑,内支撑采用H型钢,型号HN600×200双拼,对撑采用钢管ϕ400mm×12mm。承台分两次浇筑,为防止基坑周边积水渗水,钢板桩插打完毕后沿四周设置一圈10cm×10cm挡水埂;基坑底部角落设置集水井,采用水泵排除基坑内积水。钢板桩围堰布置如图9-6、图9-7所示。

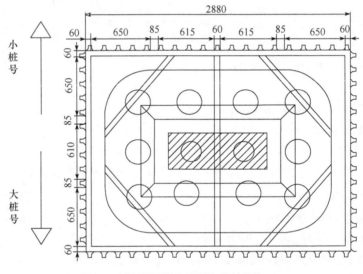

图9-6 钢板桩围堰平面布置(尺寸单位:cm)

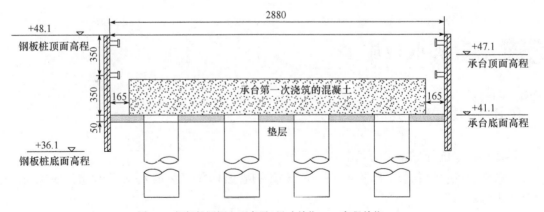

图9-7 钢板桩围堰立面布置(尺寸单位:cm;高程单位:m)

9.3.3 钢板桩围堰施工

1）施工工艺流程

钢板桩施工流程为：测量放线→制作导向圈梁→钢板桩插打→钢板桩合龙。

2）现场施工准备工作

（1）平整场地

索塔钻孔桩完成后，拆除钻孔平台，破除混凝土原地面，采用液压冲击破碎器破除，用挖掘机装车运走。

（2）承台开挖准备

测量人员对承台基坑开挖线角点放样，施工人员用石灰标记承台开挖线。

（3）钢板桩的整理

钢板桩运到工地后，进行检查、编号及登记。凡钢板桩有弯曲、破损、锁口不合的均应整修，按具体情况分别用冷弯、热敲、焊补、铆补、割补的整修方法。

（4）钢板桩变形检查

因钢板桩在装卸、运输过程会出现撞伤、弯扭及锁口变形等现象，故钢板桩在插打前必须对其进行变形检查。对变形严重的钢板桩进行校正并做锁口通过检查。锁口通过检查方法：用一块长约 2m 的同类型、同规格的钢板桩作标准，采用卷扬机拉动标准钢板桩平车，从桩头至桩尾做锁口通过检查。通过检查的投入使用，不合格的再进行校正或淘汰不用。

钢板桩的其他检查：剔除钢板桩前期使用后表面因焊接钢板、钢筋留下的残渣瘤。

3）钢板桩插打施工

（1）钢板桩的吊运

钢板桩的准备工作完成后，运至作业面，按插桩顺序堆码。堆码层数最多不超过四层，每层用垫木搁置，其高差不得大于 10mm，上下层垫木中线应在同一直线上，允许偏差不得大于 20mm。

（2）安装导向架及钢板桩插打

为了保证钢板桩插打的垂直度，需设置导向架，导向架利用第一层围檩型钢导向。

首先在钢板桩插打之前用挖掘机开槽（按第一道围檩设计位置开槽），然后安装上层围檩作为导向装置，经检查无误后沿长度方向中心点分别向两侧采用 2 台钢板桩打拔桩机对称施工。为控制首根桩的垂直方向偏位，在导架上焊接 20mm 钢板进行轴线方向限位，限位钢板边缘距钢板桩 1cm。在起始钢板桩沉桩过程中，加强桩的垂直度控制。

安插钢板桩自小桩号中心钢板桩开始，两侧对称向大桩号依次插入。钢板桩沉桩过程中，钢板桩常会发生上口偏向外侧的"扇形变形"。这主要是由于钢板桩沉桩时，桩上口由于导架限位作用而直线前进，下口因土压力作用而弯曲，多根桩积累就形成扇形变形；同时，钢板桩相连处的锁口之间存在一定的间隙，在沉桩过程中，由于土压力的作用使相连锁的上口间隙被缩小，下口间隙放大形成扇形变形。扇形变形具有积累性，下一根桩由于沉桩时偏心受压，扇形偏差也越大。扇形变形积累到一定程度时，沉桩就无法进行，发生扇形偏差时要及时纠偏。

纠偏方法一：制作异形桩，可制作一端小一端大的楔形钢板桩。根据经验钢板桩单根调节不要超过80mm，即一端收缩40mm、另一端放大40mm，否则将影响钢板桩的沉桩。这里应注意楔形钢板桩应一次沉桩到位，否则第二次送桩较为困难。

纠偏方法二：进行屏风式施打，先插后打，由振动锤沉桩至一定深度（以不影响下根桩插桩时套锁口为准），不再振动沉桩，然后插剩余的桩，待一循环导架的桩全部插满后从前往后振动沉桩，沉下一定深度，移动桩锤从后往前锤击桩。如此往复沉桩到设计高程。由于后插的钢板桩受前面钢板桩的影响较小，偏差相对较少，在沉前面的桩时由于后插桩的限位作用，所以偏差明显改善，经过几根桩施工后，扇形变形可基本消除。

合拢桩前必须做好以下工作。

第一，闭合桩应选择在地下障碍物较少，较容易沉桩的地方。

第二，闭合桩两侧的钢板桩应尽量保持垂直，并在同一轴线上，两桩的间距应恰好等于或接近钢板桩的宽度。

第三，在离闭合桩两侧各八片时就要计算闭合桩的尺寸，同时逐片用导链调整钢板桩锁口轴线，逐渐使锁口轴线都垂直或相互平行。若经计算尺寸无法满足标准桩宽度要求，可用两种方法处理：一是按闭合尺寸制作一块异形板作闭合桩；二是在合拢段钢板桩范围内化直线闭合为弧线闭合，以增加一片桩的方式使闭合桩达到标准宽度要求。

第四，在沉闭合桩时，如发生沉桩困难，可暂停沉闭合桩，将相邻的两根桩拔出，但不要提离沉好桩的锁口，间隔沉这三根桩，直至到设计高程。若沉桩困难，不得强行沉桩，以防造成锁口撕开。

4）基坑开挖、围檩及支撑安装、垫层浇筑

基坑开挖方法：上部开挖可采用挖掘机直接开挖；当基坑开挖至一定深度，采用起重机把挖掘机吊入基坑内开挖，开挖的土方采用料斗调运自卸车运至弃土场。开挖施工中，随时检查支护，做好防、排水工作。

支撑安装和垫层浇筑的具体施工步骤如下。

第一步：开挖至第一道围檩底高程位置，施工第一道内支撑。

第二步：开挖至第二道围檩底高程位置，施工第二道围檩及内支撑。

第三步：直接开挖至承台底设计高程以下50cm。

第四步：浇筑50cm厚C20混凝土垫层。

9.3.4 承台施工

1）承台分层浇筑方案

南索塔承台方量较大（2886m³），混凝土设计强度等级高（C40），混凝土单次浇筑方量大、浇筑时间长。而分层浇筑间隔时间较长时极易因层间水分蒸发过快导致收缩开裂。混凝土绝热温升高，混凝土温升控制不当时，极易因内表温差产生较大温度应力。

综合考虑以上问题，需要对承台进行分层、分块施工。具体方案如表9-4所列。

索塔承台、塔座大体积混凝土分层分块　　　　表9-4

构　件	工　况
承台	(2+4)m；(第二层4m与塔座0.5m同时浇筑)

根据结构对称性,取承台、塔座、塔柱预浇段混凝土的1/4进行温度应力计算,计算结果如下。

(1)温度计算结果

基于上述工况进行计算,南索塔承台大体积混凝土内部最高温度及最大内表温差结果如表9-5所列。可以看出,温峰及最大内表温差出现时间约为浇筑后第3d。

温度计算结果　　　　　　　　　　表9-5

浇 筑 层	内部最高温度(℃)	最大内表温差(℃)	温峰及最大内表温差出现时间
承台第一层	56.7	19.5	第3d
承台第二层(含塔座预浇段)	57.8	20	第3d

注:混凝土最大内表温差指混凝土内部最高温度与同一时刻距表面50mm处的混凝土最低温度之差。

(2)应力计算结果

南索塔承台大体积混凝土温度应力计算结果如表9-6所列。可以看出,承台3d最小抗裂安全系数为1.42(≥1.4),抗开裂能力较强。

温度应力结果　　　　　　　　　　表9-6

结构部位	标　号	温度应力(MPa)				安全系数			
		3d	7d	28d	180d	3d	7d	28d	180d
承台第一层	C40	1.13	0.84	1.87	1.48	1.77	3.10	1.71	2.57
承台第二层	C40	1.41	1.49	1.06	0.68	1.42	1.74	3.02	5.59

2)承台冷却水管布设

承台为大体积混凝土,须埋设冷却水管。冷却水管采用$\phi 42 \times 2.5$的钢管,共布置8层冷却水管(包括50cm塔座)。承台第一浇筑层布设2层水管,竖向布置为(60+80+60)cm;承台第二浇筑层布设5层水管,竖向布置为(60+70×4+60)cm;承台单幅单层布设3套水管,水管水平管间距为100cm,距离混凝土表面/侧面为50~75cm。塔座与第二层承台交界面布设1层水管,单幅单层2套,分为内环与外环。塔座布设1层冷却水管,垂直高度为75cm,单幅单层2套,分为内环与外环。塔座与塔柱预浇段交界面布设一层冷却水管,单幅单层1套。每套水管设置一个进出水口,每套水管长度不大于200m。承台冷却水管布置示意图如图9-8~图9-10所示。

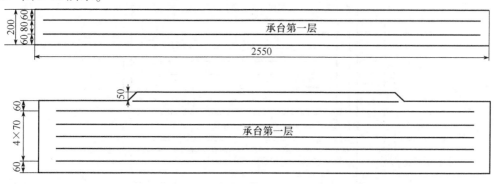

图9-8　冷却水管立面布置(尺寸单位:cm)

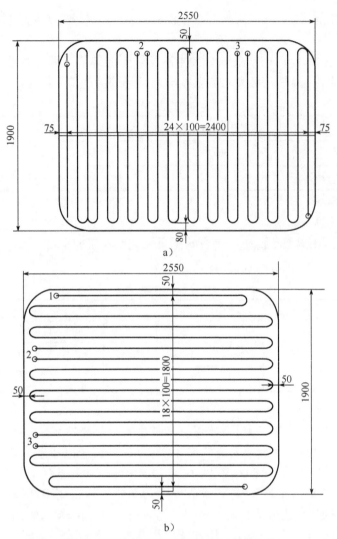

图 9-9 承台冷却水管平面布置(尺寸单位:cm)

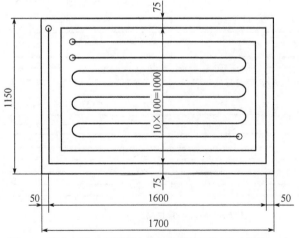

图 9-10 承台与塔座交界面冷却水管平面布置(尺寸单位:cm)

3) 承台冷却水循环系统

冷却水循环系统组成包括:循环水箱、水泵、分水器、泄压阀、水管(图9-11)。

按照两侧承台同时浇筑,冷却水经出水箱流出,经过水泵增压流入分水器;分水器分水至每层冷却管,水通过冷却管流出至汇水箱(汇水箱和储水箱共用)。单幅单次最多3层水管、每层2~3套,需准备2个分水器。每个分水器设置一个进水口、10个出水口及4个泄压阀;每个分水器对应一台进水泵。每个浇筑块对应一个容量≥10m³的循环水箱;每个循环水箱对应一台补水泵。循环水系统构成如图9-11所示,现场循环水布置如图9-12所示。

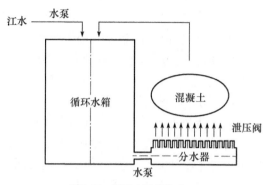

图9-11 循环水系统构成

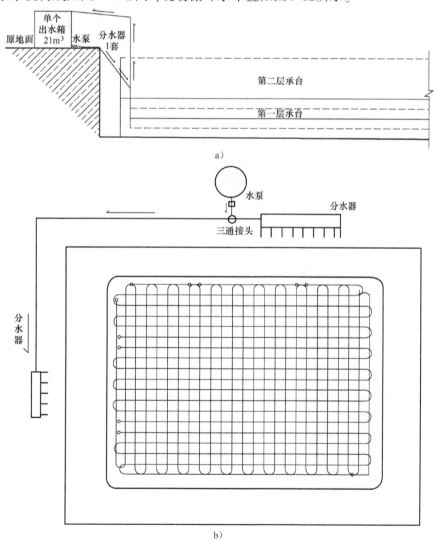

图9-12 现场循环水布置

4) 承台钢筋安装、塔柱钢筋预埋施工

承台第一层高度2m、第二层高度4m、塔座高度0.5m,分两次浇筑。钢筋绑扎按照混凝土浇筑分层情况进行分层绑扎,分层成型。

钢筋绑扎分成四个部分:底板钢筋、侧面分布筋及架立钢筋、顶板钢筋、塔座与塔柱预埋钢筋。

(1) 第一层承台钢筋安装

①底板钢筋绑扎。底板钢筋为网片式结构,共设置4层,其中第一层钢筋网片直接分布在桩身混凝土上(桩头伸入承台内15cm);桩间及承台周边用定位钢筋头支撑,支撑钢筋间距为每平方米不少于6个点。其他3层钢筋网片按照钢筋网片层间距进行绑扎,层与层之间使用短钢筋支撑,支撑钢筋间距均按照2m设置。同样方法绑扎桩顶$D16$钢筋网片,与桩基钢筋连接固定。由于底板主筋在安装时受桩身钢筋平面位置的影响,会造成部分主筋间距过大,为满足钢筋构造要求,在底板主筋间距过大处设置部分分布钢筋。

②侧面分布钢筋、架立钢筋绑扎。在底板钢筋绑扎完成之后,进行侧面分布钢筋及架立钢筋的绑扎。先按照设计图纸对架立钢筋进行绑扎,并且同步安装第一层承台冷却管,架立钢筋的交叉点采用绑扎及点焊配合施工,必须保证架立钢筋的整体稳定性。架立钢筋施工完成后对四周侧面分布的钢筋主筋、水平钢筋安装施工。侧面主筋安装高度为两层承台高度,水平筋只安装第一层承台所需要的钢筋。在安装侧面主筋时在承台的架立钢筋顶面搭设脚手架,利用钢板桩围檩作为侧面主筋的定位骨架。先绑2~4根竖筋作为定位钢筋,并画好横向筋分档标志,然后在下部三分之一处绑两根横筋定位,并画好横筋分档标志。一般情况下,横筋在外、竖筋在里,所以先绑竖筋后绑横筋。横、竖筋的间距及位置应符合设计要求。当侧面钢筋及架立钢筋与承台支撑干扰时可以考虑将该处钢筋断开,后期等支撑解除再用套筒接头连接,注意错开钢筋接头。

(2) 第二层承台钢筋安装

当第一层混凝土浇筑完成且顶面凿毛后开始安装承台上部的冷却管及其他钢筋。冷却管应定位牢固,并绑扎承台上部其他钢筋及塔座预埋钢筋。

①顶板钢筋绑扎。顶板设置一层钢筋网片,采用架立钢筋进行固定。根据设计图纸位置,安装顶板钢筋。由于底板与顶板钢筋层次较多,施工中应做到上、下层网格对齐,层间距准确。须确保钢筋的保护层厚度,施工中防止由于绑扎扎丝深入保护层内形成腐蚀通道。

②塔座及塔柱预埋钢筋施工。当第二层承台钢筋施工完成后,应对塔座及塔柱角点放样定位后才能开始进行钢筋绑扎。要求按承台钢筋绑扎,塔座预埋钢筋伸入承台70cm,塔柱预埋钢筋伸入承台4m。预埋钢筋与钢板桩支撑干扰的位置可以考虑断开该处的钢筋,后期利用套筒连接,注意错开钢筋接头。

(3) 预埋件安装

承台上埋设施工时所需的各种预埋件,如塔式起重机、电梯、防雷接地、下横梁支架、卷扬机基座、导向轮预埋件等,不得成为永久结构物的腐蚀通道。

5) 承台混凝土施工

承台C40混凝土配合比如表9-7所示。

承台 C40 混凝土配合比　　　　　　　　　　表 9-7

指标	设计强度	水胶比	砂率(%)	水泥(kg/m³)	粉煤灰(kg/m³)	细集料(kg/m³)	粗集料(kg/m³)	水(kg/m³)	外加剂(kg/m³)
参数	C40	0.35	42	252	168	779	1076	147	3.78

承台混凝土均采用两次浇筑的方式施工，第一次混凝土浇筑时必须搭设施工平台，以方便人员行走和小型施工机具的放置。第一次混凝土浇筑的施工平台拟利用第一层最上面架立钢筋的水平筋作为骨架层，在纵横交错的钢筋上铺设竹跳板，在主墩承台按横桥向铺设4条通道，可供施工人员行走。

第二次混凝土浇时则可直接利用承台的顶层钢筋作为施工平台。

将混凝土浇筑平台用作为混凝土的布料平台。主墩承台施工、混凝土布料按照沿长边水平分层的原则进行。

9.4 南索塔塔座施工

根据承台施工方案及温控方案要求，为防止塔座根部开裂，承台第二层混凝土和塔座50cm高混凝土一起浇筑。塔座混凝土与50cm高塔柱起步段混凝土一起浇筑施工时应注意混凝土配合比的转换。

9.4.1 钢筋制作安装

(1) 塔座钢筋设计

塔座底面设计有1层由直径20mm钢筋组成的钢筋网，顶面设计有2层直径28mm的主筋，竖向架立钢筋直径25mm，水平架立钢筋直径16mm。塔座侧面竖向设计有直径25mm的钢筋，水平箍筋为直径20mm的钢筋，单个塔座钢筋总质量为39.55t。

(2) 钢筋绑扎

钢筋半成品验收合格后，运输至墩位，按照设计图纸由下至上分层安装。要求钢筋数量、钢筋间距、保护层厚度、钢筋接头质量等满足设计和验收规范的要求。

塔座侧面竖向钢筋伸入承台0.7m，在第2层承台施工时利用塔柱与塔座劲性骨架准确定位塔座竖向钢筋，并与承台顶层钢筋焊接固定。

9.4.2 模板制作安装

(1) 模板结构

塔座侧模采用大面积钢模板。塔座斜面长度为2.5m，塔座模板竖向分节拼装高度为2.0 + 0.5 = 2.5(m)，标准模板尺寸为2m×2m 和 0.5m×2m。钢模面板厚度为6mm，竖肋为∠75×5

角钢,横肋为6mm扁钢,连接螺栓为M18。塔座转角位置模板间采用角钢法兰连接,模板背方采用双拼I16工字钢。

(2)模板安装

塔座钢筋绑扎完成后,根据测量放样结果,分块安装塔座侧模。

在第2层承台施工时,沿塔座周边间距2m设置一根预埋钢筋(对应模板分块位置)。在塔座模板安装好后,利用预埋钢筋将模板底口固定,模板上口设置反压梁。反压梁与塔座内预埋竖向钢筋连接,防止在浇筑混凝土时模板整体上浮。

塔座模板对拉螺杆直径为20mm,水平间距为1m。对拉螺杆分两节,以焊接连接,沿着模板面法线方向,将对拉螺杆拉至承台顶面预埋钢筋上。

模板安装前要进行除锈,均匀涂刷脱模剂;模板组拼后的位置、尺寸、平整度等满足规范要求,连接螺栓和对拉螺杆必须紧固到位。

塔座拉杆安装示意图如图9-13所示。

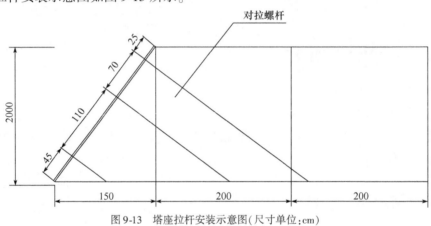

图9-13 塔座拉杆安装示意图(尺寸单位:cm)

9.4.3 冷却水管制作安装

根据大体积混凝土温控设计,为减小索塔塔柱根部开裂风险,将塔柱底部实心段内芯50cm高度混凝土与塔座一起浇筑,且塔柱平面范围内塔座顶20~30cm高度采用与塔柱同标号混凝土浇筑。

塔座布置2层冷却水管,水平间距1m,竖向间距(0.75+0.75+0.5)m。冷却水管规格为$\phi 42mm \times 2.5mm$。冷却管在通水冷却完成后压入水泥浆(微膨胀)进行封闭,将管头露出混凝土面部位切割平整。

塔座冷却水管布置如图9-14所示。

a)南岸塔座水管正立面布置

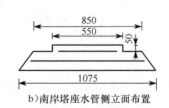

b)南岸塔座水管侧立面布置

图 9-14

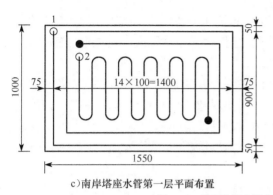
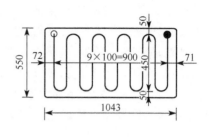

c)南岸塔座水管第一层平面布置　　　　d)南岸塔柱预浇段平面布置

图9-14　塔座冷却水管布置(尺寸单位:cm)

9.4.4　混凝土施工

(1)塔座混凝土配合比

塔座C40混凝土配合比如表9-8所示。

塔座C40混凝土配合比　　　　表9-8

指标	设计强度	水胶比	砂率(%)	水泥(kg/m³)	粉煤灰(kg/m³)	矿粉(kg/m³)	细集料(kg/m³)	粗集料(kg/m³)	水(kg/m³)	外加剂(kg/m³)	纤维(kg/m³)
参数	C40	0.35	42	189	147	84	779	1076	146	3.36	4.8

(2)混凝土布料及振捣

采用天泵进行布料,单个塔座(1.5m高)C40混凝土方量为219m³,塔柱起步段C50混凝土方量为29m³。浇筑时间约6h,在塔柱范围内的塔座混凝土浇筑至设计高程以下0.2m左右时,开始浇筑塔柱C50混凝土。

塔座为棱台形构造,四个侧面为倾斜面,不利于振捣。为确保塔座施工质量,在侧模竖向高度开孔振捣。

(3)混凝土养护

混凝土浇筑完成后,混凝土表面覆盖土工布保湿养护。现场安排专人洒水养护,混凝土养护时间不小于14d。

塔座模板在混凝土强度达到2.5MPa后才能拆除。

9.5　小结

9.5.1　钻孔灌注桩施工小结

钻孔灌注桩泵吸反循环施工技术在桥梁和其他各种大型构筑物中得到了广泛的应用,但随着工程建设的需要,钻孔灌注桩基础正逐渐朝超长大直径方向发展,对复杂地质条件下钻孔灌注桩的施工提出了新的难题和挑战。本文以宜都长江大桥索塔桩基施工为背景,结合实际工程的技术难点,系统阐述了复杂富水厚覆盖层、超长大直径钻孔灌注桩泵吸反循环施工的关键技术及工程问题处理方案,并得到以下结论。

①针对地质条件复杂、土层交替变化地区的钻孔灌注桩施工,需根据实际情况,综合选用恰当的钻机,并优选组合式钻头,以提高施工效率,实现超长大直径钻孔灌注桩高精度成孔。

②钻孔灌注桩的成孔是其关键技术,需严格制定桩基总体施工流程和技术方案,确保泥浆质量、钻孔垂直度及精准性满足技术要求,同时需对钻孔常见问题进行总结,并提出相应的处理方案。

③本工程采用超长大直径钻孔灌注桩泵吸反循环施工工艺,明显提高了施工效率和工程质量,节省了工程开支,可为同类工程项目提供借鉴和指导。

9.5.2 承台施工小结

在桥梁结构中,承台是桥梁基础的主要组成部分,其施工质量直接影响着桥梁基础的安全性。近年来,大型、特大型桥梁广泛应用超大型承台基础,施工技术难度大。现场根据操作空间、材料供应、温控计算、工期功效等因素,综合考虑分层或整层施工承台。为了给以后同类型桥梁承台提供相关的施工经验,现以大桥承台施工做如下总结。

①大桥承台地理位置为浅滩区域,基坑开挖采用钢板桩支护明挖的施工方法。选择该方法主要是根据施工区域作业面、地质条件、开挖深度、是否存在带水作业等情况而进行的比选。实际证明该方法在本工程实施过程中可行,保证了承台施工质量及施工进度要求。由此证明钢板围堰适用于河床覆盖层较厚的砂类土、碎石土、半干性黏土及风化岩层等基础工程。

②大桥承台尺寸大,属于大体积混凝土。大体积混凝土的特性在于水泥的水化热反应使混凝土存在温度应力,从而导致混凝土内部可能存在贯通裂纹,影响其工作性能。所以在承台大体积混凝土施工中,我们应从混凝土的原材料选择、配合比设计以及混凝土的拌和、运输、浇筑、振捣到通水、养护等全过程进行控制,以达到控制混凝土质量、混凝土内部最高温度、混凝土内表温差及表面约束,从而控制温度裂缝的形成及发展的目的。

10 北索塔基础施工

10.1 工程概况

北岸索塔承台尺寸为 25.5m×19m×6m，为分离式，承台内间距 25.467m，承台顶设置高 2m 塔座，塔柱底部为 2m 厚实心段。承台顶高程为 55.6m，承台底高程为 49.6m，地面高程为 62.7m，塔座顶设计高程为 57.6m，承台开挖深度 13m。北岸桥塔单个塔柱基础采用 12 根直径 3m 钻孔灌注桩，横桥向 4 根，顺桥向 3 根，桩长 65m 的钻孔灌注桩 24 根，为超长大直径钻孔灌注桩。

北索塔位于江边山丘腰部山体内，该墩位处覆盖层较薄弱，约 0~2m，覆盖层下均为中风化泥质砂岩、中风化泥岩及中风化泥质砂岩。

北索塔基础施工程序如图 10-1 所示。

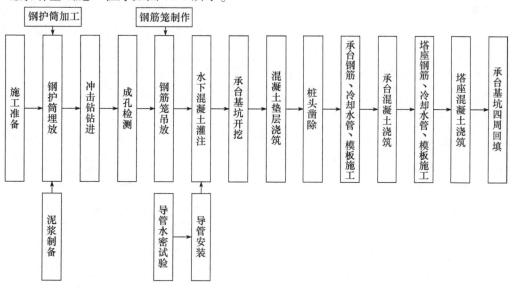

图 10-1 北索塔基础施工程序图

10.2 钻孔灌注桩施工

10.2.1 钻机比选及钻孔施工工效分析

(1)钻机比选

钻孔灌注桩成孔方式:人工挖孔、旋挖钻、回转钻、冲击钻,每种钻机方式都有自己的特点,分析如表 10-1 所示。

钻机比选表　　　　　　　　　　　表 10-1

钻机类型	优 点	缺 点	备 注
人工挖孔	桩身质量有保证,入持力层强度有保证,单桩承载力高	劳动力强度较大,单桩施工速度慢,安全性较差	适宜机械难以到达,电力不变的地方
旋挖钻	施工速度快,电力要求低,机械化程度高,泥浆少,有利于环保	自重大,场地要求高,需机械配合作业	不适宜岩层地质
回旋钻	护壁效果好,成孔质量高,操作便捷	泥浆排放量大,扩孔率难控制	岩层地质施工效果差
冲击钻	适用于绝大多数地质层,适宜大直径桩基	施工周期较长,泥浆排放量大	成孔垂直度便于控制,风化岩层施工效果好

北索塔主桥桩基地质为中风化泥质砂岩、中风化泥岩和中风化泥质砂岩,结合桩径、桩深分析综合考虑,冲击钻为最佳选择,但需要对施工过程全程掌控,以防掉锤、卡锤、移位等质量安全事故发生。

(2)钻孔施工工效分析

北索塔桩基在正式施工前进行了试桩施工,根据试桩钻进工效确定后期桩基施工投入冲击钻设备的数量,分析如表 10-2 所示。

冲击钻施工工效分析表　　　　　　　　表 10-2

序号	地质名称	地层厚度(m)	工效(m/d)	持续时间(d)	备 注
1	中风化泥质砂岩	26.5	3.78	7	机械正常,包含出渣、清砂时间
2	中风化泥岩	1.1	4.4	0.25	机械正常,包含出渣、清砂时间
3	中风化泥质砂岩	39.17	3.0	13.05	机械正常,包含出渣、清砂时间
合计		66.774	2.9	23	设备维修考虑2.5d

根据施工工效分析表得出结果:单根桩基成孔时间为23d,计划投入8台冲击钻分三轮进行施工。

(3)冲击钻孔顺序

冲击钻孔顺序主要遵循钻机摆放不影响钢筋笼安装和混凝土浇筑,且避免临孔作业。冲击钻钻孔顺序如图10-2所示。

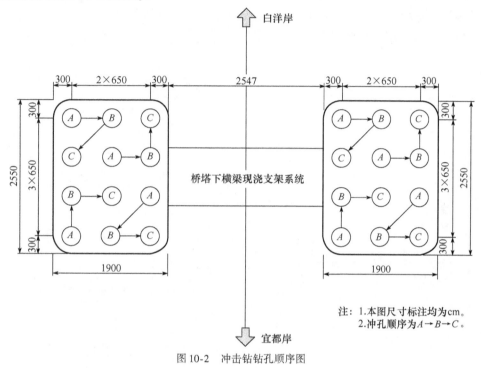

图10-2 冲击钻钻孔顺序图

10.2.2 钻孔灌注桩工艺流程

钻孔灌注桩工艺流程如图10-3所示。

10.2.3 施工准备

(1)泥浆池布置

桩基成孔后要进行第一次清孔和第二次清孔及混凝土浇筑,会产生较多泥浆排放,因此,泥浆池容量需满足清孔和混凝土浇筑排放要求,本项目设置大型泥浆造浆池(制浆池)1个和泥浆沉淀池1个,尺寸为10m×16m×4m,分别位于承台之间中线两侧,具体位置布设如图10-4所示。

(2)钢护筒制作与埋设

北索塔桩基础钢护筒制作与埋设施工和南索塔桩基础钢护筒制作与埋设施工相同,在此不再详细赘述。

(3)泥浆的制备与循环

本项目施工的桩均为大直径桩,大直径桩施工的关键在于冲孔和混凝土灌注施工两道工序,而冲孔施工又是桩基施工之中的重中之重。本项目主桥桩基地质多为中风化泥质砂岩,冲孔进尺较慢,施工周期长,施工中质量安全隐患较大。我项目部根据以往的施工经验,根据本项目的地质条件,孔内护壁泥浆采用高性能优质泥浆,因此考虑采用PHP优质泥浆和稳定的制作工艺,制作泥浆用水采用长江水,且必须先通过清水泵抽至钢制水箱沉淀净化,并进行水质检测合格后方可使用,以确保冲孔质量方面的要求。泥浆主要性能指标控制标准如表10-3所示。

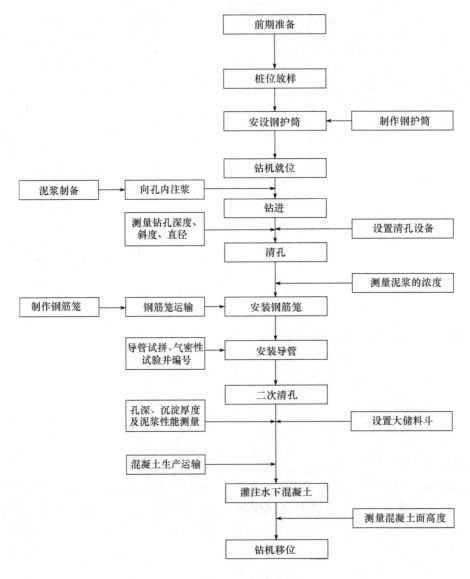

图10-3 钻孔灌注桩工艺流程图

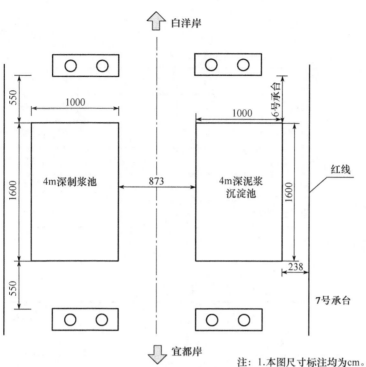

图 10-4　泥浆池现场布置图

泥浆主要性能指标控制标准　　　　　　　　　　　　　　表 10-3

指标	新浆	调整浆	孔内泥浆	混凝土灌注前孔内泥浆	废浆	检测手段
相对密度(kg/cm^3)	1.2~1.3	1.2~1.3	1.2~1.3	1.08~1.15	>1.30	比重仪
黏度($Pa·s$)	19~25	19~30	19~35	19~30	>50	黏度仪
pH 值	7~9	7~10	7~11	7~10	>11	pH 试纸
失水量(mL/min)	15	20	30	25	>30	失水量仪
泥皮厚(mm)	0.5~1	1	1~3	1~3	>3	滤纸
含砂率(%)	1%	<2%	<4%	<4%	<8%	含砂滤网
稳定性(%)	100%	>98%	>96%	>96%	<96%	量筒
胶体率(%)	100%	>98%	>96%	>96%	<96%	量筒

10.2.4　钻孔灌注桩施工

北索塔钻孔灌注桩施工与南索塔钻孔灌注桩施工基本相同,在此不再详细赘述。

(1) 成孔检查

钻孔质量标准如表10-4所示。

钻孔质量标准　　　　　　　　　　　　　　表10-4

序号	项目	允许偏差
1	孔径	不小于设计孔径
2	孔深	不小于设计孔深
3	孔位中心偏差	群桩不大于100mm,单排桩不大于50mm
4	倾斜度	不大于1%
5	灌注混凝土前孔底沉渣厚度	不大于规范要求

(2) 钻孔桩质量控制标准

钻孔桩质量控制标准如表10-5所示。

钻孔桩质量控制标准　　　　　　　　　　　表10-5

项次	检查项目		规定之或允许偏差值
1	混凝土强度(MPa)		在合格标准内
2	桩柱(mm)	群桩	100
		排架桩	50
3	倾斜度	直桩	1%
4	沉淀厚度(mm)		不大于设计要求
5	钢筋骨架高程(mm)		50

10.3 北索塔承台施工

北索塔承台结构和南索塔承台结构一样,在施工工艺上除了基坑开挖、承台分层工艺不同,其他施工工艺大致相同,本节只对北索塔承台基坑开挖及承台分层工艺进行介绍。

10.3.1 承台基坑施工

北索塔承台位于长江北岸山丘腰部山体内,该区域施工范围大,且不受周边环境影响,为了保证施工进度,承台基坑采用放坡明挖方法施工。承台顶高程为55.6m,底高程为49.6m,地面高程为62.7m,承台开挖深度为13.3m。开挖区域地质为2m左右的覆盖层,覆盖层以下为强风化泥质砂岩,开挖坡比为1∶1,设两级边坡,中间设置2m平台,基坑开挖示意图如图10-5所示。

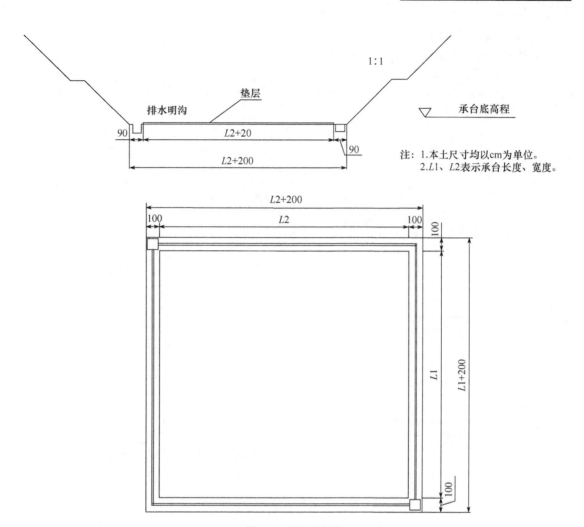

图 10-5　开挖示意图

当钻孔桩施工完毕后,即可进行基坑开挖。基坑开挖采用分层分区进行,逐段向后推进的方法,开挖时按 1∶1 坡度放坡,顺桥向由江侧向岸侧开挖;横桥向起始由下游侧向上游侧开挖,一段开挖完毕后转向下一段,仍由下游侧向上游侧开挖,直至循环完毕。每层土方开挖到底后,为便于施工,人工清底 25cm,铺垫底碎石,避免出现回填土找平现象,灌注桩周围 30cm 范围内的土方采用人工开挖。开挖土方由反铲挖机直接倒运至自卸车上,由自卸车转运到弃土区。

10.3.2　承台施工

(1)承台分层

根据设计图纸及大体积混凝土温控计算结果分析,北索塔承台拟采用 2m + 2m + 2m 分三层浇筑混凝土,第三层承台与塔座下端 0.5m 同时浇筑,单个承台一次性最大浇筑方量为 1924m^3。

（2）承台施工流程图

北索塔承台施工流程图如图10-6所示。

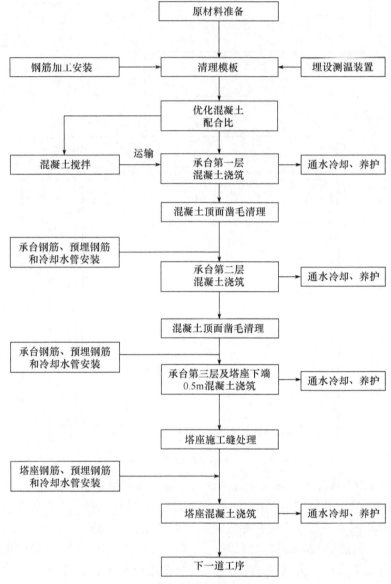

图 10-6 北索塔承台施工流程图

10.4 北索塔塔座施工

北索塔塔座施工与南索塔塔座施工方法相同，在此不再赘述。

10.5 小结

10.5.1 钻孔灌注桩施工小结

钻孔灌注桩泵吸反循环施工技术在桥梁和其他各种大型构筑物中得到了广泛的应用,但随着工程建设的需要,钻孔灌注桩基础正逐渐朝超长、大直径方向发展,对复杂地质条件下钻孔灌注桩的施工提出了新的难题和挑战。本书以宜都长江大桥索塔桩基施工为背景,结合实际工程的技术难点,系统阐述了复杂富水厚覆盖层超长大直径钻孔灌注桩泵吸反循环施工的关键技术及工程问题处理方案,并得到以下结论:

①针对地质条件复杂、土层交替变化地区的钻孔灌注桩施工,需根据实际情况,综合选用恰当的钻机,并优选组合式钻头,以提高施工效率,实现超长大直径钻孔灌注桩高精度成孔。

②钻孔灌注桩的成孔是其关键技术,需严格制定桩基总体施工流程和技术方案,确保泥浆质量、钻孔垂直度及精准性满足技术要求,同时需对钻孔常见问题进行总结,并提出相应的处理方案。

③本工程采用超长大直径钻孔灌注桩泵吸反循环施工工艺,明显提高了施工效率和工程质量,节省了工程开支,可为同类工程项目提供借鉴和指导。

10.5.2 承台施工小结

在桥梁结构中,承台是桥梁基础的主要组成部分,其施工质量直接影响着桥梁基础的安全性。近年来,大型、特大型桥梁广泛应用超大型承台基础,施工技术难度大。现场根据操作空间、材料供应、温控计算、工期功效等因素综合考虑分层或整层施工承台,为了给以后同类型桥梁承台提供相关的施工经验,现以大桥承台施工做如下总结。

①大桥北索塔承台位于长江北岸山丘腰部山体内,该区域施工范围大,且不受周边环境影响,为了保证施工进度,承台基坑采用放坡明挖方法施工。

②大桥承台尺寸大,属于大体积混凝土,大体积混凝土的特性在于水泥的水化热反应使混凝土存在温度应力而导致混凝土内部可能存在贯通裂纹,影响其工作性能。所以在承台大体积混凝土施工中,我们应对混凝土的原材料选择、配合比设计,以及混凝土的拌和、运输、浇筑、振捣、通水、养护等全过程进行控制,以达到控制混凝土质量、混凝土内部最高温度、混凝土内表温差及表面约束、混凝土温度裂缝的形成及发展的目的。

11 南锚碇施工

11.1 工程概况

宜都侧锚碇为重力式锚,锚碇基础采用扩大基础,平面尺寸为 $101m \times 71.50m \times 8m$,扩大基础基坑深 8m,采用 1∶1.25 放坡开挖;基底高程为 37.500m,基底持力层为卵石层。扩大基础顺桥向设 1 道 2m 宽后浇带,横桥向设 2 道 1.5m 宽后浇带,每层分 6 块,2 层共计 12 个块件,单层混凝土厚度 4m。扩大基础混凝土总方量 $54488m^3$,最大块件单层混凝土方量为 $5490.5m^3$。其中锚碇基础中区上层横向方向预留 7.5m 宽型钢锚固系统空间,待基础内型钢锚固系统施工完成后浇筑成整体。

宜都侧锚碇为钢筋混凝土结构,锚体由基础、锚块、散索鞍支墩、前锚室、压重块、行车道等六部分组成,锚块和散索鞍支墩分层分块进行浇筑,锚体横向设置了 2m 宽的补偿收缩混凝土后浇带。宜都侧锚碇三维图如图 11-1 所示。

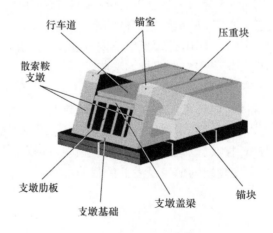

图 11-1 宜都侧锚碇三维图

11.2 施工总体部署

11.2.1 施工场地布置

施工便道:沿扩大基础基坑四周布置宽7.5m的便道,在引桥14号墩与施工主便道相连通,作为机械设备、材料进出场和弃渣外运的主要通道。

场地排水:在施工便道与基坑开挖线中间,距基坑开挖线0.5m处,沿基坑四周设置截水沟,将场地内的地表水沿截水沟汇集至南锚碇附近太保湖村水渠排出场外。

临时用电:设置1台630kVA的变压器,供扩大基础及锚碇、钢筋加工场、引桥施工用电,变压器设置于锚碇右侧。

拌和站:拌和站位于主线右侧,距离锚碇区域200m,施工便利,三套拌和站型号为:HZS-180、HZS-120、HZS-60。

钢筋场:2号钢筋场位于主线右侧,距离锚碇区域100m,施工便利,占地面积3000㎡。

施工用水:利用抽水泵抽取长江水,可以满足施工要求。

11.2.2 机械设备安排

施工主要机械设备、设施包括:钢筋加工、运输设备;混凝土拌和、运输、浇筑设备;混凝土振捣、养护机械;施工塔式起重机、履带式起重机、泵管、水管、电焊机及小型机具设备等,具体如表11-1所示。

主要施工设备清单 表11-1

序号	机械设备名称	规格型号	单位	数量	性能	备注
1	拌和站	HZS-180	台	1	良好	
2	拌和站	HZS-120	台	1	良好	
3	拌和站	HZS-60	台	1	良好	
4	塔式起重机	TCT6010	台	3	良好	
5	履带式起重机	150t	台	1	良好	
6	汽车起重机	25t	台	2	良好	
7	抽水泵		台	4	良好	
8	地泵(拖泵)		台	2	良好	
9	汽车泵(天泵)	ZLJ5330TH BS47X-5RZ	台	2	良好	
10	混凝土运输车	10m³	台	12	良好	

续上表

序号	机械设备名称	规格型号	单位	数量	性能	备注
11	电焊机		台	16	良好	
12	全站仪		台	1	良好	
13	水准仪		台	4	良好	
14	弯曲机		台	1	良好	
15	调丝机		台	1	良好	
16	金属带锯床		台	1	良好	
17	扎丝机		台	6	良好	
18	切断机		台	2	良好	
19	振捣器		台	20	良好	
20	插入式振捣棒		条	12	良好	
21	压浆机		台	2	良好	
22	搅浆机		台	2	良好	

(1)塔式起重机

锚碇施工总共安装三台 TCT6010 塔式起重机,三台塔式起重机安装高度为 56m、47m、38m。其中在安装高度为 56m、47m 的塔式起重机上需安装一道附着。塔式起重机在锚碇施工时主要用来安装钢筋、模板,辅助配合定位钢架及锚固系统安装,第二层扩大基础施工完成后安装塔式起重机。TCT6010 塔式起重机最近起重量为 6t,最远起重量为 1t,并覆盖整个锚碇区域,满足要求,塔式起重机性能参数如表 11-2 所示。

塔式起重机性能参数　　表 11-2

幅度(m)		2.5~14.5	16	18	20	22	24	26.5	28
起重量(t)	2 倍率	3.00							2.80
	4 倍率	6.00	5.36	4.67	4.13	3.68	3.31	3.01	2.74
幅度(m)		30	32	34	36	38	40	42	44
起重量(t)	2 倍率	2.57	2.37	2.20	2.04	1.91	1.78	1.67	1.57
	4 倍率	2.51	2.31	2.14	1.98	1.85	1.72	1.61	1.51
幅度(m)		46	48	50	52	54	56	58	60
起重量(t)	2 倍率	1.47	1.39	1.31	1.24	1.17	1.11	1.05	1.00
	4 倍率	1.41	1.33	1.25	1.18	1.11	1.05	0.99	0.94

(2)混凝土拌和、运输及浇筑设备

混凝土采用三台全自动拌和站(型号为:HZS180、HZS120、HZS60)用于混凝土的生产,根据前期大体混凝土的浇筑情况,拌和站实际拌和能力可以达到 $150m^3/h$。

整个搅拌系统由微型计算机全自动控制,工艺先进,生产效率高,混凝土质量稳定。控制系统具有计量误差自动补偿功能,所有混凝土由拌和楼集中拌和生产、混凝土运输车运送。

混凝土运输车使用10m³的混凝土罐车,每台混凝土泵送设备配三台混凝罐车,保证混凝土浇筑时的连续性。

混凝土浇筑采用地泵和天泵浇筑,锚碇最大混凝土浇筑方量为基础混凝土施工,单块最大为5490.5m³,采用三台地泵(80m³/h)和一台天泵(40m³/h)进行混凝土浇筑。混凝土泵主要技术参数(天泵)、混凝土泵主要技术参数(地泵)如表11-3、表11-4所示。

混凝土泵主要技术参数(天泵)　　　表11-3

设备型号	ZLJ5330THBS47X-5RZ
最大理论输送量	180/120m³/h
混凝土最大出口压力	8.3/12MPa
泵送频率	26/18 次/min
混凝土缸径×行程	ϕ260mm×2100mm
结构形式	47X-5RZ
最大布料(高度/半径/深度)	47m/42.7m/33.4m
回转角度	±270°
发动机最大功率	294kW/1800(r/min)

混凝土泵主要技术参数(地泵)　　　表11-4

设备型号	ZLJ5130THBE-9014R
最大理论输送量(低压/高压)	90/57m³/h
混凝土输送压力(低压/高压)	14/9MPa
混凝土缸径×行程	ϕ230mm×1650mm
料斗容积×上料高度	600L×1450mm
动力系统发动机型号	BF6M1013EC
发动机额定功率/额定频率	174kW/2300(r/min)

(3)锚碇模板

为了保证锚体混凝土施工的外观质量,锚碇基础采用大型钢模,锚体模板体系采用WA-200悬臂模板。悬臂模板主要用于锚块、散索鞍支墩、压重块隔仓墙、锚室内外模、肋板及盖梁外模。其余锚体结构采用钢木结合模板施工。

11.3 总体施工方案

11.3.1 锚碇扩大基础施工概述

(1)锚碇扩大基础基坑开挖

宜都长江大桥南锚碇为重力式锚碇;南锚碇尺寸93m×59.5m×36m,基础为整体式基础,基础尺寸101m×71.5m×8m。原地面高程45.7~46.1m,基础底高程37.5m,基坑开挖深度

8.2~8.6m。锚碇基坑采取明挖放坡方式开挖,开挖顺序从基坑一端由大桩号向小桩号方向自上而下分段分层开挖,每层开挖深度不大于3.5m。基坑共设两级边坡、一级平台,边坡开挖坡比为1:1.25,平台宽度为1m,在平台上设截水沟。

(2)锚碇扩大基础施工

基坑开挖施工完成后,进行基底承载力及均匀性试验,试验满足要求后,填筑30cm厚级配碎石,浇筑20cm厚C20垫层混凝土,之后浇筑扩大基础混凝土,扩大基础高8m,分两层施工,每层4m,每层又分为六块施工,块与块之间设置后浇带,后浇带采用微膨胀混凝土。扩大基础中区上层预留型钢锚固系统空间,待型钢锚固系统安装完成后再浇筑成整体,型钢锚固系统空间尺寸为7.5m×18.75m×4m。

11.3.2 锚碇施工概述

锚碇施工分为锚块、散索鞍支墩及基础、行车道、压重块、锚室、后浇带六部分进行。整个锚碇由横向2m宽的后浇带分成两个部分。

锚块混凝土根据温控方案竖向分层,以平行对称方式浇注。锚室前锚面、散索鞍支墩三角区内模施工采用钢木结合模板,锚块、散索鞍支墩、压重块分隔仓、锚室侧墙采用悬臂模板。

散索鞍支墩作为锚碇的主要受力结构之一,其承受由散索鞍传递的主缆压力。散索鞍支墩为斜置矩形实体结构,分左右线两支墩,两支墩中间设置了4个桥台肋板。在散索鞍支墩施工时,左右支墩同时进行,支墩施工完成后再进行肋板施工。散索鞍支墩的混凝土施工与锚块混凝土施工平行交叉进行,施工时按流水作业管理。散索鞍支墩外侧采用悬臂模板系统,施工方法与锚块类似。支墩与前锚室之间三角区域搭设落地钢管桩支架,支架上铺设钢板作为支墩内倾侧及前锚室的底模。支墩空腔内壁采用翻模施工。内腔顶部采用在侧壁安装牛腿支架,并在牛腿上安装型钢支架进行施工。

此外,随着混凝土浇筑高度不断增加,为保证锚体施工方便和施工人员安全,在锚块和散索鞍支墩处设置定型安全爬梯。

(1)锚碇分块

宜都锚碇混凝土方量大(17.2万m^3),浇筑持续时间长,单次混凝土浇筑经历一天中的高温时段和低温时段转换期;由于混凝土水化热作用,混凝土浇筑后将经历升温期、降温期和稳定期三个阶段,在这个过程中混凝土的体积随之伸缩,若两块混凝土体积变化受到约束就会产生温度应力,如果该应力超过混凝土的抗裂能力,混凝土就会开裂。为此,在锚碇施工过程中要采取有效温控措施来防止混凝土开裂。混凝土浇筑按照分块分层方案进行施工,循环作业,科学安排,确保锚碇混凝土施工质量。

①在散索鞍支墩基础纵向设置一条施工缝,分为左右两大块,在锚块和散索鞍基础相互连接面横向设置一道2m的后浇带,锚块纵向位置设置两条施工缝、横向31.325m处位置设置一条横向施工缝,后浇带及施工缝位置均采用快易式收口网做模板。锚块大体积混凝土浇筑次数为33次,混凝土浇筑最大方量为3807m^3,锚块水平分块混凝土的浇筑顺序原则为:先中间后两侧。

②散索鞍支墩、锚室分左右幅,支墩结构每幅混凝土方量为1826.3m^3,总方量为3652.6m^3;

单个锚室由侧墙、底板、盖板(预制)组成。

③散索鞍支墩与锚块之间的实心三角区混凝土总方量为6224.3m^3,散索鞍支墩盖梁分两层浇筑,混凝土总方量为2224.4m^3。

④压重块侧墙、端墙混凝土按4m一层浇筑,总计5111m^3,压重块C20卵石混凝土在压重块分隔仓内浇筑。

(2)锚碇施工流程

锚碇施工内容主要包括:锚块、散索鞍支墩及基础、行车道、压重块的施工,锚室等模板的安装,钢筋的制做安装,大体积混凝土浇筑及养护工作。

锚碇总体施工流程如图11-2所示。

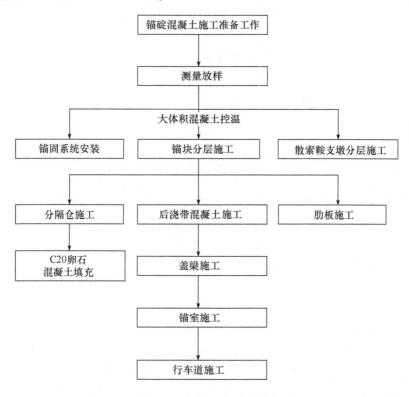

图11-2 锚碇总体施工流程图

锚碇施工流程步骤如下:

第一步:锚块及散索鞍支墩基础施工,锚块分层施工时同步施工锚固系统。

第二步:锚块及散索鞍鞍体施工,锚块、散索鞍同步施工,且锚块施工时同步施工锚固系统。注意预埋件施工。

第三步:锚块、散索鞍支墩施工完成后进行压重块分隔仓、肋板、后浇带施工。

第四步:压重块隔仓、桥台肋板施工完成后进行盖梁施工。压重块分隔仓填充卵石混凝土。

第五步:盖梁施工完成后进行锚室施工。

第六步:散索鞍支墩与锚块之间的行车道施工。

11.4 锚碇悬臂模板及模板支架设计施工

11.4.1 悬臂模板设计与施工

(1)悬臂模板配置

锚碇外模板采用悬臂模板,面板采用18mm厚维萨板。标准层垂直高度为4.5m,模板配置高度4.65m,模板下包100mm以保证新浇混凝土底口质量,模板上挑以防止混凝土浆溢出。外模采用木工字梁体系模板,外模面板采用进口维萨板,正常可以周转20~60次,架体采用WA-200悬臂架体体系(适用于锚块外模、散索鞍支墩及基础外模、锚室侧墙外侧模、压重块侧墙外模)。其他位置模板采用大型钢模及收口网模板。

WA-200悬臂模板主要由模板、主背楞、斜撑、后移装置、三角架、埋件系统、吊平台、挑架等组成。

锚碇架体体系为悬臂架体,模板在提升过程中不裁剪,仅对模板进行水平移动(考虑前锚室侧墙和压重块同时倒用锚块和散索鞍支墩模板)。

(2)悬臂模板施工

WA200悬臂模板两榀架子为一个提升单元,各单元横背楞间通过芯带及芯带销连成一个整体。应注意芯带孔与横背楞孔并不重合,上芯带销应选择合适的孔,使芯带外张,两块模板向内靠紧。

11.4.2 模板支架体系设计与施工

(1)三角区模板支架设计

前锚室及散索鞍支墩之间采用落地支架施工,支架立柱采用 $\phi720 \times 10$ 的钢管,横桥向布置19排,间距3m,顺桥向布置4排,间距为3m~4.5m。钢管桩之间通过 $\phi42 \times 10$ 及I25a工字钢作为横向连接及斜撑。钢管桩立柱顶部顺桥向嵌入2根I45a工字钢为承重主梁,并在主梁上顺桥向按0.4m间距铺设I25a工字钢分配梁。面板拟采用2cm钢板直接铺设在分配梁上。

(2)三角区模板支架安装

支架拟在散索鞍支墩基础完成后开始搭设,总体按照由下至上的施工顺序,利用塔式起重机进行安装。

①将钢管桩依据塔式起重机起重能力分节起重安装。各节之间采用法兰盘及高强度螺栓连接或采用坡口焊及加强板连接。

②钢管桩底部与下锚块及前仓基础顶板上的预埋件焊接连接,并用三角板焊接加强。

③吊装并焊接钢管桩间横联及斜撑。

④钢管桩顶开槽嵌入2根I45a工字钢承重梁。

⑤吊装承重梁上I25a分配梁。

⑥根据分层高度配置和安装钢板。

(3)三角区模板支架拆除

锚碇散索鞍支墩三角区空间狭窄,不方便支架单根杆件拆除施工作业,同时拆除后的支架杆件无法使用起重机械吊运至水平地面。综上所述,拟定在锚碇顺桥向一侧布设钢结构平台,同时沿支架长度方向分块切割支架(5片为一组),然后使用千斤顶配合精轧高强钢筋通过钢轨将分块支架拖拽至钢结构平台,最后拆除分块支架,具体拆除顺序如下:

①搭设锚碇旁侧钢结构平台;②沿支架长度方向分块切割支架;③千斤顶拖拽分块支架;④拆除10mm钢板;⑤拆除I25a工字钢分配梁;⑥拆除双拼I45a工字钢承重梁;⑦分榀拆除分块支架并吊运至地面;⑧拆除单榀支架纵横向平连支撑;⑨循环拆除下一块分块支架。

11.5 锚碇型钢锚固系统设计施工

11.5.1 型钢锚固系统简介

主缆索股锚固采用型钢锚固系统,由后锚梁及锚杆组成。后锚梁埋于混凝土内,锚杆一端连接到后锚梁,另一端伸出锚体前锚面,与主缆索股连接。索股拉力通过锚杆传递到后锚梁,再通过后锚梁的承压面传递到锚碇混凝土。

锚杆和后锚梁均采用钢结构制作而成。由于主缆进入锚体散开后散索点到各束后锚梁间的长度不同,为了制造、运输及安装方便,后锚梁与锚杆分开制造,锚杆与后锚梁之间的连接采用规格为M24的A级精制普通螺栓连接。

锚杆分单束锚杆和双束锚杆,单束锚杆对应连接锚固1根索股,双束锚杆对应连接锚固2根索股,单个锚室共布置锚杆103根,其中单束锚杆有37根,双束锚杆有66根。

锚杆设计长度采用统一尺寸,全长22.02m。每根锚杆制造时分成两段。下段锚杆分别与后锚梁和上段锚杆连接,采用焊接H形截面,长度均为16.01m。上段锚杆长度均为6.01m,单束锚杆上段上端1m范围内采用焊接口型截面,中间1.8m范围采用栓焊组合的隔构式构造,下端3.21m范围内采用焊接H形截面,双束锚杆上段采用焊接H形截面。两类锚杆下端与后锚梁连接,上端伸出前锚面,与主缆索股锚头连接。上、下锚杆之间及锚杆与后锚梁之间均采用高强度螺栓进行连接。

全桥后锚梁共分为5种类型,分别为Mh1~Mh5。后锚梁采用"][" 截面,由两片分离的"["形梁通过缀板、加劲肋等连接而成。为便于锚杆与后锚梁的连接,依据主缆散索角度及锚固位置,在锚梁相应位置设置锚杆连接接头,连接接头采用与锚杆截面一致的H形截面。连接接头直接插入后锚梁的两片"["形梁之间,将H形截面的两块翼板分别与后锚梁两片"["形梁的腹板焊接,锚杆内力通过该焊缝传递给后锚梁。

11.5.2 型钢锚固系统支架设计

定位支架由后支架、连接系、前支架以及横向联系杆组成。后支架采用桁片+斜撑杆形式,前支架采用片架与横梁连接杆组成,后支架横梁设计贴合于各根后锚梁的空间位置,桁架片底部设置预埋底座,用于支撑桁架片及后锚梁。

型钢桁架横梁在锚杆的安装过程中逐层对锚杆进行支撑定位;前、后支架之间设置连接杆,确保锚杆定位支架的空间线形。桁架的杆件均采用 H 型钢(材料型号主要为 HW250、HW200、HW175 型钢),各型钢杆件之间通过焊接连接,前、后支架的设计结合锚杆自身刚度,在锚杆支撑定位的同时,通过接触使层片式桁架实现平面外的稳定,降低了钢材耗用量。

11.5.3 型钢锚固系统施工概述

锚固系统共有后锚梁18根,型材共计1707.324t。按照锚碇总体施工方案要求,锚杆、锚梁须分批组织进场,分批安装,以符合锚体大体积混凝土分批浇筑施工要求。

锚固系统利用钢管脚手架作业平台进行安装,在安装时需要将锚杆、锚梁的安装控件预留出来。脚手架作业层应满铺脚手板。

安装时注意对称摆放,以利支架稳定性。另外半幅为对称结构,安装方法相同。

第一步,安装后定位支架和后锚梁支撑牛腿预埋件。

第二步,利用150t履带式起重机将后锚梁按照设计要求的顺序逐一吊装到位,使用测量仪器先初调其上下两端坐标位置、高程及偏转角度。再使用导链、千斤顶对其微调,使用钢楔块加圆钢抄垫,确保各项测量指标控制在规范允许偏差范围内,然后再将其焊接固定在预埋件上。

第三步,安装前支架及基础填芯混凝土围内的锚杆,并浇筑填芯混凝土,由于锚杆上下层间距偏小,不利于高强度螺栓施拧,全部锚杆采取上、下段锚杆在地面上拼接成整体的方式,经检查合格后施拧高强度螺栓,再整体吊装。安装锚杆为 6 根单束锚杆和 3 根双束锚杆。在浇筑混凝土之前,锚杆安装检查合格后,对锚杆接头进行防腐涂装和隔离包装。

第四步,浇筑扩大基础填芯混凝土后,安装锚碇锚块第一层范围内的锚杆,即 18 根单束锚杆和 7 根双束锚杆。各层锚杆分层安装,分层调整到位,分层安装水平横杆。

第五步,浇筑完锚碇锚块第一层混凝土后,安装锚碇锚块第二层范围内的锚杆,并浇筑第二层混凝土,即锚杆 18 根单束锚杆和 8 根双束锚杆,安装方法同上。

第六步:浇筑完锚碇锚块第二层混凝土后,安装锚碇锚块第三层范围内的锚杆,并浇筑第三次混凝土,即锚杆 22 根单束锚杆和 12 根双束锚杆,安装方法同上。

第七步:浇筑完锚碇锚块第三层混凝土后,安装锚碇锚块第四层范围内的锚杆,并浇筑第四次混凝土,即锚杆 2 根单束锚杆和 7 根双束锚杆,安装方法同上。

第八步,锚碇锚块第四层混凝土浇筑完成后,锚体内的锚固系统全部安装完成,按照锚体分层原则继续浇筑后期锚体混凝土至锚体施工完成。

11.6 锚碇钢筋施工概述

11.6.1 钢筋制作

①钢筋在钢筋加工厂集中制作,制作加工完成后的半成品通过平板车运输至施工现场,分类堆放。首先对弯曲的钢筋进行调直。弯曲的钢筋调直方法应取得监理工程师的批准,调直后钢筋的损伤不能超过截面的5%,不得用火焰加热。

②钢筋的截取采用钢筋切割机,弯曲、弯钩用钢筋弯曲机加工。加工钢筋的允许偏差符合规范规定。

③所有钢筋的弯折必须在温度+5℃以上时进行。

④钢筋按图纸所示形状弯折,浇入混凝土中钢筋的外露部分,不能在浇筑混凝土时现场弯折。所有钢筋都必须冷弯。

⑤钢筋下料用切割机切割,按照施工设计图纸,先调直再正确量取钢筋长度,然后进行切割。必须保证将要套丝的端面平头。平头的目的是让钢筋端面与母材轴线方向垂直,断面偏角不超过4°,端头弯曲、马蹄严重的应予以切除。

11.6.2 钢筋安装

①底板钢筋绑扎:按弹出的钢筋位置线,先铺下层钢筋。根据底板受力情况,决定下层钢筋哪个方向钢筋在下面,一般情况下先铺短向钢筋,再铺长向钢筋。钢筋绑扎时,靠近外围两行的相交点每点都绑扎,中间部分的相交点可相隔交错绑扎,双向受力的钢筋必须将钢筋交叉点全部绑扎。摆放底板混凝土保护层用砂浆垫块,垫块厚度等于保护层厚度,按每隔1m左右呈梅花形摆放。如底板厚或用钢量较大,摆放距离可缩小。

②侧面钢筋绑扎:先绑2~4根竖筋作为定位钢筋,并画好横向筋分档标志,然后在下部及胸处绑两根横筋定位,并画好横筋分档标志。一般情况横筋在外,竖筋在里,所以先绑竖筋后绑横筋。横竖筋的间距及位置应符合设计要求。

③顶板钢筋绑扎:在进行顶板钢筋绑扎前应该先对该基础再次施工放样,即对已经施工完成的钢筋绑扎进行检查,确定基础的平面尺寸。根据放样进行顶板的钢筋绑扎。绑扎的工艺与底板的施工工艺基本一致。

④架立钢筋安装:根据混凝土分层来控制架立钢筋立筋长度,架立钢筋在满足结构稳定性的前提下,可以按照冷却水管层数来控制分层高度,方便冷却水管安装。

⑤预埋件钢筋绑扎:根据测量放样放出结构位置线,将上层及其他结构伸入基础的预埋钢筋焊接牢固,插入基础深度要符合设计要求,伸出长度不宜过长,其上端应采取措施保证甩筋垂直,不歪斜、倾倒、变位。

钢筋制作绑扎须满足规范要求,如表11-5所示。

钢筋绑扎要求 表 11-5

项 目		允许误差
主筋间距	两排以上排距排距	±5mm
	同排主筋间距	±20mm
箍筋间距		0、-20mm
钢筋骨架尺寸	长	±10mm
	宽	±5mm
	高	±5mm
保护层厚度		±10mm

11.6.3 注意事项

①钢筋安装根据混凝土浇筑分层、逐层进行,安装时严格按施工图要求进行,确保安装精度和偏差及保护层满足施工规范要求。对局部因浇筑或振捣混凝土需要,需对钢筋间距做适当调整的,应先报监理和设计单位认可。锚下螺旋筋与锚块钢筋网相互干扰时,可适当移动钢筋网或调整钢筋网的间距。前后锚面下钢筋网遇到型钢锚固系统时,尽量调整钢筋网间距,对局部必须切断的钢筋,当钢筋切断后,需增设补强钢筋。

②在钢筋绑扎区搭设临时脚手架作为人工绑扎钢筋平台,保证钢筋位置准确后与骨架绑扎连接,绑扎必须牢固,绑扎铁丝应向内弯折。在混凝土浇筑前拆除临时脚手架。钢筋保护层垫块必须牢固绑扎在钢筋网外侧,保护层垫块除必须达到要求强度外,必须洁净,表层平整。

③锚碇受力钢筋直径大于等于 25mm 的采用直螺纹连接,其他型号的钢筋在施工条件允许的情况下采用单面焊接,焊接质量满足规范要求。如果在特需情况下 $\phi25$ 以上的钢筋需要焊接,要与监理工程师沟通同意后才能施工,且满足焊接质量规范要求。

④锚碇结构架立钢筋施工时,架立钢筋搭接采用单面焊接,架立钢筋交叉点位置采用点焊和绑扎结合的方式来保证钢筋结构的稳定性。

11.7 锚碇混凝土施工概述

11.7.1 混凝土配合比

锚碇混凝土施工包括基础、锚体、散索鞍支墩、锚室、压重块隔仓、后浇带等施工,配合比如表 11-6 所示。

配合比设计表 表 11-6

部 位	设计强度	水胶比	砂率(%)	水泥 (kg/m³)	粉煤灰 (kg/m³)	矿粉 (kg/m³)	细集料 (kg/m³)	粗集料 (kg/m³)	水 (kg/m³)	外加剂 (kg/m³)	纤维 (kg/m³)
基础、锚体、支墩、压重块	C40	0.35	42	189	147	84	778	1075	147	3.78	—

续上表

部位	设计强度	水胶比	砂率(%)	水泥(kg/m³)	粉煤灰(kg/m³)	矿粉(kg/m³)	细集料(kg/m³)	粗集料(kg/m³)	水(kg/m³)	外加剂(kg/m³)	纤维(kg/m³)
锚室墙	C30	0.4	42	285	95		785	1083	152	3.04	—
后浇带	C40	0.36	42	315	65	膨胀剂(40)	777	1072	151	3.78	—
压重块填充	C20	0.43	43	238	102		808	1063	145	2.38	—
锚室盖板调平层现浇	CF35	0.39	41	348	62		781	1110	160	4.1	50

11.7.2 混凝土布料及振捣

锚碇大体积混凝土浇筑施工,采用12台运输车运输,1台天泵3台地泵配合布料机输送布料,并且每个布料点布设3台ϕ70mm振动棒进行混凝土的振捣施工。混凝土浇筑施工前,对基底杂物进行清除,对钢筋、预埋件及模板系统进行全面检查,发现问题应及时解决。

混凝土浇筑时间选择在室外温度较低时进行,以夜间施工为主,并按气温控制混凝土入仓温度。混凝土的浇筑采用四周往中心分层法施工,每层的厚度为30cm,混凝土的振捣采用插入式振动棒振捣。在下层混凝土初凝前,上层混凝土浇筑到位,为保证混凝土的均匀性和密实性,在浇注过程中加强振捣以保证混凝土浇筑质量。

在浇注过程中随时检查模板、支架钢筋、预埋件、预留孔和混凝土垫块的稳固情况,当发现有变形、位移时,立即停止浇筑,予以修整。混凝土拌合物到达施工现场时,进行严格检查:测量混凝土坍落度、扩展度,如果混凝土不符合规定,或有分层离析等异常现象,将一律不予入仓。对混凝土凝结时间进行抽检试验,掌握混凝土硬化速度和振捣难易程度,并做好现场记录。混凝土浇筑尽量保证连续进行,如因故中断,其允许间歇时间不得超过混凝土初凝时间。

对布料和振捣工序,安排技术熟练的混凝土工进行作业,做到布料均匀,勤移动,勤摊平,以保证混凝土的匀质性。浇筑混凝土时,严格按照有关施工规范、规程及监理工程师批准的工艺流程和具体方案进行操作施工。避免造成钢筋骨架、冷却管和预埋件的变形移位。浇筑过程中,对已入模混凝土进行充分振捣。

11.7.3 混凝土分界面表面处理

在混凝土终凝后,混凝土浇筑分界面浮浆较厚,应及时进行混凝土表面浮浆凿除,人工配合风镐凿除。为保证施工进度及随着龄期增加混凝土强度的提高,增加施工人员分块对混凝土进行凿毛处理,凿除标准为露出新鲜混凝土集料,且集料分布均匀。混凝土表面凿除时,处理层混凝土须达到下列强度:

用水冲洗凿毛时,须达到0.5MPa;
用人工凿除时,须达到2.5MPa;
用风镐凿毛时,须达到10MPa。

经凿毛处理的混凝土面,应用水冲洗干净,在浇筑下一层混凝土前,对施工缝洒水保持湿润。

在浇筑过程中或浇筑完成时,如混凝土表面泌水较多,须在不扰动已浇筑混凝土的条件下,采取措施将水排除。

第二层结构混凝土浇筑完成后,应及时对混凝土裸露面进行修整、抹平,待定浆后再抹第二遍并压光或拉毛。当裸露面面积较大或气候不良时,应加盖防护,但在开始养护前,覆盖物不得接触混凝土面。

11.7.4 后浇带混凝土

锚碇后浇带采用C40微膨胀混凝土,施工顺序为:锚块全部施工完成后再浇筑锚块与散索鞍支墩基础间的横向2m宽后浇带。后浇带把散索鞍基础与锚块连接为整体,实现锚体的整体受力。施工的关键在于降低混凝土硬化过程中的内部升温产生的较大温度应力,防止混凝土开裂。

11.8 小结

锚碇是悬索桥锚固主缆索股的重要结构物,其基本功能是通过主缆索股锚固系统将主缆拉力传递给锚体,再通过锚体传递给地基,锚碇是整个桥梁重要受力结构,为了保证锚碇在桥梁运营过程的正常工作状态,在施工过程中需要在组织部署、模板选择、锚固系统安装定位、大体积混凝土施工及温控等方面提前策划,在施工过程中保证锚碇施工质量、施工进度、施工安全等。针对以上施工重点,现以大桥锚碇施工为示例,对以上几个方面进行了相关总结,为以后同类工程提供相关的施工经验。

(1)大体积混凝土温度控制

大体积混凝土的浇筑,最大的难点在于温度的控制,温度控制不当,会让混凝土产生裂缝等一系列质量问题,影响结构工程质量。采取措施如下:

①优化混凝土配合比,在满足混凝土强度要求的基础上降低单方混凝土中胶凝材料及硅酸盐水泥的用量;②选用低水化热和含碱性量低的水泥;③使用性能优良的高效减水剂,尽量降低拌和水用量;④有效控制浇筑温度和最大温差;⑤浇筑完成后对混凝土顶面采用注水养护,拆模后在锚体四周采用土工布或油毛毡进行包裹养护;⑥浇筑之前布置温度传感器,测量混凝土不同部位温度变化过程,检验不同时期的温度特性和温差标准,及时采取相应措施,进行控制。

(2)外观质量控制

重力式锚碇结构尺寸大,模板数量多,拼装要求高;其混凝土浇筑过程将历经全年气温最低和最高时节,养护难度大;拆模时间的选择等因素使得混凝土外观质量控制难度大。采取措施如下:

①使模板的表面光滑平整,背楞刚度满足相应规范要求;②拼装过程加强测量控制,避免

错台,达到外观线形顺直,拼缝一致;③浇筑时采用二次振捣;④模板采用优质脱模剂,涂抹均匀,防止产生色斑,拆模后及时进行表面修整以及养护;⑤拆模安排在 3d 后,混凝土强度达到 2.5MPa,同时混凝土表面与大气温差≤20℃;⑥模板与已浇筑混凝土接缝处,用玻璃胶封堵,避免漏浆。

(3)重力式锚碇浇筑细节控制

重力式锚碇单次浇筑面积大,混凝土泵管布置困难,若布管方式不合理将导致多次拆装混凝土泵管,降低功效,更易出现施工缝。采取措施如下:

①优化混凝土配合比,从而将混凝土的初凝时间控制≥18h;②在浇筑下一层时,振捣棒必须插入已浇筑层中 10cm,且充分振捣;③合理布置泵送管的位置和浇筑点;④混凝土浇筑时,分层在顶面喷雾养护。

(4)混凝土原材料组织

重力锚碇单次最大浇筑方量为 3386.5m³,如此大的浇筑方量,所需要的砂石、水泥等原材料量大,如何组织原材料有效进场,确保短时间内料源充足、连续供应,是重力式锚碇混凝土浇筑的首要难题。采取措施如下:

①建立具有相应生产能力的拌和站,配备满足浇筑方量的水泥储料罐和砂石储料仓;②砂石材料就近购买,材源充足从而满足锚体大体积混凝土浇筑需求。

(5)锚固系统吊装及定位

重力式锚碇采用型钢锚固系统,由后锚梁和锚杆组成。后锚梁整体吊装最大质量为 22t,吊装难度大。此外,单个锚室共布置锚杆 103 根,锚杆长度为 22.02m,如何保证整个锚杆吊装过程的安全及定位的高精度性,是施工过程的一大难点和重点。采取措施如下:

①制定合理的钢锚梁吊装方案,选用合适的吊装设备;②建立用于钢锚杆定位的局部坐标系;③严格控制定位支架及定位钢板的安装精度;④锚杆定位放样前,测量人员做好充分的准备,即提前计算出锚杆各个端面的三维坐标和检查校核测量仪器。

12 北锚碇施工

12.1 工程概况

北锚碇为重力式嵌岩锚，分别由锚块、散索鞍支墩、压重块等组成。锚碇基础共设四级台阶，基础总长 62.5m，最大开挖深度约 48m。锚块采用 C40 混凝土，共计 62593.4m³，为大体积混凝土。

锚块竖向分三块，因锚块长宽比较大（大于 2∶1），于长度方向分两块进行浇筑，中间留 2m 后浇带；锚块左右幅分别浇筑完成后，后浇带部分使用 C30 微膨胀混凝土进行填充。

重力式锚碇混凝土共涉及 4 种类型的混凝土，其中锚块、散索鞍支墩、前锚室、压重块挡墙为 C40 混凝土，散索鞍支墩基础为 C30 混凝土，后浇带为 C30 微膨胀混凝土，压重块为 C20 片石混凝土。

12.2 施工总体部署

12.2.1 施工场地布置

施工场地布置主要包含码头、北主墩、钢筋场、变压器、项目驻地范围、改扩建便道、主便道、民工住宿区、工地试验室、拌和站、弃土场、北锚碇、项目红线等要素。

12.2.2 机械设备安排

施工主要机械设备、设施包括：钢筋加工、运输设备；混凝土拌和、运输、浇筑设备；混凝土振捣、养护机械；施工塔式起重机、汽车起重机、泵管、水管、电焊机及小型机具设备等。主要机械设备配置如表 12-1 所示。

北锚碇施工主要机械设备配置表　　　　　　　表12-1

序号	设备名称	规格型号	数量	单位	备注
1	拌和站	90m³/h	1	套	混凝土供应
2	拌和站	120m³/h	1	套	混凝土供应
3	履带式起重机	QUY150	1	台	锚固系统安装
4	塔式起重机	5023	2	台	辅助施工
5	罐车	12m³	8	台	混凝土运输
6	输送泵	HBT80	2	台	锚碇混凝土浇筑
7	汽车起重机	25t	2	台	施工辅助
8	汽车起重机	50t	1	台	施工辅助
9	装载机	小型	2	台	拌和站料仓
10	插入式振捣器		20	台	混凝土振捣
11	测量设备		若干		施工测量所采用的测量仪器
12	实验设备		若干		按标化施工配备

(1) 塔式起重机

根据施工需要及现场实际情况,在锚碇布设两台5023塔式起重机,对于塔式起重机的布置,主要从其覆盖范围及施工方便来考虑,因锚碇截面尺寸之大,达到65.25m(长)×90.5m(宽),所以布置两台半径为50m的塔式起重机尽量覆盖锚碇区域,锚碇后侧约15m宽部分未覆盖,可在后侧路基上布置一台起重机辅助锚碇后侧模板安装。塔式起重机起重性能如表12-2所示。

5023塔式起重机起重性能表　　　　　　　表12-2

项　目		单位	数值
工作幅度	最大工作幅度	m	50
	最小工作幅度	m	3
起升高度		m	60
最大起重量		t	10
起升速度(起重10t)		m/min	0~25
回转速率		r/min	0~0.8
整机功率		kW	70
超重性能表(臂长50m)			
吊幅(m)	14.5	16	18	20	22	24	26	28	30	32
起重量(t)	10	8.9	7.8	6.9	6.2	5.6	5	5	4.4	4.05
吊幅(m)	34	36	38	40	42	44	46	48	50	—
起重量(t)	3.75	3.5	3.3	3.1	2.9	2.7	2.55	2.45	2.3	—

在锚碇南北两侧中部距锚碇边3m位置,即基坑左右侧边坡上设置塔式起重机。

(2) 拌和站及混凝土供应

重力式锚碇单次浇筑最大方量为3380.7m³,需要水泥494t、粉煤灰491t、矿粉247t、砂

619t、碎石3807t。在拌和站场内设置1套120型拌和楼与1套90型拌和楼,其中120型拌和楼配备1个300t和1个100t水泥罐,3个100t粉煤灰罐,90型拌和楼配备1个300t和1个100t水泥罐,2个100t粉煤灰罐。考虑水泥和粉煤灰匹配问题,其中120型拌和楼满储存量状态可消耗水泥400t,粉煤灰266t,90型拌和楼满储存量状态可消耗水泥301t,粉煤灰200t,故由匹配计算粉煤灰差25t,需提前备料,以满足施工需要。场内设置8个料仓,其中砂、16~31.5mm碎石和5~16mm碎石的储存能力分别为1612m³、1630m³、480m³,单次浇筑仅16~31.5mm碎石的储存量略低于需求量,故浇筑过程需提前同厂家沟通,及时安排16~31.5mm碎石的进场,以满足生产需要。

混凝土采用8台12m³混凝土罐车通过便道运至施工现场,运距约200m。在锚碇施工区域分别布置两台HBT80型拖式泵,以满足锚碇混凝土施工泵送需求。拌和楼应经常检修,排除故障隐患。HBT80型混凝土拖泵性能参数如表12-3所示。

HBT80型混凝土拖泵性能参数表 表12-3

型号		HBT80
混凝土理论输送压力(低压/高压)(MPa)		7/13
混凝土理论送量(低压/高压)(m³/h)		70/40
电动机额定功率(kW)		110
最大集料(mm)	输送管φ150	50
尺寸(mm)	φ120	40
新拌混凝土坍落度(mm)		100~230
输送缸直径(mm)×最大行程(mm)		φ200×1800
料斗容积(m³)×上料高度(mm)		0.7×1320
外形尺寸长(mm)×宽(mm)×高(mm)		6690×2068×2215
总质量(kg)		6600
类型		S阀电动机拖泵

12.3 总体施工方案

12.3.1 北锚碇总体施工步骤

锚碇混凝土浇筑总体施工顺序如下:锚块→散索鞍支墩扩大基础→后浇带→压重块挡墙→散索鞍支墩→前锚室侧墙→前锚室顶板→锚室间挡墙→压重块填料。

12.3.2 北锚碇混凝土分层

北锚碇混凝土工程数量如表12-4所示。

北锚碇混凝土工程数量表　　　　　　　　　　　　表 12-4

部　位	混凝土标号及类型	方量（m³）
锚块	C30	62593.4
散索鞍支墩扩大基础	C40	8207.4
散索鞍支墩	C40	6723.6
锚室侧墙	C30	2727.0
压重块	C20 片石混凝土	39449.8
前挡墙	C30	2228.2
压重块挡墙	C30	3765.3
后浇带	C30 微膨胀混凝土	1924.3

(1) 锚体分块

由于北锚碇混凝土属于大体积混凝土，其浇筑应按大体积混凝土施工要求进行控制，按平面分仓竖向分层的原则进行浇筑。后浇带应在其两侧混凝土龄期达到 42d 后再施工。其中锚块分三块，锚块Ⅰ高 9m，竖向分 4 层（3×2m+3m）；锚块Ⅱ高 10m，竖向分 5 层（5×2m）；锚块Ⅲ高 9.2m，竖向分 6 层（5×1.5m+1.7m）；散索鞍支墩扩大基础高 5.5m，分两层（3m+2.5m）；散索鞍支墩高 17.3m 分 7 层，按 2.5m 分层（6×2.5m+2.3m），具体如图 12-1、图 12-2 所示。

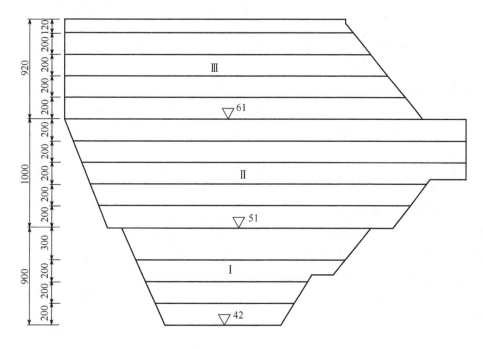

图 12-1　锚块竖向分层（尺寸单位:cm；高程单位:m）

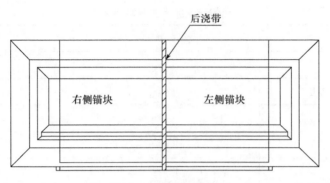

图 12-2 锚块平面分块

北锚碇混凝土浇筑单次工程数量如表 12-5 所示。

锚碇混凝土单次浇筑工程数量表　　表 12-5

部位	层次	方量(m³)	备注	部位	层次	方量(m³)	备注
锚块Ⅰ	1	1080.3	方量为单幅单层数量	散索鞍支墩基础	1	2134.9	方量为单幅单层数量
	2	1251.3			2	1968.8	
	3	1538.0		散索鞍支墩	1	732.8	方量为单幅单层数量
	4	2720.6			2	654.1	
锚块Ⅱ	1	2425.1	方量为单幅单层数量		3	575.4	
	2	2649.1			4	496.7	
	3	3004.8			5	418.0	
	4	3216.2			6	336.5	
	5	3380.7			7	148.3	
锚块Ⅲ	1	1662.2	方量为单幅单层数量				
	2	1599.0					
	3	1535.8					
	4	1472.6					
	5	1409.4					
	6	1522.2					

(2) 散索鞍支墩扩大基础分层

散索鞍支墩扩大基础底面长 61.7m、宽 22.5m,顶面长 67.2m、宽 25.25m,高 5.5m,平面分左右两块、竖向分两层浇筑混凝土,中间长度方向设置 2m 宽后浇带。散索鞍支墩采用 C40 混凝土,后浇带部分使用 C40 微膨胀混凝土进行填充。混凝土总方量 8470m³,单次最大浇筑方量 2134.9m³。散索鞍支墩扩大基础分层分块如图 12-3 所示。

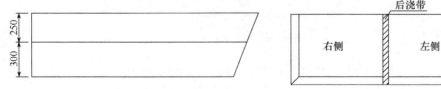

图 12-3 散索鞍支墩扩大基础分层分块图(尺寸单位:cm)

(3) 散索鞍支墩分层

散索鞍支墩为实心墩,是锚碇的主要受力结构之一,其承受由散索鞍传递的主缆压力,在散索鞍支墩施工时,左右支墩同时进行。散索鞍支墩的混凝土施工与压重块混凝土施工平行交叉进行,施工时按流水作业管理。散索鞍支墩施工安排在散索鞍支墩扩大基础、锚碇基础以及该部位后浇带施工完成以后。混凝土采用分层方式进行浇筑,竖向按 3m 分层。

(4) 压重块分层

压重块分为压重块挡墙、前挡墙以及压重块填料。压重块挡墙为 C30 钢筋混凝土,共 3765.3m³;前挡墙采用 C30 混凝土,共 2228.2m³;压重块填料采用 C20 片石混凝土、片石及中砂,共 36974.6m³。

① 压重块挡墙分层。

压重块挡墙为钢筋混凝土结构,外侧模板利用悬臂爬模持续爬升,内侧模板采用翻模,与外侧模板对拉固定。

压重块挡墙高 13.65m,按 3m 一层分层进行混凝土浇筑,共分 5 层,每层混凝土 892.5m³,最顶层混凝土为 195.3m³。

② 压重块前挡墙分层。

压重块前挡墙为素混凝土结构,高 19.574m,采用 C30 混凝土,共 2228.2m³。前挡墙施工工艺同散索鞍支墩,按 3m 一层分层进行混凝土浇筑,共 7 层。各层混凝土浇筑方量如表 12-6 所示。压重块前挡墙三维示意图如图 12-4 所示,前挡墙分层示意图如图 12-5 所示。

前挡墙各层混凝土浇筑方量　　　表 12-6

部 位	层 次	方量(m³)	部 位	层 次	方量(m³)
前挡墙	1	527.6	前挡墙	5	254.7
	2	456.4		6	189.3
	3	389.1		7	89
	4	321.9			

图 12-4　压重块前挡墙三维示意图

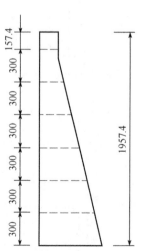

图 12-5　前挡墙分层示意图(尺寸单位:cm)

③压重块填料分层。

压重块填料分 3 块(图 12-6),填料分块 1 和填料分块 2 高度为 13.65m,填料 3 高 22.42m。压重块填料为 C20 片石混凝土,竖向按 2m 一层浇筑。

压重块填料混凝土浇筑单次工程数量如表 12-7 所示,填料分块分层示意图如图 12-7、图 12-8 所示。

压重块填料混凝土浇筑单次工程数量表　　　　表 12-7

部位	层次	方量(m³)	备注	部位	层次	方量(m³)	备注
填料分块 1	1	661.6	方量为单幅单层数量	填料分块 3	1	1324.8	方量为整体单层数量
	2	670.8			2	1443.1	
	3	670.8			3	1557.4	
	4	670.8			4	1671.7	
	5	670.8			5	1768.4	
	6	670.8			6	1779.7	
	7	514.9			7	1779.7	
填料分块 2	1	1779.7	方量为整体单层数量		8	1779.7	
	2	1779.7			9	1779.7	
	3	1779.7			10	1779.7	
	4	1779.7			11	1779.7	
	5	1779.7			12	463.6	
	6	1779.7					
	7	463.6					

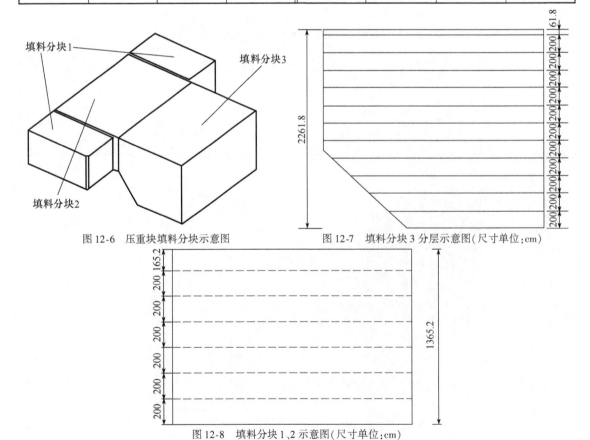

图 12-6　压重块填料分块示意图

图 12-7　填料分块 3 分层示意图(尺寸单位:cm)

图 12-8　填料分块 1、2 示意图(尺寸单位:cm)

12.4 北锚碇施工流程

北锚碇施工内容包括锚块、型钢锚固系统、散索鞍支墩扩大基础、后浇带、压重块挡墙、散索鞍支墩、前锚室侧墙、前锚室顶板、锚室前挡墙、压重块填料等施工,其施工工艺与南锚碇施工相同,不再赘述。锚碇施工流程图如图 12-9 所示。

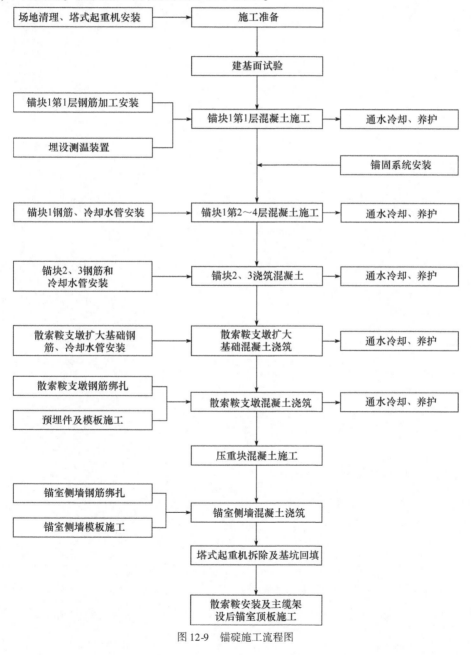

图 12-9 锚碇施工流程图

12.5 小结

北锚碇与南锚碇施工方法类似,其具体总结可参见 11.8 所示。

13 南索塔施工

13.1 工程概况

南索塔为门式框架结构，由塔柱、上横梁和下横梁组成，塔柱采用钢筋混凝土结构，上、下横梁采用预应力混凝土结构。塔顶高程198.1m，南索塔承台顶高程47.1m，塔高151m。

塔柱采用钢筋混凝土单箱单室箱形截面，上塔柱标准截面壁厚1.2m，下塔柱标准截面壁厚1.5m，塔顶实心段厚度为4.3m，塔底设置2m实心段。塔柱在上、下横梁范围内壁厚增加，塔柱在上横梁范围内横桥向壁厚为1.7m，顺桥向壁厚为2.2m；塔柱在下横梁范围内横桥向壁厚为1.2m，顺桥向壁厚为2.2m。在上、下横梁顶、底板对应塔柱设置1m厚横隔板。

上、下横梁均采用单箱单室截面。上横梁断面宽度7m，高度7m，壁厚0.9m。下横梁断面宽度8m，高度7m，壁厚1m，均设置0.8m厚度的竖向隔板。上、下横梁从塔柱横向两侧各外挑2m实心段。

桥塔上横梁内均布置50束$19\Phi^s15.2$-19低松弛预应力钢绞线，南索塔下横梁内布置76束$19\Phi^s15.2$-19低松弛预应力钢绞线。钢束锚下张拉控制应力为1395MPa，每束张拉力为3686kN。所有横梁预应力均穿过塔柱，锚固点设在塔柱横梁外挑实心段。

13.2 施工总体部署

13.2.1 施工场地布置

南索塔位于长江大堤内侧，将整个场地规划为相关功能区，包含拌和站、钢筋场、钢结构加工场、劲性骨架拼装区、设备停放区、变压器区、办公室、仓库、材料堆放区等，主塔两侧分别设置劲性骨架拼装区。

13.2.2 机械设备安排

南索塔施工主要机械设备详细信息如表 13-1 所示。

南索塔施工主要机械设备　　　　　　　表 13-1

序号	机械设备名称	规格型号	单位	数量	性能	备注
1	塔式起重机	TC7030	台	2	良好	
2	起重机	25t	台	1	良好	
3	挖掘机	260	台	1	良好	
4	抽水泵		台	2	良好	
5	地泵（拖泵）	HBT120	台	2	良好	
6	混凝土运输车	10m³	台	8	良好	
7	电焊机		台	8	良好	
8	液压自爬模	6m	套	2	良好	
9	电梯	SC200	台	2	良好	
10	拌和站	HZS180/120	套	2	良好	
11	钢筋加工设备		套	1	良好	1号钢筋场
12	电焊机		台	10	良好	
13	氧割		套	6	良好	
14	智能张拉系统	500t	套	1	良好	
15	智能压浆系统		套	1	良好	

（1）塔式起重机

在塔柱及上部结构施工期间，为了满足施工要求及根据实际情况，左右幅塔柱各布置一台塔式起重机，塔式起重机中心位于横向中心轴线，塔式起重机基础位于承台顶面。

根据主塔施工阶段的最大起重量及塔柱高度，参照塔式起重机性能参数，左右幅塔柱均设置一台 TC7030 塔式起重机。左幅塔式起重机臂长 55m，右幅塔式起重机臂长 70m，最大起重量 12t。现场施工过程最大起重量为主动横撑的起重量，为 18.1t，两台塔式起重机抬吊。塔式起重机起重参数如表 13-2 所示。

TC7030 塔式起重机参数性能表　　　　　　表 13-2

幅度（m）		3~20	22.3	28	30	35	38	40
起重量(t)	二倍率	6.00						
	四倍率	12.00	12	9.21	8.49	7.05	6.38	5.99
幅度（m）		45	50	53	55	60	63	65	70
起重量(t)	二倍率	5.33	4.67	4.34	4.14	3.70	3.46	3.32	3.00
	四倍率	5.16	4.50	4.17	3.97	3.53	3.29	3.15	2.83

（2）电梯

根据实际施工需要及主塔结构形式，在左右幅塔柱外侧各安装 1 台 SC200 型施工电梯，方便施工人员上下。电梯吊笼尺寸 3.2m×1.5m×2.5m,额定载质量 2×1000kg,提升速度 0~63m/min。电梯基础布置于承台顶面,电梯导轨附着于塔柱外壁上,随着塔柱的升高而接长,每 6m 设置一道附墙。施工电梯委托具有资质的专业安装公司进行安装,并通过当地安监部门验收合格后,才能投入使用,升降机主要参数如表 13-3 所示。

SC200 电梯参数性能表 表 13-3

序 号	项 目	型号	SC200/200B
		配置码	TBPI
1	额定载质量(kg)	2×200	
2	额定载人数(员)	2×18	
3	额定安装载质量(kg)	2×1000	
4	吊杆额定载质量(kg)	200	
5	吊笼尺寸(长×宽×高)(m³)	3.2×1.5×2.5	
6	最大架设高度(m)	450	
7	起升速度(380V 50Hz)(m/min)	0~63	
8	电机功率(kW)	2×3×16.5	
9	安全器标定动作速度(m/min)	75	
10	标准节尺寸(长×宽×高)(m³)	650×650×1508	
11	标准节质量(kg)	152~168	
12	基础节质量(kg)	102~118	
13	护栏质量(kg)	1480	
14	底盘质量(kg)	240	
15	吊笼和驱动系统质量(kg)	2×1900	
16	对重体质量(kg)	—	

13.2.3 混凝土施工设备

(1)混凝土生产

索塔混凝土在项目部搅拌站集中生产,1 套 180 和 1 套 120 混凝土搅拌站生产线生产能力约为 150 方 m³/h。每次混凝土生产前,对拌和机组进行仔细检查,确保拌和设备状态良好,同时提前做好材料储存,确保各原材料存储数量满足生产需求。

(2)混凝土生产运输

采用 6 台 10m³ 的混凝土运输车,将混凝土运输至墩位,运距 200m,配备 2 台混凝土高压输送泵将混凝土泵送至浇筑位置。

(3)混凝土输送设备

索塔混凝土输送设备采用 HBT120 型拖泵,布置于索塔施工场地泵房内。输送泵管布置在塔柱顺桥向大桩号侧。左右塔柱各设两道混凝土泵管,每隔 6m 用 U 形卡环固定在型钢上,型钢与塔柱采用爬锥连接,卡环注意避让液压自爬模的平台主梁。

混凝土经泵管输送至塔柱施工节段内进行布料,每个布料点设置串筒,控制混凝土自由下落高度在2m以内。塔柱最大高度151m,该设备主要技术参数如表13-4所示。

HBT120型拖泵技术参数表　　　　　　　表13-4

基 本 性 能	
最大理论排量(m³/h)	120
最大输送压力(MPa)	21
额定功率(kW/rpm)	273
最大输送量(m³/h)	120
泵 送 系 统	
理论输送压力高/低压(MPa)	13/21
理论输送量高/低压(m³/h)	120/75
最大集料(mm)	50
混凝土坍落度(mm)	100~230
输送缸直径(mm)×最大行程(mm)	$\phi200 \times 2100$
料斗容积(m³)	0.7
整 机 规 格	
上料高度(mm)	1420
外形尺寸:长(mm)×宽(mm)×高(mm)	7413×2125×2900
总质量(kg)	9100

(4)液压自爬模

南索塔液压自爬模系统的标准层垂直高度为6m,模板配置高度6.15m,板下包100mm以保证新浇混凝土底口质量,模板上挑以防止混凝土浆溢出。塔柱内外模采用木工字梁体系模板,外模面板采用进口维萨板,正常可以周转40~60次。内模面板采用优质国产板,可以有效地保证工期,安全、有效地进行施工。液压自爬模详细信息如表13-5所示。

液压自爬模信息表　　　　　　　表13-5

序号	项　　目	支架体系	模　板
1	塔身外部	液压自液压自爬模	工字木梁胶合板模板
2	塔身内部	液压自液压自爬模	工字木梁胶合板模板

13.3 混凝土配合比设计

(1)塔柱实心段C50混凝土配合比

塔柱实心段C50混凝土配合比如表13-6所示。

C50 混凝土配合比　　　　　　　　　　　　　　　　　　　　表 13-6

设计强度	水胶比	砂率(%)	水泥(kg/m³)	粉煤灰(kg/m³)	矿粉(kg/m³)	细集料(kg/m³)	粗集料(kg/m³)	水(kg/m³)	外加剂(kg/m³)	纤维(kg/m³)
C50	0.31	42	312	96	72	765	1056	149	4.32	4.8

（2）下塔柱 C50 混凝土配合比

下塔柱 C50 混凝土配合比如表 13-7 所示。

C50 混凝土配合比　　　　　　　　　　　　　　　　　　　　表 13-7

设计强度	水胶比	砂率(%)	水泥(kg/m³)	粉煤灰(kg/m³)	矿粉(kg/m³)	细集料(kg/m³)	粗集料(kg/m³)	水(kg/m³)	外加剂(kg/m³)
C50	0.31	42	330	70	70	771	1064	145	4.23

（3）下横梁 C50 混凝土配合比

下横梁 C50 混凝土配合比如表 13-8 所示。

C50 混凝土配合比　　　　　　　　　　　　　　　　　　　　表 13-8

设计强度	水胶比	砂率(%)	水泥(kg/m³)	粉煤灰(kg/m³)	矿粉(kg/m³)	细集料(kg/m³)	粗集料(kg/m³)	水(kg/m³)	外加剂(kg/m³)	纤维(kg/m³)
C50	0.31	42	339	73	73	762	1053	150	4.37	4.8

（4）下横梁后浇带 C50 微膨胀混凝土配合比

下横梁后浇带 C50 微膨胀混凝土配合比如表 13-9 所示。

C50 微膨胀混凝土配合比　　　　　　　　　　　　　　　　　表 13-9

设计强度	水胶比	砂率(%)	水泥(kg/m³)	粉煤灰(kg/m³)	膨胀剂(kg/m³)	细集料(kg/m³)	粗集料(kg/m³)	水(kg/m³)	外加剂(kg/m³)
C50	0.3	42	336	96	48	767	1058	145	4.32

（5）上塔柱、上横梁 C50 混凝土配合比

上塔柱、上横梁 C50 混凝土配合比如表 13-10 所示。

C50 混凝土配合比　　　　　　　　　　　　　　　　　　　表 13-10

设计强度	水胶比	砂率(%)	水泥(kg/m³)	粉煤灰(kg/m³)	矿粉(kg/m³)	细集料(kg/m³)	粗集料(kg/m³)	水(kg/m³)	外加剂(kg/m³)
C50	0.31	42	336	72	72	764	1056	150	4.32

13.4 南索塔总体施工方案

13.4.1 塔柱节段划分

南索塔塔柱采用液压自爬模分节段施工，单个塔肢共 26 个节段，为了确保标准节段高

6m,单个节段最大混凝土方量为262m³,一般节段方量为95～262m³,塔柱节段划分及各节段混凝土方量如图13-1所示。

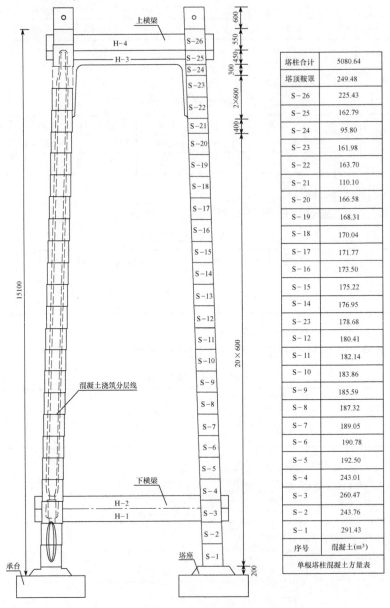

图13-1 南索塔柱节段划分图(尺寸单位:cm)

塔柱第一节段为2m的实心段+4m空心段。

13.4.2 南索塔施工流程图

南索塔施工流程图如图13-2所示。

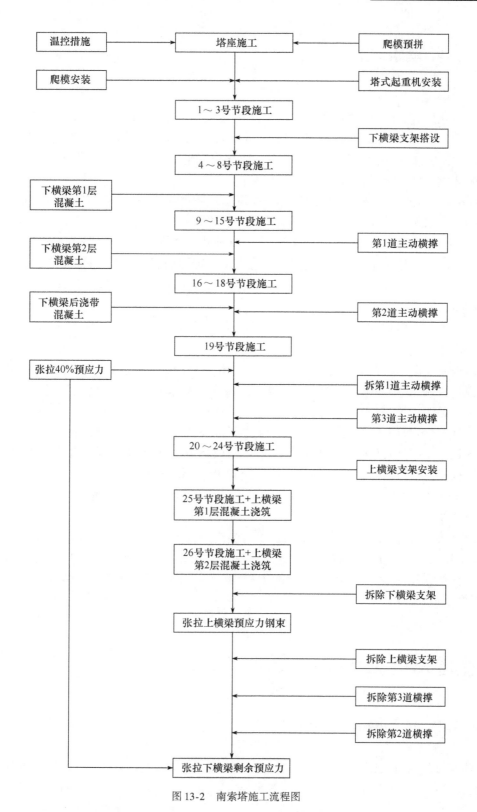

图 13-2 南索塔施工流程图

13.4.3 南索塔施工概述

(1)步骤一

①承台顶层施工时,及时预埋塔座钢筋、塔柱竖向钢筋及劲性骨架。

②承台顶放样凿毛后,安装塔座钢筋、冷却水管、塔式起重机预埋基础及电梯预埋件,塔座和0.5m高塔柱内芯一起浇筑,按温控方案采取温控措施。

③安装索塔塔式起重机,搭设人行通道楼梯。

④拆除0.5m高内侧塔柱模板,安装6m高塔柱内、外侧模板,进行第一节塔柱混凝土浇筑。

⑤安装预拼好的液压自爬模系统,浇筑第2节塔柱混凝土。

⑥第2节塔柱养护拆模后,固定挂靴,安装爬升轨道及安全防护,进行第1次爬升,在爬升至一定高度后安装维护平台,爬升到位后绑扎第3节塔柱钢筋,完成后合模浇筑混凝土。完成下横梁支架及底模安装,钢筋绑扎完成后,安装侧模,分两次浇筑下横梁混凝土,分层施工高度为3.5m+3.5m。

⑦利用液压自爬模爬升至第8节塔柱,施工完成后,进行横梁第一层混凝土施工。

(2)步骤二

①塔柱施工时,每隔30m设置一道水平主动横撑,以抵抗内倾塔柱的自重,水平横撑顶推力由监控单位确定;利用液压自爬模爬升至15、18、19号节段,施工完成后,分别在9、14、19号节段安装三道主动横撑。

②塔柱第15节施工完成后,设置第一道主动横撑,浇筑横梁第二层混凝土。

③塔柱第18号节段施工完成后,浇筑下横梁后浇带混凝土,第二道主动横撑安装完成。

④塔柱第19号节段施工完成后,张拉下横梁40%预应力钢束并压浆,待浆体强度满足规范要求后拆除下横梁支架,拆除第二道横撑后,张拉剩余下横梁预应力钢束。

(3)步骤三

①塔柱施工完24节后,剩余两节与横梁同步施工,分三次完成上横梁施工,分层施工高度为4.5m+4m+1.5m(装饰),前两层浇筑完成并达到设计强度90%后张拉预应力并压浆。

②下横梁采用K字形支架施工,上横梁采用牛腿支架施工,横梁支架结构主要由钢管支撑、贝雷梁组成。

13.5 南索塔主动横撑设计

13.5.1 主动横撑设计原则

为消除倾斜塔柱根部混凝土的不良应力状态,避免塔柱根部混凝土产生较大的残余应力而开裂,需要在施工过程中,根据塔柱的斜率,在两塔柱之间设置一定数量的水平横撑来减少水平分力的影响,从而减小塔柱根部外侧应力,将设计附加应力控制在设计允许范围之内。

横撑竖向支撑间距是上塔柱在悬臂施工过程中,在混凝土自重、施工荷载及风荷载作用下,塔柱不产生裂缝(并有足够安全储备)的最大悬臂高度,该高度还要满足施工工艺及施工空间要求。

13.5.2　水平横撑的布置

南索塔共使用3道横撑,横撑间距30m。第一道横撑采用$\phi820\times12$钢管,第二、三道横撑采用$\phi720\times10$钢管,平联均采用[36槽钢,塔柱连接部位设置横撑支座,一端支座设置活络头及千斤顶,进行主动力的施加。第一道横撑高程为99.1m,第二道横撑高程为129.1m,第三道横撑高程为159.1m,主动横撑设置为平面形式。

13.6　南索塔液压自爬模体系设计与施工

13.6.1　索塔液压自爬模设计

(1)液压自爬模架体总体设计

根据主塔结构图,索塔液压自爬模横桥向每个面布置2榀液压自爬模机位,间距3m,一直爬升至顶;顺桥向内、外侧两个斜截面每面布置3榀液压自爬模机位,间距分别为3m,顺桥外侧一直爬升至顶,内侧爬升到21节,进行架体转换,配合装饰块的施工,待23节浇筑完成后,移走架体。内筒下塔柱自备脚手架作施工平台,结合模板施工;内筒中塔柱使用液压自爬模施工,配置2榀液压自爬模(无上架体),架体间距为2.7m。

(2)液压自爬模模板总体设计

横桥向布置1块模板,尺寸不发生变化,钢角模板与其固定;顺桥向外侧布置两块对称模板,每次爬升后从外侧裁剪模板。顺桥向内侧施工到22节后,裁剪模板,重新拼装模板,进行装饰块部分的模板施工。内筒的小面模板不做裁剪,大面模板每次两边对称裁剪。

(3)塔柱液压自爬模架体、模板设计

施工到22节,需要进行索塔内侧装饰块模板的施工,架体停留在21节,21节在工地预埋牛腿搭设平台,进行装饰块底模的施工,模板采用大型钢模。

(4)索塔倒角模板设计

钢角模与木模的连接,考虑到模板的整体性、钢模板易与木模板错台的特性,将设计在钢角模附近的模板钢背楞伸长,通过阳角斜拉的方式,将$R=200mm$的圆弧刚角模卡死,使钢角模和木模板能紧密地结合在一起。

13.6.2　索塔液压自爬模施工

(1)液压自爬模拼装

液压自爬模体系主要包括:模板系统、埋件系统、液压系统和架体系统。液压自爬模具体安装流程如下:第一步,安装附墙挂座;第二步,吊装承重三脚架;第三步,安装横向护栏;第四步,安装上架体;第五步,浇筑上层混凝土;第六步,提升导轨;第七步,爬升架体;第八步,安装起重平台。

(2)液压自爬模爬升

液压自爬模爬升步骤:混凝土浇筑→拆模后移→安装附着装置→提升导轨→爬升架体→绑扎钢筋→模板清理,刷脱模剂→将埋件固定在模板上→合模→浇筑混凝土。

13.7 南索塔柱施工

索塔塔柱总体上按照从下至上的顺序进行施工。

单个塔柱节段各工序的施工顺序:劲性骨架安装→爬架爬升→钢筋安装→模板定位→混凝土浇筑养护。

塔柱施工流程如图13-3所示。

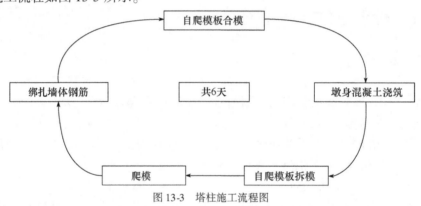

图13-3 塔柱施工流程图

13.8 塔柱劲性骨架设计与施工

13.8.1 劲性骨架的作用

劲性骨架的作用如下:
①提供钢筋绑扎的施工平台,作为钢筋定位依靠;
②为模板定位调整提供着力点,保证模板体系的整体稳定性;
③提供混凝土浇筑施工平台。

13.8.2 劲性骨架的设计

在索塔塔柱高度范围内设计有型钢劲性骨架,劲性骨架底节与承台预埋件焊接固定,便于塔柱预埋钢筋的定位。塔柱劲性骨架为型钢焊接而成的桁架结构,主要材料为∠125×10与∠75×8角钢。单个塔肢劲性骨架共分26节,标准节段高6m。

劲性骨架与索塔倾斜度一致,并随索塔断面尺寸的变化而同步变化。整个劲性骨架拼装完成后整体吊装。

索塔塔柱劲性骨架总质量232.8t。

13.8.3 劲性骨架的安装

劲性骨架的安装原则是:单元现场安装,先分节段加工骨架单元,运至现场后,先对骨架位置进行放样,然后安装骨架单元,最后将骨架单元通过水平杆和斜杆连接成整体。单个片状单元最大吊装质量约3.02t,最小为1.76t。

劲性骨架安装从承台内开始起步(考虑墩柱钢筋埋入承台4m),随预埋的墩柱钢筋一起伸出塔座,塔柱首节劲性骨架下端采用钢连接板与预留的骨架水平焊接,次节以上的骨架采用型钢连接板进行连接。在竖向劲性骨架安装时,劲性骨架的上端利用附近液压爬模平台上设置的顶撑(拉结)进行临时固位,下脚先栓接固定,经测量校核后进行电焊固位。劲性骨架立柱通过吊垂线控制精度,顶口偏差控制在±20mm以内,而用水平型钢联系杆将各个单个骨架焊连,形成一个整体框架。劲性骨架形成后在骨架顶口精确放样塔柱内外边线,钢筋绑扎完后,依托劲性骨架定位主筋位置。

13.9 塔柱钢筋施工

塔柱断面外侧主筋设置一排直径32mm HPB400钢筋,塔底至下横梁往上15m范围内采用两根一束的束筋布置,其上范围为单根,主筋插入塔座顶面以下600cm锚固,主筋间距15cm,塔柱箍筋直径为20mm,水平拉筋直径为16mm,塔柱钢筋总质量1350t。

索塔塔柱的竖向主筋采用12m钢筋一次接高的方法,一次安装可以满足两节塔柱施工的需要;塔柱根据6m的混凝土施工节段,一断为二,正好满足施工要求,不造成钢筋的浪费。

索塔主筋竖向连接采用直螺纹连接技术,钢筋先在加工场绞丝,套上连接套筒后,吊至高空,最后将钢筋套筒端与待接钢筋螺纹连接。

塔柱侧面水平分布筋采用9m定尺钢筋按照塔柱结构形状进行加工,在配料加工时必须注意塔柱转角为圆弧设计,应落实好"专筋专点"控制工作,保证分布钢筋安装时钢筋的保护层及安装效果。

劲性骨架安装完后,为保证钢筋的保护层厚度以及规范定位绑扎,利用塔柱劲性骨架之间的水平联系杆在劲性骨架上焊制短钢筋作为钢筋的保护层限位,在水平限位上做好主筋的水平位置标志,然后开始绑扎竖向主筋。绑扎钢筋的扎丝多余部分应向构件内弯折,以免外露形成锈斑,影响混凝土观感质量。垫块应与钢筋绑扎牢固,且绑扎的丝头不应进入混凝土保护层。

主筋完成后,在主筋上划上横向水平分布筋的位置标志,水平分布筋就按照划印进行绑扎。

13.10 索塔混凝土施工

13.10.1 混凝土配合比

索塔为C50高强混凝土,具有多集料、低水胶比、高泵扬程、早强、缓凝等特性。混凝土采用泵送,泵送水平和垂直距离都较大,故对混凝土的可泵性、和易性、泌水性及缓凝早强要求较高,所以混凝土配合比要求:坍落度18~20cm,并且应掺入外加剂改善混凝土的和易性、可泵性、缓凝早强等效果。此外,要根据不同季节、索塔高度以及现场实际情况对塔柱混凝土配合比进行微调。

13.10.2 混凝土的布料与浇筑

①混凝土通过泵站内的输送泵经泵管垂直输送至塔柱顶的布料机进行布料,出料口安装串筒,控制混凝土自由下落高度在2m以内。
②按下料点间距不大于3m布置布料点和串筒。
③浇筑塔柱混凝土时采取分层浇筑、分层振捣的原则,摊铺厚度30cm。在进行振捣作业时,振捣棒应做到快插慢提,棒头不得接触钢筋、模板及预埋件,振捣棒移动间距不应超过其作用半径的1.5倍。振捣时间控制为15~20s,不得出现漏振、欠振或过振等现象。

13.10.3 混凝土养护、拆模

混凝土浇筑完成后,顶面采用钢丝网土工布覆盖洒水养护(冬季采用覆盖塑料薄膜保湿+土工布保温),侧面模板拆除后,采用固定在爬模架体上的自动喷淋装置洒水养护。
每段塔柱混凝土养护时间不小于14d,当环境温度小于5℃时,推迟拆模时间。混凝土强度达到2.5MPa后才能拆除侧模板。

13.10.4 塔柱混凝土施工缝处理

塔柱施工缝采用人工凿毛的方式进行处理。凿毛前在上一节混凝土顶面水平弹线,沿水平线切割后凿毛,保证接缝平整。凿毛在交界面混凝土强度达到2.5MPa时进行,凿毛后采用高压水将结合面冲洗干净。在混凝土浇筑前浇水湿润,但所有明水须清除。缩短前后两次混凝土浇筑的时间间隔,以减小两层混凝土间因收缩、徐变的不同而产生的附加内力。

13.11 塔柱主动横撑施工

塔柱施工到相应节段后,逐道安装水平横撑,每道水平横撑在墩位附近地面组拼后,以塔

式起重机抬放至支撑牛腿平台上,横撑固定端与塔柱上预埋件焊接,顶推端安装千斤顶,按施工监控要求施加主动顶推力后,再将顶推端与塔柱上的顶推预埋件焊接固定。

为方便预埋件安装及焊接钢管,需要在预埋件下方搭设施工操作平台。平台三角支架使用I25工字钢,分配梁采用I14工字钢,与塔柱内预埋爬锥通过板连接。平台宽2.5m。

13.12 塔柱横梁处钢筋、预应力管道接头处理

下横梁施工采用塔梁异步方式,横梁伸入塔柱内部分钢筋在塔柱内侧表面位置断开,钢筋连接使用I级套筒连接。套筒端头用套筒保护盖保护,防止混凝土浆液流入套筒内影响后期横梁钢筋的连接。

横梁预应力管道伸入塔柱内部分在塔柱施工时进行埋设固定,预应力管道直径100mm,在与横梁接触面上设管道接头管。接头管采用大一个型号的波纹管(直径108mm),长度70cm,接头管端部利用塑胶布进行缠绕包裹,防止混凝土浆液流入。

13.13 南索塔上下横梁施工

13.13.1 横梁总体施工概述及施工流程

下横梁与塔柱异步施工,分三次浇筑,第一次浇筑高度为3.5m,第二次浇筑高度为3.5m,第三次浇筑4m宽后浇带混凝土,外挑实心段与第一次混凝土浇筑同步施工。混凝土浇筑分层如图13-4所示。

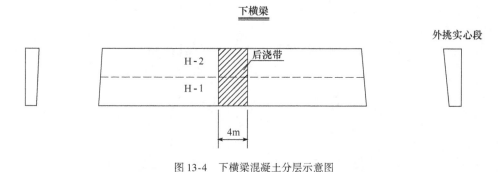

图13-4 下横梁混凝土分层示意图

下横梁第一次浇筑混凝土(H-1)503.6m³,第二次浇筑混凝土(H-2)503m³,外挑实心段单边106.2m³,微膨胀混凝土142.6m³。

上横梁与塔柱同步施工,分三次浇筑,第一次浇筑高度为4.5m(含1.5m下装饰块),第二次浇筑高度为4m,第三次浇筑1.5m上装饰块。混凝土浇筑分层如图13-5所示。

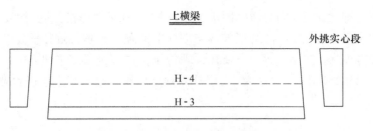

图 13-5 上横梁混凝土分层示意图

上横梁第一次浇筑混凝土(H-3)608.5m³,第二次浇筑混凝土(H-4)368.9m³,外挑实心段单边93m³,内侧施工完后施工。

13.13.2 横梁工艺流程图

下横梁施工流程如图 13-6 所示,上横梁施工流程如图 13-7 所示。

图 13-6 下横梁施工流程图　　图 13-7 上横梁施工流程图

13.13.3 横梁支架设计与施工

(1)下横梁支架设计

南索塔下横梁采用落地K形支架施工,横梁现浇支架立柱采用$\phi720\times10$钢管桩,钢管桩支撑在主塔承台顶,桩顶设置3榀HN700×300型钢作为横梁,其上纵桥向设置贝雷梁,横桥向设置I25工字钢,I25工字钢上设置I10工字钢作为纵向分配梁形成施工承载平台。横梁外挑实心段采用牛腿支架施工,斜撑采用双[32槽钢,斜撑上设置双[40槽钢,顺桥向设置4排牛腿,牛腿上设置卸块,I25工字钢作为分配梁。各部位结构尺寸、构件数量、稳定措施均依据结构分析验算确定,以满足横梁施工操作空间,平台构造安全,结构强度、刚度与稳定性的需要。支架采用塔式起重机吊装就位,现场连接拼装成整体。支架两侧设防护栏杆,栏杆高度1.5m。

(2)上横梁支架设计

南索塔上横梁采用型钢托架方法进行施工。在塔身设计高程位置处预埋牛腿,安装承重桁架,桁架中部采用壁厚1cm、直径720mm的钢管斜向支撑,HN700×300型钢作为承重梁置于牛腿、斜向钢管之间。承重梁上布置砂筒,砂筒上布置HN600×200横梁,横梁上采用贝雷梁作为承重桁架,贝雷梁上布置I25b工字钢,工字钢上布置双[12槽钢作为分配梁,铺设10mm钢板作为底模板。斜撑平联采用$\phi426\times8$钢管。上横梁托架系统安装采用塔式起重机作为起重设备,根据塔式起重机起重吨位,托架采用分片吊装的方式。各杆件采用焊接形式连接。

(3)横梁支架施工

下横梁支架构件利用塔式起重机或起重车吊装、分节段搭设。支架的具体搭设步骤如下:

①在混凝土浇筑施工时,埋设各预埋件,并在相应位置安装好施工平台。

②在地面按照设计图纸把支架钢管组拼好,形成桁架片,利用塔式起重机吊装桁架片并与预埋件连接固定。

③依次安装桁架片间的平联。

④安装横梁,设置卸载砂筒,铺设纵向分配梁、贝雷梁、I25b分配梁。

⑤设置支架预拱度并铺设I10分配梁。

⑥安装横梁底板底模板操作平台。

13.13.4 横梁模板施工

模板施工分为底板底模板、底板顶反压模板、顶板底模板及内外侧模板施工。底板底模板、外侧模板采用外部钢管支架支撑,底板顶反压模板、顶板底模板和内侧模板采用横梁内满堂式脚手架支撑。横梁外模板均采用定型钢模板,厚度6mm,内模板采用大块组合钢模板,倒角位置采用异性钢模或木模,顶板底模板采用1.5cm竹胶板,10cm×10cm木方按30cm间距布置小分配梁,顺桥向采用I10型钢或10cm×15cm木方作大分配梁,安装均采用塔式起重机或汽车起重机进行分块定位安装。

13.13.5 横梁混凝土施工

横梁混凝土采用C50混凝土,上下横梁混凝土方量约1550m^3。横梁施工中的混凝土浇筑主要涉及部位有横梁的顶板、底板、腹板及塔梁连接段。

横梁分两层浇筑,下横梁中间预留2m后浇带,混凝土强度等级C50,后浇带混凝土为微膨胀C50混凝土。混凝土浇筑方量大,所需时间较长,为防止混凝土凝固时间太快而造成横梁非弹性变形裂缝,确保混凝土浇筑在其初凝前完成,要求横梁混凝土初凝时间不小于24h。

下横梁混凝土通过2台天泵进行浇筑,上横梁混凝土通过泵站内输送泵经泵管垂直输送至横梁位置处的布料杆进行布料,横梁混凝土浇筑顺序为:底板→腹板、横隔板→顶板→后浇带。混凝土分层布料,每层厚度按30cm控制,底板、腹板、横隔板下料时采用串筒下料,以保证混凝土自由下料高度不大于2m,混凝土浇筑由中间向两端分层进行。

13.13.6 横梁预应力施工

预应力施工分为预应力管道与锚座预埋、张拉和压浆三项主要内容。索塔两道横梁的顶、底板内设有预应力筋。其中上横梁布置50束19ϕ^s15.2-19低松弛预应力钢绞线,下横梁布置84束19ϕ^s15.2低松弛预应力钢绞线。锚下张拉控制应力为1395MPa,每束张拉力为3686kN。所有横梁预应力均穿过塔柱,锚固点设在塔柱横梁外挑实心段。预应力管道均采用金属波纹管,真空压浆工艺。上、下横梁预应力钢束张拉严格按照张拉力与伸长量双控,伸长量误差在±6%范围内,在混凝土强度达到设计强度的90%且浇筑时间大于7d以后进行预应力施加。横梁预应力张拉的主要顺序为:先从靠近腹板中部向上、下缘依次张拉,腹板两侧同一高度预应力钢束应对称张拉,再从靠近顶、底板中部向左右对称张拉。

13.14 小结

塔柱的施工以现浇为主,现代悬索桥索塔多采用液压自爬模分阶段的方法施工。横梁多为预应力混凝土箱形结构,一般采用支架现浇,索塔施工属于高空作业,工作面狭小,施工难度大,在实施方案中应该考虑起重设备的选型与布置,混凝土输送设备选择,模板系统、横梁支架系统以及人员上下安全通道的布置,混凝土质量,预埋件的施工,主塔线形控制,大体积混凝土施工等问题,现以宜都长江大桥索塔施工为示例,对以上问题进行了相关总结,为以后同类工程提供相关的施工经验。

(1)塔座、塔柱实心段及部分塔柱截面加厚段为大体积混凝土,容易产生各类表面裂缝。因此,索塔大体积混凝土的裂缝防治及外观质量控制,是索塔施工的重点。采取的主要措施如下:

①施工所需水泥、砂石料、粉煤灰、外加剂等材料按照同批次、同颜色、同规格进场。颜色差异过大、规格不一致的材料不能在同一结构物上使用。

②提高模板系统质量,选用优质进口维萨板作为面板,该面板厚21mm,采用欧洲优质桦木分层压制而成,维萨板在长期周转使用过程中具有极高的耐磨性能,能抵抗风雨日晒的影响和绝大多数化学物质的腐蚀,耐沸水的煮泡和抵抗混凝土对模板表面的磨损。采用优质清水脱模剂,与混凝土有较好的亲和性,能够提高混凝土表面的光洁度。

③混凝土施工过程控制。混凝土养护不得采用易污染混凝土表面的方法,宜采用白色土工布等覆盖养护。

为保证混凝土表面拆模后没有垫块痕迹,采用和混凝土颜色一致的预制混凝土垫块,与模板接触应采用点接触或线接触方式,最大限度地消除表面斑迹。

为了确保混凝土结构物在施工完成时其外观完好,在后续施工期间,应特别加强对混凝土外观的保护。

拆模后的混凝土表面若粘有浮灰及留有模板痕迹,立即用细砂纸打磨,直到将浮灰及模板痕迹清除干净。

④预埋件安装质量控制。预埋件采用预埋套筒式或预埋爬锥式,采用高强度螺栓进行联结,预埋件拆除后,将预埋套筒取出,表面进行封闭。

安装预埋件前,对表面进行除锈、涂装处理,防止在使用过程中产生锈蚀,对混凝土表面造成污染。

⑤采取塔柱大体积混凝土裂缝防治措施。对于塔座及塔柱实心段,优化混凝土配合比,采用双掺技术,实时控制混凝土水灰比,采用纤维混凝土增加抗裂性能。

塔座及塔柱实心段按大体积混凝土施工方案施工,增加冷却管控制混凝土温拉应力。

采用优质木模板,提高混凝土表面的施工质量和密实度。

在混凝土变截面处加强振捣,控制杯底效应影响,且由于拐角处钢筋较为密集,混凝土浇筑时要严格控制摊铺厚度,采用小型振动棒插入钢筋内部进行振捣。

脱模时注意保护,按照设计顺序缓慢进行,严禁生拉硬拽,造成拐角处混凝土损伤。

采用土工布覆盖及喷淋措施加强养护控制,保证混凝土表面湿度和温度,避免混凝土干湿交替,防止产生收缩裂纹。

(2)索塔上、下横梁施工支架设计。

①上横梁混凝土自重约2939t,上横梁底高程为188.6m,下横梁顶高程为69.1m,上下横梁间净距约119m,且左右幅塔柱中心间距为36m,如何采取合理可靠的支架方案,是索塔施工中的难点。采取的主要措施如下:索塔上横梁采用型钢托架方法进行施工,桁架片根据塔式起重机的起重能力进行分片设计,方便进行安装和拆除。

②下横梁自重约2987t,承台为分离式,下横梁支架的设计是施工重点。采取的主要措施如下:索塔下横梁采用钢管桩K形支架方法进行施工,钢管桩支撑在主塔承台上,承载力满足要求。

(3)主塔施工过程中的线性控制。

主塔施工精度要求高,其中倾斜度误差不大于塔高的1/3000,且不大于30mm,同时满足设计要求;主塔轴线偏位允许偏差±10mm,断面尺寸允许偏差±20mm;塔顶高程允许偏差

±10mm;横梁高程偏差±10mm。

采取的主要措施如下:施工过程测量人员严格对每个环节进行控制,其具体控制方法参见主塔施工测量控制章节。

(4)预埋件多且安装精度高。

主塔预埋件涉及的施工措施和永久预埋的预埋件数量和类型多,安装精度要求高,施工过程易遗漏和偏位,给后续施工带来不必要的麻烦,需编制专项预埋件图集。

主要的施工预埋件有:液压爬模模板爬锥、塔式起重机、电梯附着预埋件、横梁支架预埋件、混凝土泵管扶墙、辅助施工平台预埋件、防雷系统、照明系统、塔顶鞍座、猫道反拉及下压装置预埋件、索鞍吊装门架预埋等。

采取的主要措施如下:①根据施工要求,在主塔施工前,编制详细的预埋件手册,方便施工组织和检查;②测量上,精确地对每个预埋件的点进行放样。

14 北索塔施工

14.1 工程概况

北索塔为门式框架结构,由塔柱、上横梁和下横梁组成,塔柱采用钢筋混凝土结构,上下横梁采用预应力混凝土结构。北索塔和南索塔仅下塔柱高度及下横梁位置不一样,其他设计结构相同。塔顶高程为198.1m,北索塔承台顶面高程为55.6m,塔高142.5m。

14.2 施工总体部署

14.2.1 施工场地布置

北索塔位于长江北岸山丘腰部山体内,将整个场地规划为相关功能区,包含拌和站、钢筋场、钢结构加工场、劲性骨架拼装区、设备停放区、变压器、办公室、仓库、材料堆放区等。

14.2.2 机械设备安排

北索塔主要施工设备除了施工塔式起重机及施工电梯型号不同于南索塔,其塔式起重机和电梯安装方法相同。北索塔施工主要机械设备配置表如表14-1所示。

北索塔施工主要机械设备配置表　　　表14-1

序号	设备名称	单位	数量	备注
1	120型拌和站	套	1	北岸白洋侧1号拌和站
2	90型拌和站	套	1	北岸白洋侧1号拌和站
3	12m^{3}混凝土运输车	辆	1	北岸白洋侧1号拌和站
4	10m^{3}混凝土运输车	辆	4	北岸白洋侧1号拌和站

续上表

序号	设备名称	单位	数量	备注
5	800kVA 变压器	台	1	白洋侧
6	400kVA 变压器	台	1	白洋侧
7	350kW 柴油发电机	台	1	白洋侧
8	HBT8022C-5 拖泵	台	2	北索塔两个塔柱
9	SC200W 电梯(单笼)	台	2	主塔
10	F0/23B 塔式起重机	台	2	主塔
11	平板车	辆	1	白洋侧
12	振捣棒	套	20	白洋侧
13	抽水泵	台	2	主塔
14	G4232	台	1	金属带锯床
15	ZGW-40 钢筋弯曲机	台	2	白洋侧
16	BX1-500 电焊机	台	10	主塔
17	千斤顶(400-650)	台	6	白洋侧
18	液压自爬模(外模)	套	2	主塔
19	悬臂模板(内模)	套	2	主塔
20	辅材	t	1200	含塔柱劲性骨架、上下横梁支架、辅助预埋板、塔柱横撑等

(1) 塔式起重机

根据施工需要及现场实际情况,主塔布设两台中联 F0/23B(TC5023)塔式起重机,左幅、右幅塔式起重机臂长 50m,最大起重量 10t。塔式起重机安装于承台上(采用固定基脚形式,基脚直接浇筑在承台第三层混凝土内),位置位于横桥向承台两侧,随塔柱施工进度逐段附着于邻近塔柱上,直至安装至塔顶。塔式起重机起重性能表如表 14-2 所示。

F0/23B 塔式起重机起重性能表　　　　表 14-2

项目		单位	数值
工作幅度	最大工作幅度	m	50
	最小工作幅度	m	3
起升高度		m	20
最大起重量		t	10
起升速度(起重 10t)		m/min	0~25
回转速度		r/min	0~0.8
整机功率		kW	70
起重性能表			
吊幅(m)	14.5	16	18	20	22	24	26	28	30	32
起重量(t)	10	8.9	7.8	6.9	6.2	5.6	5	5	4.4	4.05
吊幅(m)	34	36	38	40	42	44	46	48	50	—
起重量(t)	3.75	3.5	3.3	3.1	2.9	2.7	2.55	2.45	2.3	—

塔式起重机附墙杆高度及附墙杆尺寸随主塔高度变化。塔式起重机第一附墙高度为 24m,以后每 18m(6 个标准节)加一道附墙,塔式起重机最终状态(18m 净空)下除基础节 7.5m 外应有 44 个标准节,横桥向另一侧塔式起重机则相应增减标准节以错开。

（2）电梯

北索塔共布置两台 SC200W 型电梯，供施工人员上塔使用，其布置在塔柱顺桥向靠岸边跨侧（避开塔顶猫道位置），靠塔柱垂直安装。

14.3 北索塔总体施工方案

14.3.1 塔柱节段划分

塔柱分段以 4.5m 为一标准段，共 32 个节段，局部为了方便施工调整分段高度。塔柱施工分段图如图 14-1 所示。

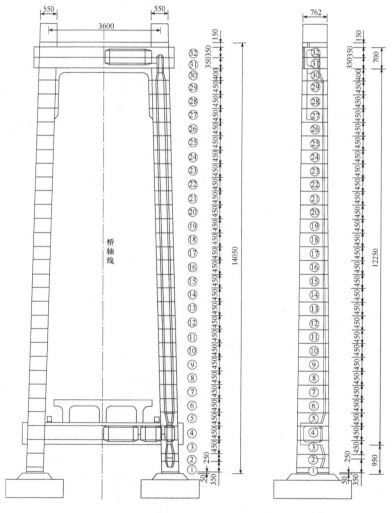

图 14-1 北索塔柱节段划分图（尺寸单位：cm）

14.3.2 北索塔施工流程图

北索塔施工流程如图14-2所示。

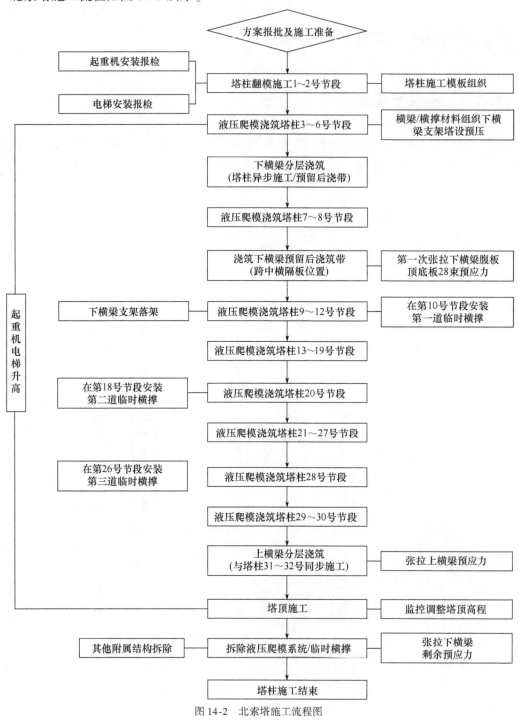

图14-2 北索塔施工流程图

14.3.3 北索塔施工概述

步骤一：
①承台顶层施工时，及时预埋塔座钢筋、塔柱竖向钢筋及劲性骨架。
②承台顶部放样凿毛后，安装塔座钢筋、冷却水管、塔式起重机预埋基础及电梯预埋件，塔座和0.5m高塔柱内芯一起浇筑，按温控方案采取温控措施。
③安装索塔塔式起重机，搭设人行通道楼梯。
④拆除0.5m高内侧塔柱模板，安装6m高塔柱内、外侧模板，进行第一节塔柱混凝土浇筑。
⑤安装预拼好液压自爬模系统，浇筑第2节塔柱混凝土。
⑥完成液压爬模整体安装，安装爬模作业平台及安全防护，液压爬模正常爬升，完成塔柱3~6号节段施工。
⑦同时施工下横梁支架、钢筋、模板等。

步骤二：
①下横梁分两层浇筑(3.5m+3.5m)，预留后浇带。
②液压爬模浇筑7~8号节段后，浇筑预留后浇带，待混凝土强度满足要求后张拉下横梁腹板顶底板28束预应力，下横梁支架卸落。
③12号节段浇筑前，在10号节段安装第一道临时横撑，第一道临时横撑安装完成后浇筑12号节段。

步骤三：
①液压爬模完成13~19号节段施工，20号节段施工前，在18号节段位置安装第二道临时横撑。
②液压爬模继续完成20~27号节段施工，28号节段施工前，在26号节段位置安装第三道临时横撑。

步骤四：
①液压爬模完成29号、30号节段施工，拆除塔柱上横梁内侧液压爬模，同步安装上横梁现浇支架。
②同步完成31号节段和上横梁第一层混凝土施工。
③养护凿毛后准备32号节段和上横梁第二层混凝土施工。
④上横梁第一层混凝土满足强度及龄期设计要求后，完成上横梁第二层及32号节段混凝土浇筑，待混凝土强度达到设计要求后，张拉上横梁预应力。
⑤上横梁预应力张拉完成后，拆除三道横撑，主塔完成施工。

北索塔施工与南索塔施工方法不同之处在于塔柱节段划分不同、上下横梁支架设计不同，其他施工方法大致相同。之后章节只对北索塔横梁支架设计进行综述，其他部位的施工方法与南索塔施工相同。

14.4 北索塔横梁支架

14.4.1 下横梁支架设计

北索塔下横梁支架采用落地支架系统施工,采用大直径 $\phi 630 \times 8$ 钢管为主要承力构件,钢管接头采用法兰盘连接,水平联系采用 $\phi 325 \times 8$ 钢管与主管焊接成框架整体,非弹性变形小、整体刚度大,能保证施工过程对横梁的线形和应力的要求。横梁支架主要由钢管立柱、柱间水平联系、卸荷砂筒、型钢纵横梁、贝雷梁及工字钢分配梁等组成。

下横梁支架钢管立柱共布置 18 根 $\phi 630 \times 10$ 钢管,纵横桥轴向按 3×6 布设,横梁与索塔连接根部采用 2I36b 型钢牛腿。中间 4 排钢管立柱基础在承台开挖后的中风化泥质砂岩层内(根据设计勘察提供的地基承载力为 $400 \sim 700 \mathrm{kPa}$)开槽浇筑 C30 混凝土,基础高度 1m,平面尺寸为 $2.5 \mathrm{m} \times 2.5 \mathrm{m}$。

钢管立柱顶端布设 3I25b 砂筒支垫,卸载砂筒上布置 3I25b 上支垫;支垫上布设 2I56b 工字钢横向分配梁;横向分配梁上安设贝雷梁作为横向分配梁;在贝雷梁上按 1.5m 间距布设纵向 I25b 工字钢;工字钢上再布设横向 I10 的工字钢作底板小分配梁;最后在 I10 工字钢上铺设 6mm 钢板形成底模。

14.4.2 上横梁支架设计

北索塔上横梁支架拟采用斜腿支撑系统,主要由钢管斜腿、纵向撑杆、柱间平联、卸荷砂筒、型钢纵横梁、贝雷梁及工字钢分配梁等组成。

上横梁支架由 6 根 $\phi 820 \times 10$ 钢管及 6 排(单侧三排)2[40b 型钢共同组成斜腿体系,纵横桥轴向均按按 3×2 布设,钢管间采用法兰盘连接;钢管斜腿纵向布置 3 道 $\phi 325 \times 8$ 钢管平联,与钢管立柱形成刚架结构,型钢斜腿纵向采用[40b 组成平联;三排斜腿其中两侧两排斜腿布置塔柱腹板上,中间排布置在塔柱中轴线上。

斜腿根部设塔柱间横向撑杆,塔内设塔内横撑(根部塔柱内腔内对应设置塔内横撑),均采用 $\phi 630 \times 8$ 钢管;钢管立柱顶端布设 2I56b 工字钢横梁,横梁上安置卸载砂筒,砂筒上布设 2I56b 工字钢纵向分配梁,纵向分配梁上安设贝雷梁作为横向分配梁(22 片)。在贝雷梁上布设纵向 2I25b 工字钢。工字钢上再布设横向 I10 的工字钢作加劲肋。最后在 I10 工字钢上铺设 6mm 钢板形成底模。

14.5 小结

北索塔施工与南索塔施工类似,具体小结可参见 13.14。

15 大体积混凝土施工

15.1 抗裂安全性评价指标

可从两方面对大体积混凝土抗裂安全性进行评价：一方面是特征温度控制值，如入模温度（或浇筑温度）、内部最高温度及最大内表温差等，可将混凝土温度仿真计算值及后期实测值与相关规范规程的规定值进行对比分析；另一方面是抗裂保证率，可间接通过抗裂安全系数（劈裂抗拉强度试验值与对应龄期温度应力计算最大值之比）的控制标准进行评价。

15.1.1 特征温度评价指标

大体积混凝土温度评价指标主要有入模温度、内部最高温度及最大内表温差等。
(1) 入模温度

根据《公路桥涵施工技术规范》(JTG/T F50—2011)的规定，大体积混凝土热期施工时，入模温度不宜高于28℃；冬期施工时，入模温度应不低于5℃。因此，本项目对混凝土入模温度的控制值为：≥5℃且≤28℃。

(2) 内部最高温度

根据《公路桥涵施工技术规范》(JTG/T F50—2011)的规定，大体积混凝土内部最高温度不应大于75℃。参考《大体积混凝土施工标准》(GB 50496—2009)的规定，混凝土浇筑体在入模温度基础上的温升值不大于50℃，若混凝土浇筑温度为10℃，则内部最高温度不大于60℃；若混凝土浇筑温度为28℃，则内部最高温度不大于78℃。本项目提出对混凝土内部最高温度控制值为：混凝土在入模温度基础上实际温升值不大于50℃，且内部最高温度不应超过75℃。

(3) 最大内表温差

最大内表温差指混凝土内部最高温度与同一时刻距表面50mm处的混凝土最低温度之差。根据《公路桥涵施工技术规范》(JTG/T F50—2011)的规定，大体积混凝土内表温差控制在25℃以内。

15.1.2 应力评价指标

大体积混凝土温控抗裂安全系数是指在标准养护条件下的混凝土劈裂抗拉强度试验值与对应龄期温度应力计算最大值之比。混凝土内部产生的拉应力超过劈裂抗拉强度的80%时生成少数裂缝;应力小于劈裂抗拉强度的80%时,没有观察到裂缝。厄勒海峡大桥和丹麦大海带桥船闸梁中要求计算温度应力与劈裂抗拉强度之比不得大于0.7,即劈裂抗拉强度与温度应力比不得小于1.4,现场监测结果表明混凝土没有出现温度裂缝,温控效果良好。在日本规范中采用抗裂安全系数来评价混凝土的开裂风险,并要求劈裂抗拉强度与计算温度应力比不得小于1.25~1.5。

《水运工程大体积混凝土温度裂缝控制技术规范》(JTS/T 202—1—2010)统计了二十余个大体积混凝土温控工程的开裂情况,认为劈裂抗拉强度与相应龄期计算的温度应力值之比不小于1.4时,开裂概率小于5%;劈裂抗拉强度与相应龄期计算的温度应力值之比不小于1.3时,开裂概率小于15%,据此规定了大体积混凝土的温度应力抗裂安全系数应不小于1.4。综合各方面调研结果,本工程大体积混凝土温度应力抗裂安全系数取值应不小于1.4。安全系数和抗裂保证率的关系如图15-1所示。

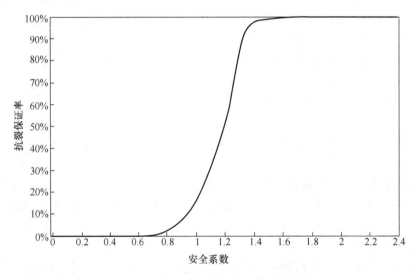

图15-1 安全系数和抗裂保证率的关系

15.2 温控标准

混凝土温度控制的原则是:①控制混凝土浇筑温度;②尽量降低混凝土的水化热温升、延缓最高温度出现时间;③通过保温控制温峰过后混凝土的降温速率;④降低混凝土内部和表面之间、新浇与先浇混凝土之间的温差以及控制混凝土表面和环境气温之间的差值。

温度控制的方法和标准需根据气温、混凝土配合比、结构尺寸、约束情况等具体条件确定,并宜设置主控标准进行严格管控,并设置参考标准对混凝土温度发展进行辅助评价。本工程设置浇筑温度、内部最高温度、内表温差及降温速率四个主控标准,其他为参考标准。

根据仿真计算结果,结合本工程的实际情况,参考《公路桥涵施工技术规范》(JTG/T F50—2011)、《大体积混凝土施工标准》(GB 50496—2018)和《水运工程大体积混凝土温度裂缝控制技术规程》(JTS 202—1—2010)等的相关规定,对大体积混凝土施工制定的温控标准见表15-1、表15-2。

大体积混凝土温控标准主要指标　　　　　　　　　　　　　　表15-1

浇筑温度(℃)	内部最高温度(℃)	内表温差(℃)	降温速率(℃/d)
≥5;≤28	≤70	≤25	≤2.0

大体积混凝土温控标准参考指标　　　　　　　　　　　　　　表15-2

新浇混凝土温度与下层已浇混凝土温度之差(℃)	冷却水管出水温度与进水温度之差(℃)	冷却水温度与混凝土内部温度之差(℃)	混凝土表面与大气或与养护环境温度之差(℃)	养护水温度与混凝土表面温度之差(℃)
≤20	≤10	≤20	≤20	≤15

15.3 大体积混凝土施工措施

在大体积混凝土施工中,应从混凝土的原材料质量、配合比优化设计以及混凝土的拌和、运输、浇筑、振捣到通水冷却、养护等全过程进行控制,以达到控制其混凝土质量、混凝土内部最高温度、混凝土内表温差及表面约束,从而控制温度裂缝的形成及发展的目的。根据仿真计算结果及构件性能要求对大体积混凝土裂缝控制给出如下建议。

15.3.1 混凝土浇筑质量控制措施

(1)混凝土原材料质量控制

配制大体积混凝土的原材料品质应与其技术要求相吻合。各种原材料质量控制关键指标如表15-3所示。

混凝土原材料质量控制关键指标　　　　　　　　　　　　　　表15-3

原材料	关键控制指标
水泥	比表面积(300~380m^2/kg)、强度、C_3A含量、碱含量、温度(≤60℃)
粉煤灰	烧失量、需水量比、细度
细集料	含泥量、泥块含量、细度模数、级配
粗集料	含泥量、泥块含量、级配、压碎值
外加剂	减水率、适应性、凝结时间、含气量

特别需要指出的是,大体积混凝土应使用超缓凝型的聚羧酸类高性能减水剂。高减水率的减水剂可有效降低单方混凝土用水量和水胶比,改善混凝土施工的和易性、强度和耐久性,延长混凝土凝结时间可以推迟和削减水化热温峰,减少分层施工冷缝。

减水剂的掺量应根据混凝土坍落度要求、施工气温、原材料品质变化等通过试验确定,不能随意减少或超掺,以防出现流动性过小、坍落度损失过大或离析泌水。减水剂使用前应采用现场实际使用的原材料进行混凝土适应性试验。超缓凝型聚羧酸类高性能减水剂的关键性控制指标为减水率(≥25%)、适应性(采用现场的水泥、粉煤灰和砂石集料按试验室配合比试拌后工作性良好)、凝结时间(高温期施工大体积混凝土在试验室标准温湿度环境下试拌的混凝土初凝时间要求为30~35h,常温期施工大体积混凝土在试验室标准温湿度环境下试拌的混凝土初凝时间要求为25~30h)和含气量(试验室标准温湿度环境下试拌的混凝土含气量<3%)。

(2)混凝土生产质量控制

①水泥用于拌和生产时的温度不宜高于60℃。

②各种原材料的储存应专仓专用,防水、防污染、防窜料。河砂的含水率波动范围宜控制在±1%以内。对于新进场高含水率河砂或因排水不畅导致砂仓积水的,建议装载机上砂前,先对砂仓中河砂进行预混。

③搅拌混凝土前,应严格测定粗、细集料的含水率,准确测定粗细集料含水率变化,及时调整施工配合比。一般情况下,含水率每班抽测2次。

④搅拌站各计量系统应满足混凝土原材料称量的最大允许偏差规定(按重量计):胶凝材料(水泥、矿物掺合料等)为±1%;外加剂为±1%;集料为±2%;拌和用水为±1%。控制关键:水称计量精度须重点保证;各料仓关闭阀门必须保证闭合严密,防止漏料;搅拌机搅拌叶片与轴上淤积混凝土块须定期清除。

⑤混凝土在搅拌机中的搅拌时间(从全部材料装入搅拌机开始搅拌至搅拌结束开始卸料所用计时)不宜少于75s。拌和的混凝土应具有良好的匀质性及黏聚性,确保混凝土入模后不分层、不离析。

⑥正式生产前,必须对混凝土拌合物进行开盘鉴定,检测其工作性能(坍落度及损失);连续生产时,则应每工作班检测混凝土拌合物坍落度至少2次,检测混凝土拌合物出机温度、入模温度至少3次。

⑦本项目C40混凝土拌合物入模坍落度控制值为180mm±20mm,塔柱与塔柱根部实心段混凝土入模坍落度控制值为200mm±20mm;锚碇每层浇筑至最后30~50cm时,应将混凝土的坍落度降低至上述规定的坍落度低限值,避免混凝土表面浮浆过厚引起的后期收缩不一致而导致混凝土开裂,同时也有利于减轻凿毛工作量。

⑧当混凝土原材料品质在合格的基础上发生波动、环境温度等发生显著变化时,应及时调整混凝土配合比参数,调整原则是:在维持混凝土试验室配合比的水胶比不变前提下,对混凝土减水剂的掺量、碎石的分级比例、砂率进行适当调整,调整后的混凝土拌合物性能应与原配合比相同。若混凝土拌合物坍落度损失快,应查明到底是减水剂与水泥存在适应性的问题还是粗、细集料含泥量过高所致。夏季高温混凝土施工,应选用高温情况下缓凝时间长、保塑性好的超缓凝型聚羧酸减水剂,以补偿因气温升高对凝结和坍落度的不利影响。

（3）混凝土施工质量控制

①确保运输过程中混凝土的匀质性：运输混凝土过程中，必须保证混凝土罐车罐体低速转动。运输速率应保证施工的连续性，当罐车到达浇筑现场时，应使罐车高速旋转 20~30s 后方可卸料。另外，应采取适当措施防止水分进入运输容器或蒸发，严禁在运输过程中向混凝土内加水。

②减小混凝土运输过程的温度回升：运输混凝土过程中，应对运输设备采取隔热措施，防止局部混凝土温度升高。混凝土从加水搅拌开始至浇筑完毕，应控制在 90min 内，应有效组织，避免混凝土运输罐车长时间停留。

③优化混凝土的布料方式：混凝土宜采用整体式水平分层连续浇筑。混凝土浇筑时，由四周往中心布料，且始终保持构件周边混凝土高度略高。边部宜采用汽车泵布料杆布料且紧靠模板布料，并加强边角处振捣，保证混凝土有较好的匀质性和密实性，避免胶凝材料浆体发生过长距离流动并堆积在构件四周而产生较大温度应力和收缩，从而增大混凝土侧面和边角开裂风险。布料时，混凝土下料高度应控制在 2m 以内，布料点间距控制在 4m 左右，避免赶料造成砂浆富集。当混凝土自由下落高度超过 2m 时，则应采用悬挂串筒等措施辅助下料以防离析。

④优化分层浇筑厚度：大体积混凝土的分层浇筑厚度可控制在 30~50cm 的范围。实际工程中，应根据拌和站生产能力和现场泵送、浇筑能力，确定每层混凝土的最适宜浇筑层厚，以尽量缩短层间隔时间，确保在下层混凝土充分塑化之前完成上层混凝土的覆盖浇筑，这不仅有利于减小下层混凝土的温度回升，而且可以避免塑性收缩裂缝。

⑤正确进行混凝土拌合物的振捣：振动棒垂直插入，快插慢拔，振捣深度超过每层的接触面一定深度，保证下层在初凝前再进行一次振捣。振捣时插点均匀，成行或交错式前进，以免过振或漏振，避免用振捣棒横拖赶动混凝土拌合物，以免造成离下料口远处砂浆过多而使混凝土开裂。

⑥混凝土浮浆控制：在保证可泵送的前提下尽量降低混凝土坍落度，尤其是浇筑至最后 30~50cm 混凝土时，混凝土坍落度应调小 20mm；浇筑至顶面时如遇浮浆较厚，可用铁耙予以清除，再补打一层同配合比的坍落度稍低的混凝土。目的是防止混凝土表面浮浆过厚引起的后期混凝土收缩不一致而导致开裂，同时也有利于减轻凿毛工作量。

⑦顶面混凝土浇筑完毕且终凝过后应及时进行凿毛，凿毛时先凿锚碇四周边部，凿毛时的混凝土渣进行分区蓄水养护。凿毛过程中，不能中断蓄水或覆盖保温养护。对已经完成凿毛的分层面，应继续采用冷却水管出水蓄水养护。

⑧收浆抹面：混凝土暴露面在振捣完毕后应及时并至少进行二次抹压收浆，以消除塑性沉降裂缝和因表面快速失水引起的塑性收缩裂缝。

15.3.2 混凝土浇筑温度的控制

大体积混凝土施工包含了冬季施工及中高温期施工，需根据气温情况对原材料温度进行不同控制以满足温控标准要求。

(1)冬季施工混凝土浇筑温度控制

气温≥-5℃可保证混凝土浇筑温度≥5℃而不受冻。宜昌市年平均最低气温为2℃(≥-5℃),混凝土受冻可能性较小,冬季施工时混凝土原材料温度一般无须做特别控制。若遭遇极端严寒天气(气温<-5℃),则应采取相应措施来提高各原材料温度,常规性提高混凝土浇筑温度的措施如下:

①采用热水(温度40±5℃)拌制混凝土。
②搅拌站原材料储罐包裹保温防寒被。
③防止混凝土在运输过程中受冻,运输车罐体覆盖黑色棉篷布、土工布、保温防寒被等,以减少混凝土的热量损失,确保混凝土浇筑温度高于规定温度。

(2)中、高温期施工混凝土浇筑温度控制

①原材料温度控制。当气温≤27℃时,采用常规原材料温度控制措施,即可保证混凝土浇筑温度≤28℃。这些措施包括:

a.采用增加储存量、搭建遮阳篷、通风、喷雾等普通措施冷却,集料温度可控制为比气温低4℃。

b.采用延长储存时间、转运和倒仓等措施冷却,将水泥温度控制为≤60℃,粉煤灰温度控制为≤40℃。同时,可考虑在水泥、矿渣粉罐外搭设遮阳棚,避免阳光直射,并在罐顶布设冷水管,喷淋冷水辅助降温。

c.抽取地下水作为拌和水,如不进行特别控制,其温度约为18~22℃。

②制冷水拌和混凝土方案。当气温>27℃时,为满足出机口温度控制要求,则应采用制冷水拌和混凝土。制冷水的制作方法有两种,一种是加冰块冷却拌和水(通过在拌和水中加入占总质量20%的块冰将拌和水冷却至5℃以下);一种是制冷机直接制冷水。两种方法的经济技术指标见表15-4。制冷水(冰水)应提前生产,并储存于保温水池中,且拌和水输送管道应采取保温措施。制冷水措施详细比较如表15-4所示。

制冷水措施比较　　　表15-4

措施	降温能力(℃)	装机功率(kW)	场地要求	设备费用(万元)	材料费用(元/t)	运输费用(元/t)	能源费用(元/t)	弊端
加冰块冷却(购买)	≤5	—	现有	—	200	100	—	需耗费人力加冰;受交通条件限制
制冷水机	≤5	220	20m×10m	(20t/h)50	—	—	10	占用空间大,能耗大,设备昂贵

在最大制冷能力、5℃拌和水的条件下对大体积混凝土出机口温度进行计算,计算得到气温31℃时C40混凝土出机口温度为26.2℃,考虑混凝土运输、泵送过程中的温升,入模温度可达到≤28℃的控制标准要求。这表明当气温≤31℃时,能够通过制冷水或通过加入冰块冷却拌和水的方式满足入模温度≤28℃的温控标准。控制原材料温度及对应混凝土出机口温度(气温31℃时)详情如表15-5所示。

控制原材料温度及对应混凝土出机口温度（气温31℃时）　　　表15-5

原材料	水泥	粉煤灰	砂	碎石	冷却水	出机口温度计算
温度(℃)	60	40	27	27	5	26.2
C40 单方质量(kg/m³)	252	168	831	1076	115	—

③制冷水+片冰拌和混凝土方案。当气温高于31℃时，为满足出机口温度控制要求，除将拌和水温度控制为≤5℃，同时采用片冰代替部分拌和水，即采取制冷水+片冰拌和混凝土方案。

根据工程经验，每加入10kg的片冰至少可使新拌混凝土温度降低1℃。加片冰量依据环境温度和浇筑温度要求变化，最大加冰量为用水量的50%，本工程为50kg/m³。考虑最大加片冰量对大体积混凝土出机口温度进行估算，经过反复测算，当气温低于36℃时，C40混凝土出机口温度为25.8℃，考虑混凝土运输、泵送过程中的温升，入模温度可达到≤28℃的控制标准要求。这表明当气温≤36℃时，能够通过冷却拌和水+片冰拌和的方式满足浇筑温度≤28℃的温控标准。

控制原材料温度及对应混凝土出机口温度（气温36℃时）详情如表15-6所示。

控制原材料温度及对应混凝土出机口温度（气温36℃时）　　　表15-6

原材料	水泥	粉煤灰	砂	碎石	冷却水	片冰	出机口温度计算
温度(℃)	60	40	31	31	5	0	25.8
C40 单方质量(kg/m³)	252	168	831	1076	65	50	—

注：考虑砂约3%的含水率。

依据《水运工程大体积混凝土温度裂缝控制技术规程》(JTS 202—1—2010)附录D"混凝土出机口温度、浇筑温度计算"，不同气温加冰量估算如表15-7所示。当气温超过36℃时，需要采取措施进一步降低集料温度。

不同气温加冰量估算　　　表15-7

气温(℃)	32	33	34	35	36
单方加冰量(kg/m³)	10	20	30	40	50

④降低搅拌、运输、浇筑过程中环境气温影响的措施。

a.对搅拌站料斗、皮带运输机、搅拌楼、运输罐车、泵送管道及其他相关设备遮荫或冷却，如对运输罐车反复淋水降温，泵送管道用湿罩布、湿麻袋等加以覆盖，避免阳光照射并反复洒水降温等。

b.提高混凝土浇筑能力，缩短混凝土暴露时间；缩短混凝土运输和滞留时间，混凝土拌合物从加水至入模的最长时间不应超过1.5h。

c.降低混凝土浇筑仓面的环境温度。当现场环境温度高于30℃时，宜对金属模板外表面、邻接的已硬化混凝土喷淋或覆盖湿土工布降温，但不得有积水或附着水，并宜采取遮盖措施避免阳光照射模板和钢筋。

d.在气温高于30℃、相对湿度较小或风速较大的环境下浇筑混凝土时，应对浇筑仓面进行喷雾或采取适当挡风措施防止混凝土表面失水过快。

15.3.3 冷却水管布设及控制措施

(1)冷却水管布设原则

冷却水管水平管间距为100cm,垂直管间距为100cm,距离混凝土侧面不小于50cm;距离混凝土顶底面为50~75cm;单层每套水管设置一个进出水口,管长小于200m。

(2)冷却水管使用及控制

①冷却水管采用$\phi 42mm \times 2.5mm$、具有一定强度、导热性能好的铁皮管制作;弯管部分采用冷弯工艺预处理,管与管之间通过螺纹丝扣+生胶带连接。水管悬空部分需焊接竖立筋对其进行固定。

②用分水器将各层各套水管集中分出,分水器设置相应数量的独立水阀以控制各套水管冷却水流量,并设置一定数量的减压阀以控制后期通水速率。每个分水器对应一台水泵,需准备2台功率≥7.5kW、流量≥$20m^3/h$的水泵,并至少留有1台备用泵。

③混凝土浇筑前,冷却水管应进行不短于0.5h的加压通水试验,查看水流量大小是否合适,发现管道破裂或接头漏水、阻水现象要及时修补至可正常工作。对水管的连接位置要采取一定的保护措施,施工过程中应避免混凝土直接落到冷却水管上,严禁施工人员踩踏水管。

④冷却水管宜在混凝土覆盖前预先注满冷却水,通水冷却应满足下列要求:

a. 前期抽取深层江水作为冷却水,后期根据温度监测结果,通过集水池(冷却水管出水)调控水温使冷却水进水温度与混凝土内部最高温度之差小于25℃,气温较低时段可补充热水以满足进水温度与混凝土内部最高温度之差的控制标准。

b. 定期改变通水方向。

c. 冷却水流速不小于0.6m/s,一般宜在0.6~1m/s之间。

大体积混凝土通水冷却的要求如表15-8所示。

大体积混凝土通水要求　　　　表15-8

开始通水时间及升温期要求	降温期通水时间及要求	停水时间
混凝土覆盖冷却水管前开始通水;水流量≥50L/min,水流速≥0.6m/s;出水与进水温度之差≤10℃	根据测温结果降低水流量,确保降温速率≤2.0℃/d,进、出口水温差≤10℃	可同时保证混凝土块体降温速率≤2.0℃/d,混凝土内部最高温度与表面温度之差≤15℃

⑤待水管停止循环水冷却并完成养护后应及时进行压浆封堵。先用空压机将水管内残余水压出并吹干冷却水管,然后用压浆机向水管压注与混凝土同强度的微膨胀水泥浆,以封闭管路。

15.3.4 养护控制措施

养护的控制原则是:通过加强混凝土保温养护,降低混凝土内表温差;通过加强混凝土保湿养护,减少混凝土收缩引起的表面应力。混凝土养护措施的选取与施工季节强相关,中高温期施工以保湿为主,低温期(冬季)施工以保温为主。

(1)中高温期施工养护措施

中高温期施工养护措施如表15-9所示。蓄水养护的养护用水采用冷却水管出水,养护水与混凝土表面温差≤15℃;蓄水深度需大于30cm。

中高温期施工混凝土养护措施　　　　表15-9

结构部位		拆 模 前	拆 模 后
侧面		带模养护,模板需覆盖防雨布	包裹塑料薄膜+土工布+防雨布
上表面	分层面	凿毛后蓄水养护	覆盖塑料薄膜+土工布+防雨布,养护至上层浇筑为止
	永久暴露面	边收面边覆盖塑料薄膜,初凝后蓄水养护	覆盖塑料薄膜+土工布+防雨布;从混凝土浇筑完毕后持续养护不少于14d

(2)冬季施工养护措施

冬季施工养护措施如表15-10所示。

冬季施工混凝土养护措施　　　　表15-10

结构部位		拆 模 前	拆 模 后
侧面		带模养护,模板需覆盖保温层	包裹塑料薄膜+保温层+防雨布
上表面	分层面	凿毛后覆盖薄膜+保温层,养护至上层浇筑为止	
	永久暴露面	边收面边覆盖塑料薄膜,初凝后覆盖保温层,养护时间不少于14d	

保温层可采用具有防火功能的玻璃棉,玻璃棉两面均为防水防风层。玻璃棉的搭接长度为10cm,搭接需严密。保温层厚度根据施工时气温按照《水运工程大体积混凝土温度裂缝控制技术规程》(JTS 202—1—2010)附录E进行计算。

(3)混凝土拆模时间

混凝土拆模时间按照龄期及实测温度进行双控:浇筑完成7d后方可拆模,7d之内不松模、不拆模;拆模时需确认混凝土内表温差小于15℃、混凝土表面温度与气温温差小于15℃。应避免在夜间或气温骤降期间拆模,拆模时间应选择一天中较高温度的时段,边拆模边覆盖进行保温保湿养护。

15.3.5 浇筑间歇期控制

锚碇各层混凝土浇筑间歇期一般控制为7~10d,最长不宜超过14d。新老混凝土的间隔期需满足以下条件:①老混凝土最高温度与表面温度差小于20℃;②老混凝土的强度超过设计强度的50%。

15.4 现场温度监控

为检验施工质量和温控效果,掌握温控信息,以便及时调整和改进温控措施,做到信息化施工,需对混凝土进行温度监测。检验不同时期的温度特性和温控标准。当温控措施效果不佳,达不到温控标准时,可及时采取补救措施;当混凝土温度远低于温控标准限值时,则可减少温控措施,避免浪费。温控实施流程图如图15-2所示。

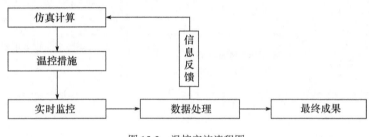

图 15-2　温控实施流程图

15.4.1 监测元件

(1)监测元件要求

仪器选择依据使用可靠和经济的原则,在满足监测要求的前提下,选择操作方便、价格适宜的仪器。温度检测仪拟采用济南环宇通科技有限公司 TR32-SD-USB 自动定时测温记录仪,温度传感器为热敏电阻传感器。

TR32-SD-USB 智能化温度巡检仪具有数据记录和数据掉电保护、历史记录查询、实时显示和数据报表处理等功能。该仪器测量结果可直接用计算机采集,人机界面友好,并且测温反应灵敏、迅速,测量准确,主要性能指标:①测温范围: $-50 \sim +150$℃;②工作误差: ± 1℃;③分辨率:0.1℃;④巡检点数:32 点;⑤显示方式:LCD(240×128);⑥功耗:15W;⑦外形尺寸: $230mm \times 130mm \times 220mm$;⑧质量: $\leqslant 1.5kg$。

温度传感器的主要技术性能:①测温范围: $-50 \sim 150$℃;②工作误差: ± 0.5℃;③分辨率:0.1℃;④平均灵敏度: $-2.1mV/$℃。

(2)监测元件的埋设

参照《混凝土坝安全监测技术规范》(SL 601—2013),并根据桥梁大体积混凝土的特点加以改进,由具有埋设技术和经验的专业人员操作。为保护测温导线和测点不受混凝土振捣的影响,应焊接∠36以上的等边角钢进行保护,避免混凝土直接砸落在测温线上。监测元件埋设示意图如图15-3、图15-4所示。

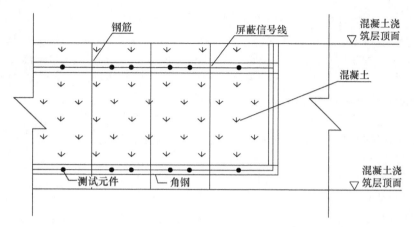

图 15-3　监测元件埋设示意图

大体积混凝土施工过程中应监测混凝土拌合物的出机温度、入模温度、浇筑温度、内部温度、冷却水进出水温度以及环境温度,同时监控混凝土内表温差和降温速率,并及时调整和优化温控措施。其中内部温度测点的布置原则如下:

①根据构件对称性的特点,选取构件的 1/4 块布置测点,竖直中间部位布置监测点,靠近上下表面布置校核点。

②根据温度场的分布规律,对高度方向的温度测点间距做适当调整,距离水管间距需 ≥25cm。

③充分考虑温控指标的测评。温度测点布

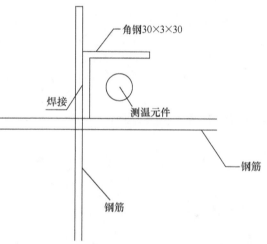

图 15-4　监测元件埋设大样图(尺寸单位:mm)

设包括表面温度测点(在构件中心部位短边、长边中心线表面以下 5cm 布置)和内部测温点(布置在构件中心处)。

15.4.2　现场温度监测

(1)现场温度监测内容及要求

对大体积混凝土进行温度计算,是从理论上掌握大体积混凝土内部温度发展变化情况和温度应力的发展变化情况,实际施工中将会存在一定的差异,主要原因是计算所取用的相关参数及计算模型与大体积混凝土实际施工状态不可能完全一致,这就需要对施工过程进行监测,并将监测结果随时与理论计算及其结果进行比较、分析,及时调整参数取值、修正计算模型并采取相应的温控措施,只有这样才能保证计算、分析结果的准确性及可靠性,并依据计算、分析结果完善温控措施,确保温度应力不超过混凝土的抗拉强度,避免出现温度裂缝。

温度监测主要内容包括:①混凝土温度场监测;②环境体系温度监测。

①温度场监测。构件混凝土的温度场是指在现场各种环境因素的影响下,已浇筑构件各部位的实际温度及温度分布。温度场监测是大体积混凝土温控工作最重要的内容之一,需要结合温度场的分布特征,合理布置一定数量的温度传感器。温度测点的布置应具有代表性,做到既突出重点又兼顾全局,监测大体积混凝土内部的温度场变化情况,以指导温控措施的实施或调整,使温控指标满足要求。

②环境体系温度监测。环境体系温度监测对象包括环境气温、冷却水进水和出水温度。选取有代表性的冷却水管,在水管进水口、出水口安装温度传感器,测量冷却水的温度。

(2)温度监测频率及要求

混凝土温度监测频率和记录要求如下:

①混凝土入模温度监测:每台班不少于2次。

②浇筑块体温度场监测:升温期间,环境温度、冷却水进水和出水温度、混凝土内部温度每2h测量一次温度,降温期间第一周每4h监测1次,一周后每天选取气温典型变化时段进行监测,每天监测2~4次。特殊情况下,如大风或气温骤降期间,适当加密监测次数。

③温度监测持续时间:当混凝土的内部最高温度与环境温度之差连续3d<25℃时,且降温速率≤2℃/d、内表温差≤25℃时,即可终止温度监测。温度监测持续时间一般不少于14d。

每次监测完成后及时填写温度监测记录表。

温度监测结束后,绘制各测点的温度变化曲线,编制温度监测报告。

15.4.3 监测流程

在混凝土浇筑前完成传感器的选购及铺设工作,并将屏蔽信号线连接到测试棚,各项测试工作在混凝土浇筑后立即进行,连续不断。温度监测流程图如图15-5所示。

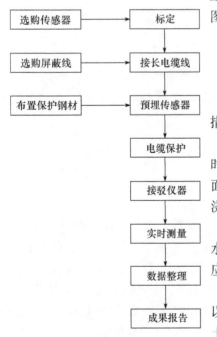

图15-5 温度监测流程图

15.4.4 现场监测的应对措施

如果现场监测温度超出温控标准,可采取下列应对措施:

(1)如果混凝土入模温度超过目标值(>28℃),需及时对原材料采取一定的措施(如采用井水喷淋降低集料表面温度、降低冰水温度或增加片冰掺加量等),保证混凝土浇筑温度在可控范围内。

(2)如混凝土内部最高温度偏高,可以采取加大冷却水通水流量、降低冷却水温度的措施,但注意冷却水温度应控制为比混凝土中心温度低10~25℃。

(3)内外温差偏大:可以加大通水流量、降低进水温度以加强内部降温,使用冷却出水进行蓄水养护以减少混凝土表面热量散失,或加强外部保温,增加保温层厚度,做到外保内散。

15.4.5 温控事项分工安排

温控事项分工安排如表 15-11 所示。

温控事项分工安排　　　　　　　　　　　表 15-11

	事项	布设冷却水管、制作分水器	试通水	焊接角钢	布设温度测点
浇筑前	责任单位	项目部	项目部	项目部	监测单位为主，项目部配合
浇筑过程中	事项	混凝土入模温度监测	混凝土内部温度监测	冷却水控制	—
	责任单位	监测单位、项目部、监理单位等	监测单位	项目部（监测单位发指令）	—
浇筑完成后	事项	混凝土内部温度监测	冷却水控制	养护	—
	责任单位	监测单位	项目部（监测单位发指令）	项目部（监测单位发指令）	—

15.5 小结

南北索塔承台、锚碇等混凝土施工都属于大体积混凝土施工，在大体积混凝土施工中，应从混凝土的原材料质量、配合比优化设计以及混凝土的拌和、运输、浇筑、振捣到通水冷却、养护等全过程进行控制，以达到控制混凝土质量、混凝土内部最高温度、混凝土内表温差及表面约束，从而控制温度裂缝的形成及发展的目的。

考虑特征温度控制值如入模温度（或浇筑温度）、内部最高温度及内表温差等，将混凝土温度仿真计算值及后期实测值与相关规范规程的规定值进行对比分析；另一方面考虑抗裂保证率，间接通过抗裂安全系数（劈裂抗拉强度试验值与对应龄期温度应力计算最大值之比）的控制标准进行评价。

设置浇筑温度、内部最高温度、内表温差及降温速率四个主控标准，对大体积混凝土温度进行监控。

在大体积混凝土施工过程中，主要从以下几点控制施工质量：
①混凝土浇筑质量控制。
②混凝土浇筑温度的控制。

③冷却水管布设及控制措施。
④混凝土养护控制措施。
⑤浇筑间歇期控制。

为检验施工质量和温控效果,掌握温控信息,以便及时调整和改进温控措施,做到信息化施工,需对混凝土进行温度监测,检验不同时期的温度特性和温控标准。当温控措施效果不佳,达不到温控标准时,可及时采取补救措施;当混凝土温度远低于温控标准限值时,则可减少温控措施,避免浪费。

16 钢结构加工与制造

16.1 索鞍与索夹鞍座制造

16.1.1 索鞍与索夹简介

（1）主索鞍构造

主索鞍由鞍体、上承板、下承板、安装板、隔板、锌填块、拉杆、密封条、铜衬板组成。主索鞍鞍体理论质量为120t左右，为减轻吊装、运输重量，鞍体分两半制造，吊至塔顶后用高强度螺栓拼接起来。主索鞍鞍体采用铸焊式结构，鞍头为 ZG 270-480H 的铸件，鞍体底座为 Q345R 钢板焊接结构，单体最重为60t左右，为便于主缆索股架设，鞍槽内设竖向隔板，主索鞍鞍槽宽940mm，隔板厚5mm，主缆中心圆弧半径 $R = 8000$m。在索股全部就位后，顶部用锌块填平，再将鞍槽侧壁用拉杆夹紧。

塔顶预埋有格栅及反力架，用以安装主索鞍并在施工期间为顶推主索鞍提供反力，格栅及反力架与主索鞍鞍体之间设置有聚四氟乙烯板和不锈钢板滑动副，减小顶推阻力。

（2）散索鞍构造

散索鞍为摆轴式散索鞍。其构造由散索鞍鞍体、底座、底板、上承板、下承板、隔板、锌填块、拉杆、密封带、侧板、压块、垫板组成；散索鞍鞍体采用铸焊式结构，鞍头为 ZG 270-480H 的铸件，鞍体底座为 Q345R 钢板焊接结构，底座、底板采用 ZG20Mn 的铸件。

散索鞍鞍槽底最低处竖弯半径分别为8m、6.4m、4.2m、2.1m。

为增加主缆与鞍槽间的摩阻力，并方便索股定位，鞍槽内设竖向隔板，在索股全部就位并调股后，在顶部用锌块填平，然后上紧压板及楔形块等压紧设施，最后将鞍槽侧壁用螺杆夹紧。

（3）索夹构造

索夹为骑跨式，共计10种206套，索夹本体采用铸造结构，材质为ZG20Mn。按主缆倾角不同，所需夹紧力不同，索夹长度及螺杆数量不同，最长近3.6m。

所有索夹均采用上、下对合型结构形式，用高强度螺栓连接紧固，为保证在预紧高强度螺栓作用下索夹能紧抱主缆,在两半索夹间留有适当的缝隙,接缝处嵌填氯丁橡胶防水条防水。索夹壁厚有50mm、40mm和35mm三种厚度。索夹螺杆为缩腰形,以避免在螺纹处断裂。

16.1.2 索鞍制造概述

主要制造工艺包括铸造、焊接、机床加工、装配。

(1)铸造工艺设计

①浇注位置及分型面确定。考虑到铸件的使用要求和技术要求,遵循铸钢件顺序凝固原则,并结合以往生产类似铸件的经验,确定索鞍鞍头采用鞍槽口向下,由下向上的浇注及凝固顺序,分型面选择在铸件鞍体底板的平面上。造型方法全部选择组芯造型。

②工艺参数。考虑铸件在凝固收缩过程中,受铸型的机械阻碍和铸件自身结构影响,选择铸件模样收缩率为1.80%。为保证加工面精度和加工余量,主索鞍鞍体选择鞍槽加工面留30mm加工余量,其余加工面留25mm加工余量。

③冒口设置。索鞍鞍体为保证钢液快速平稳充满型腔,减少钢液对上箱的烘烤时间,避免出现夹砂夹渣等铸造缺陷,设计均采用底注式浇注系统。

根据铸件壁厚及其结构,为保证铸件内部组织致密、探伤合格,冒口设置时需保证铸件向冒口方向凝固,在整个凝固期间,冒口应有充足的液态金属以补给铸件收缩。

④计算机凝固模拟结果。为确保产品内在质量,在产品工艺方案形成后,进行Magma(一种计算程序包)计算机模拟,进一步优化工艺。

(2)铸造过程

本项目鞍头为ZG 270-480H材质,为满足设计要求,所有铸件毛坯要求采用一次浇注成型,所选用的型砂和芯砂均为优质砂,其物理性能符合相应的标准要求。钢水冶炼过程中要求进行精炼,减少钢水中的杂质。铸件在出箱后进行退火热处理消除铸造应力,并进行正火加回火热处理。在毛坯铸造过程中主要采用如下设备:

采用100T电弧炉和120T钢包精炼炉,60t/h移动式连续混砂机,13.5m×8.5m×6m燃气热处理窑,10m×12m×5m的250t台车式抛丸清理机,碱酚醛树脂砂落砂再生系统及300t行车等。

①原材料及工装准备。原材料主要包括:石英砂、树脂、固化剂、铬铁矿砂、涂料、保温覆盖剂、金属和非金属炉料、木材、陶瓷浇口管等。

石英砂符合《铸造用硅砂》(GB 9442—2010)要求。铬铁矿砂符合《铸造用铬铁矿砂》(JB/T 6984—2013)要求。涂料符合《砂型铸造用涂料》(JB/T 9226—2008)要求。

工装主要包括:砂箱、冷铁、芯骨、芯撑等。

砂型(芯)选用硅砂和优质铬铁矿砂,铬铁矿砂用于坭芯面砂以及大冒口根部,铸型涂料选用优质醇基锆英粉涂料,涂料应具有高耐火度和优良的涂刷性能。

②木模制作。所有木模均按《铸造用木制模样和芯盒技术条件》(JB/T 7699—1995)"Ⅱ"级要求制作。模型采用整体模型设计,要求表面光滑,并保证足够的强度,铸造圆角在芯盒中做出,芯盒中标出浇口和冷铁位置。

③造型(制芯)。采用铬铁矿砂做坭芯面砂及大冒口根部,型砂采用水玻璃砂和铬铁矿

砂,铸型涂料选用优质醇基锆英粉涂料。造型时金属液冲刷严重和放芯撑部位放耐火砖。

造型、制芯时落在模样、芯盒、砂型(芯)工作面上的型砂均要清除干净。

涂料选用醇基锆英粉涂料,保证涂层厚度大于1.2mm,检验合格后,转下道工序。

④下芯、合箱。检查砂芯质量,找正基准和中心,下芯完毕后,检查砂芯,确保满足设计要求。

合箱前仔细检查砂型(芯)各部分,将型腔、浇注系统和砂芯表面散落的浮砂及杂物清除,浇冒口及排气口中的积砂应清除。

合箱后采用热风机烘烤干燥。

⑤熔炼、浇注。采用100t电弧炉和120t钢包精炼炉,选择优质炉料、钢水进行二次精炼提纯,减少非金属夹杂物及有害气体N、O、H含量,严格控制钢水中有害元素的含量,尽量降低钢中S、P含量;合金熔炼出钢时充分脱氧。出钢前钢包应进行烘烤,烘烤时间为10h左右、钢包温度不小于900℃。

出钢温度控制为1570~1580℃。钢包采用$\phi 80 \sim \phi 110$各两个滑动水口。钢液出炉后镇静在1550~1560℃温度区间内浇注,钢水不能流得太猛,此后全速浇注,在3.5min浇注到高出铸件150mm时收流缓浇,浇至冒口后,应适当减小流量,最后按工艺要求点注冒口。

浇注前还应看清工艺对浇注的要求,检查砂箱紧固是否良好。在浇注地点附近要预备好冒口覆盖剂和引火材料。同时预备好铁锹及型砂。

⑥精整。铸件浇注后在砂模中缓慢冷却,实际出箱时间以铸件本体温度≤250℃为原则,保温时间约10~15d。

清砂过程中铸件不允许吹风、打水与撞击;将砂子清除干净,并清理浇口、披缝、毛刺等。带温切割冒口,要求一次割完。

切除冒口后切割本体试样,清理氧化渣,粗整外形,检查铸件表面质量。

⑦热处理。热处理方式为正火+回火。铸件本体应有铸造编号,铸件试样和铸件本体一起随炉热处理。严格执行工艺制定的热处理加热温度、升温速度及保温时间,控制铸件热处理后出炉的温度,热处理的试样分类妥善保管,并注明试样编号。热处理保温时间根据具体铸件重量、尺寸和装炉量确定。

⑧打磨。热处理完后进行喷砂处理,按《铸件尺寸公差与机械加工余量》(GB/T 6414—1999)进行尺寸与形状检查,索鞍应符合CT13级,并保证有适量的加工余量。

铸件打磨边角处至表面露出金属光泽,按《铸钢铸铁件渗透检测》(GB/T 9443—2019)进行磁粉探伤检查,2级合格。

(3)焊接

本项目索鞍为铸焊结构,其中铸钢材质为ZG 270-480H,钢板为Q345R,属不同材质的结构件焊接;鞍座所用钢板均为厚钢板,最厚达130mm;焊接操作空间小,焊接工作量较大,焊接难度较高,为本项目的重点控制性工程。

在焊接方法的选择上,根据预热及层间温度高的特点,采用CO_2气体保护焊的方法进行焊接。该方法具有焊接效率高、焊缝成形美观、焊接质量易于控制等优点;在焊接材料的选择上,选用自行生产的YCJ-501药芯焊丝,该焊丝与索鞍母材强度匹配度高、电弧稳定飞溅少,其焊缝塑性、韧性、焊接接头的抗裂性等符合设计要求;在下料方面,采用数控切割机和水下等离子切割机下料,焊接坡口采用半自动切割成形;在施工方法上,为减少淬硬组织,减小焊接应力及变形,有利于焊缝中氢的逸出,采用整体保温焊接方法。

在焊接过程中,采用机械手对称施焊、多次翻面焊接,消除焊接应力,以减小焊接变形。

索鞍鞍体焊接工艺流程图及焊接组装顺序如下:

①装配。

②焊接。进炉整体预热,预热温度为100~150℃;焊接焊缝,焊缝可由多名焊工对称施焊;钢板与钢板焊缝层间温度为60~120℃,测温位置离坡口边缘150mm。

③探伤。焊接48h后进行无损检测。

渗透探伤:所有焊缝按照《无损检测 焊缝渗透检测》(JB/T 6062—2007)进行100%渗透探伤,2级合格。超声波探伤,钢板对接焊缝按照《焊缝无损检测 超声检测 技术、检测等级和评定》(GB/T 11345—2013)和《焊缝无损检测 超声检测 验收等级》(GB/T 29712—2013)进行100%超声波探伤,2级合格;铸件与钢板对接焊缝按照GB/T 11345—2013和GB/T 29712—2013进行100%超声波探伤,3级合格。

其具体步骤如下:

第一步:定基准。将平台调至水平并用经纬仪检查,再通过千斤顶、等高铁等支撑将鞍头侧卧在平台上面,并以鞍头中分面将鞍头调水平,用经纬仪以鞍头中分面检查鞍头的水平度。

第二步:端板与主筋板装焊。装配纵肋(1件)、端板(1件),在纵肋上用样冲标明边横肋、中横肋的装配位置;并在端板与纵肋之间加工装支撑以防止焊接变形。

第三步:横筋板装焊。将主筋板间的横筋板(3件)进行装配,并在两侧边横肋加工装支撑。

第四步:第二块主筋板装焊。将鞍头侧放,装配第二块纵筋板。

第五步:横肋板装焊。装配一侧横肋(4块)及吊耳,横肋板间加工装以防止焊接变形。

第六步:横肋板装焊。将鞍头翻身装配另一侧横肋(4块)及吊耳,横肋板间加工装以防止焊接变形。

第七步:底板装焊。将底板调平并画好装配线,将鞍头组件吊装到底板上进行装配。

第八步:围板装焊。将鞍头平放在平台上,将围板装配到鞍座上。

(4)机床加工

①加工方案。主索鞍鞍体由边、中跨鞍体通过高强度螺栓组装而成,主索鞍二者组装后长约7.6m、宽约3.2m、高约3m,质量约120t。我们将采用分体加工后再整体组合加工方式进行加工,将边、中跨鞍体进行分开粗加工,将单个鞍体的底平面、中分面、鞍槽表面在一次装夹的状态下加工出来,减少由装夹、校正带来的误差,并最终将两半鞍体锁合在一起,整体机加工鞍槽和底面,采取如下保证措施,保证加工质量符合要求:

a. 单个鞍体分块粗加工,统一加工基准。加工鞍体中间绳槽、结合面连接孔及销孔、与上承板连接的销孔以同一侧面为加工基准;加工鞍体中间绳槽底面、拉杆孔均以鞍体底平面为基准。

b. 锁合整体加工。将边、中跨鞍体锁合在一起,采用工装螺栓和销连接在一起,整体机加工底平面和鞍槽,保证底平面的平面度和鞍槽的圆顺。

散索鞍鞍头焊前进行粗加工,加工鞍槽和底面,并在鞍头侧面和端面设置校正块,作为后面焊接和加工的基准,焊后鞍槽和底板等加工面焊后进行整体精加工,散索鞍的鞍槽和底面通过大型落地镗铣床数控加工完成。加工时先加工底面,再将鞍体回转180°加工鞍槽,底面和鞍槽均以校正块为基准校正,鞍槽加工数控程序的编制采用先进的三维造型及 UG 加工软件(交互式计算机辅助设计与制造系统),首先利用 UG 软件的 CAD(计算机辅助设计)功能对散索鞍进行实体造型,而后利用 UG 的 CAM(计算机辅助制造)功能选择合适的加工刀具及加工方法,自动生成加工刀具路径,经后处理生成机床所需的 G 代码程序。

当鞍槽加工到还有3mm余量时,对鞍槽的型值点进行检测,检测合格后方能进行鞍槽的精加工,确保鞍槽槽形的正确性,并在加工成型后采用激光跟踪仪复测鞍槽槽型的准确性。

②工艺流程。毛坯检查—焊接—划线—铣/数控—探伤—焊接—划线—铣/数控—钳/修磨—探伤—钳—喷锌、油漆—装焊—补锌—装配。

16.1.3 索夹制造概述

(1)铸造工艺设计

①浇注位置及分型面确定。考虑到铸件的使用要求和技术要求,遵循铸钢件顺序凝固原则,并结合以往生产类似铸件的经验,确定采用立做立浇方式,分型面选择在 U 口顶面,造型方法全部选择试样砂箱造型。

②工艺参数。铸造工艺参数及主要要求如下:

a. 模型实样1个,芯盒3个,冒口根部6个,做出冒口补贴。

b. 模型缩尺2.0%。

c. 模型加工面加工余量15~20mm。

d. 模型起模斜度1°~2°。

e. 模型工艺补正量2~5mm。

f. 未注铸造圆角 $R=30mm$。

g. 采用底注式浇注系统,钢包底注孔尺寸采用 $\phi 80mm$,浇注系统:直浇道 $\phi 100mm$,横浇道 $\phi 80mm$,内浇道 $\phi 60mm$ 四道。

h. 造型时砂型表面使用碱酚醛树脂新砂(厚度≥100mm),冒口根部及圆角部位使用铬铁矿砂(厚度≥20mm)。

i. 浇道使用陶管砖。

j. 外冷铁使用25号钢切割冷铁,表面抛丸处理干净。

k. 涂料使用醇基铬铁矿粉涂料,涂刷3遍。

l. 铸型合箱后,使用热风机向型腔吹热风,保持型腔干燥。

m. 浇注温度1540~1560℃。

n. 铸件浇注质量7500kg(单件),铸件毛坯质量4000kg(单件)。

o. 铸件在砂型内保温72h,落砂后热割冒口。

p. 热割冒口后用保温材料覆盖铸件,缓冷。

q. 整个生产过程遵守相关安全及环保规范。

③冒口、浇注系统设置。根据铸件壁厚及其结构三维造型分析结果,冒口、浇筑系统设置

应保证形成铸件向冒口的顺序凝固,保证铸件内部组织致密,探伤合格。

④计算机凝固模拟结果。为确保产品内在质量,在产品工艺方案形成后,进行CAE(计算机辅助工程)计算机模拟,进一步优化工艺。

计算机CAE铸造工艺模拟分析显示,铸件内部没有孤立液相区,钢水最后凝固在冒口内,分析显示铸件本体无缩松倾向,表明铸造工艺设计是合理的。

(2)铸造过程

本项目鞍头为ZG20Mn材质,为满足设计要求,所有铸件毛坯要求采用一次浇注成型,所选用的型砂和芯砂均为优质砂,其物理性能符合相应的标准要求。钢水冶炼采用5t电弧炉和钢包精炼炉,过程中要求进行精炼,减少钢水中的杂质。铸件在出箱后进行退火热处理消除铸造应力,并进行正火+回火热处理。

①原材料及工装准备。原材料主要包括:石英砂、树脂、固化剂、铬铁矿砂、涂料、保温覆盖剂、金属和非金属炉料、木材、陶瓷浇口管等。

石英砂符合《铸造用硅砂》(GB 9442—2010)要求。铬铁矿砂符合《铸造用铬铁矿砂要求》(JB/T 6984—2013)要求。涂料符合《砂型铸造用涂料》(JB/T 9226—2008)要求。

工装主要包括:砂箱、冷铁、芯骨、芯撑等。

砂型(芯)选用硅砂和优质铬铁矿砂,铬铁矿砂用于垃芯面砂以及冒口根部,铸型涂料选用优质醇基锆英粉涂料,涂料应具有高耐火度和优良的涂刷性能。

②木模制作。

a. 木模结构应根据相应的工艺文件选取相应的结构形式。

b. 木模外形上薄小和凸出的易损部位使用硬木或红松制作,并刻入木模中,活块部分与主体的连接一般采用燕尾榫方法。

c. 木模外形及芯盒都要适合于铸造工艺的尺寸精度要求及拔模斜度的要求,在木模上要有起模骨架或起模金属板。

d. 木材结合处除用胶水结合外,可使用圆钉加固。

e. 圆角使用实木铣出。

f. 木模涂底漆并进行喷漆。

③造型(制芯)。准备造型、制芯前操作人员需熟悉图纸及工艺要求,并做好各项准备工作。

造型、制芯前检查模型、芯盒是否符合工艺图纸要求,检查混砂系统是否完好,所混制的型砂是否符合要求。

按照工艺要求摆放好浇道,浇道接口处必须用胶带封牢,按照工艺要求摆放好外冷铁,冷铁之间使用铬铁矿砂填充,保温冒口套按照工艺要求放置好,根部使用铬铁矿砂填充。

填砂时,头砂、尾砂不得用于面砂,砂型表面80~100mm范围内使用新砂作为面砂,圆角处、冒口根部采用铬铁矿砂作为面砂,再生砂作为填充砂。型砂放满后使用振实台进行振实。

砂芯要求全部使用新砂制芯。砂型、砂芯在制作好后,需放置6~8h后取模,转入下一工序。

以上操作需严格按照企业标准《造型操作行为标准》执行。

④下芯、合箱。下芯前,操作人员需熟悉图纸及工艺要求,并做好各项准备工作。

对造型交付的砂型(芯)进行验收,符合验收要求才能进行下一步工作。

用风管将型腔(砂芯表面)清理干净,将内浇道用浇道塞堵好,开始涂刷涂料。涂料选用醇基铬铁矿粉涂料,第一遍使用较浓的涂料涂刷,待涂料充分燃烧后,用砂纸将铸型(芯)表面附砂及堆积的涂料打磨光顺,用风管将型腔(砂芯表面)清理干净,涂刷第二遍浓涂料,用上面所述方法将表面处理干净,使用较淡的涂料刷第三遍,将铸型(芯)表面涂刷光顺。

铸号时要查阅生产联系单,掌握铸型的试号、型号及序号,按照图纸要求位置,用铬铁矿砂清晰、准确地打出要求的铸号。

确定下芯顺序,下芯时将砂芯吊平稳,下入型腔后,认真检查各个配合尺寸,无误后将砂芯牢牢固定,芯头缝隙用砂填满。

清理型腔,用风管沿一定方向反复吹型腔、浇道,并用抽砂管清理型腔内砂子。清理完型腔后,将砂型底箱吊至预定的浇注场地,浇注场地要垫实,防止浇注时由于钢水压力导致砂型下沉而造成铸件变形、跑火。

吊平砂箱,按照合箱标示盖好砂箱,需要验箱的,要经过验箱后再合箱。砂箱合好后,用箱卡或压铁紧固砂箱。浇注砂箱摆放整齐,砂箱间距大于400mm,便于浇注人员穿行、引气等工作。一包钢水浇注多件铸件时,砂箱浇口按高低次序放置,且浇口成一直线。

合箱后,需对型腔使用热风机进行烘烤,烘烤时间为6~8h。浇注前,需进行测温检查,如型腔温度未达到要求,则需重新烘烤。

以上操作需严格按照企业标准《配箱操作行为标准》执行。

⑤钢水冶炼、浇注。

a. 钢水使用5t电弧炉冶炼。出钢温度控制为1650℃±20℃,出钢后镇静在1520~1560℃时浇注。

b. 按照钢水冶炼配料单要求进行配料,冶炼过程需做好记录。

c. 浇注前应做好准备工作,包括准备好覆盖剂、引火材料、相应工具等。

d. 按照铸钢件浇注工艺规程要求执行浇注。

⑥打箱、清砂。铸件在砂型内保温约60h,落砂后热割冒口,具体保温时间按详细的铸造工艺要求实施,清砂过程中铸件不允许吹风、打水与撞击,热割冒口后用保温材料覆盖铸件,缓冷;将砂清除干净,并清理浇口、披缝、毛刺。

切割本体试样,在试样一端留有10~20mm余量不割,使试样与产品粘连;清理氧化渣,粗整外形,检查铸件表面质量。

⑦热处理。最终热处理为正火+回火,具体按热处理工艺卡执行。

⑧精整。热处理后对铸件进行打磨、精整,粗糙度满足《重型机械通用技术条件 第6部分:铸钢件》(GB/T 37400.6—2019)的要求$Ra \leqslant 100$。铸件加工面出现的缺陷必须进行修补,非加工面出现小于3mm的凹坑、气孔等缺陷可不修补,其他铸件表面和内部缺陷必须修补。

⑨检验。

a. 选取本体试样进行机械性能试验,并对铸件外观、外形尺寸进行检验。

b. 对铸件边角处进行磁粉探伤,按《铸钢件磁粉检测》(GB/T 9444—2007)规定进行检查,2级合格,并提供磁粉探伤合格证。

c. 对铸件进行划线检查尺寸和加工余量情况。

验收合格后，质量管理部门出合格证明书，该书内容包括：制造厂名称代号、图号或件号、牌号、炉号、化学成分、机械性能及热处理报告、探伤报告。

（3）机床加工

索夹为骑跨式索夹，分为有吊索索夹、封闭索夹和箍紧索夹，共9种类型。

以有吊索索夹为例，其加工关键控制点如下：

①索夹壁厚：索夹毛坯通过划线检查加工余量，确保加工后的壁厚尺寸均匀、准确，符合图纸要求。

②索夹承索槽尺寸：划线时将两半索夹锁合在一起整体划线，检查承索槽的尺寸正确性，并采用专用样板检查槽宽和槽深尺寸，准确控制其尺寸及形位公差。

③索夹内孔加工：主要采用深孔钻镗床、车床或大型镗床一次装夹完成内孔、止口和端面的加工，有效地保证了内孔的尺寸、圆度、圆柱度等技术要求。

④索夹螺栓孔位置尺寸控制：将加工完的连接面及凹形槽、铣螺栓孔凸台上平面的索夹点焊锁合在一起，同时加工，可保证加工效率及装配尺寸。

为保证索夹的制造精度，在索夹的粗、精加工前需精心安排划线、检查工作，对绳槽的位置、形状尺寸做好翔实的记录，确保索夹满足图纸要求。同时，在索夹加工面的粗、精加工后安排探伤检查工作，确保索夹的内部质量。

为保证索夹内孔的尺寸精度及圆度、圆柱度等形位公差，所有索夹的内孔精加工均要求采用大型深孔钻镗床或穿心镗床加工。

其加工工艺主要有半索夹粗加工，半索夹锁合后的精加工、涂装、装配等工序。索夹制作工艺流程如下：

①毛坯检查。

a. 索夹上、右半索夹毛坯回厂后，须对毛坯进行检验，检查合格后方能进入机加工程序。

b. 检查毛坯化学成分、机械性能、探伤等相关回厂的报告。

c. 检查毛坯的外观质量和外形尺寸。

d. 复验化学成分、机械性能等。

②划线。

a. 检查毛坯加工余量。

b. 划工件中心线，索夹长度方向的腰线，中分面加工线，注意工件的壁厚。

c. 划索夹内孔加工线，要求划线时划出内孔加工线的整圆线。

d. 按腰线找平，划承索槽的中心线、截面线、索夹的安装标记点，检查承索槽外形及倾斜角度是否正确。

e. 划索夹承索槽中心线与中分面加工线的交点，并在交点处垂直于中分面向索夹圆弧顶部方向划垂线，线长20mm。

f. 以索夹安装标记点为基准，在索夹两侧面划索夹长度方向两端的端面线。要求同一套索夹同时划该线，如不能同时划线，则应记录该尺寸。

g. 划螺杆安装平面尺寸线。

③铣。

a. 以划线为基准校正装夹工件。

b. 加工中分面,单边留 5mm 余量。

c. 加工螺杆安装平面,单边留 5mm 余量。

d. 加工索夹两端面,单边留 5mm 余量。

④探伤。对中分面、螺杆安装平面进行超声波探伤,按《铸钢件 超声检测 第一部分:一般用途铸钢件》(GB/T 7233.1—2009)判定,2 级合格,对上述平面进行渗透探伤,按《铸钢件渗透检测》(GB/T 9443—2007)判定,1 级合格。

⑤铣。

a. 以划线为基准校正装夹工件。

b. 加工中分面至图样要求。

c. 加工螺杆安装平面到图纸要求。

d. 加工各键槽到尺寸。

e. 加工各键槽至图样要求。

⑥半索夹Ⅰ、Ⅱ组合加工。半索夹Ⅰ、半索夹Ⅱ按照装配图的要求,成对组合,进行机械加工。

a. 钳。用定位键装配半索夹Ⅰ、半索夹Ⅱ,要求对齐两半索夹的承索槽,在中分面处加垫片,保证半索夹Ⅰ、半索夹Ⅱ的中心尽量对齐。

b. 划线。划螺栓孔的中心线;划索夹内孔加工线及内孔留 3mm 余量的加工线,要求划线时划出内孔加工线的整圆线,并保证索夹壁厚。

c. 钻。以划线及螺杆安装平面为基准,装夹工件钻螺杆孔,要求半索夹Ⅰ钻通,半索夹Ⅱ钻孔深 10mm(不包括钻尖);拆走半索夹Ⅰ,以半索夹Ⅱ上 10mm 深的螺杆孔为导向孔,加工半索夹Ⅱ上的螺杆孔;钻半索夹Ⅰ、半索夹Ⅱ上的 M30-7H 的螺纹底孔。

d. 钳。用工艺螺杆装配半索夹Ⅰ、Ⅱ,保证零件的连接尺寸。

e. 镗。以工件内孔加工线、中分面为基准,校正装夹工件;将两半索夹的端面加工平齐,注意保证长度尺寸;粗加工索夹内孔至单边留 5mm 余量的内孔加工线。

f. 探伤、镗、钳。对内孔粗加工面进行超声波探伤,按《铸钢件 超声检测 第一部分:一般用途铸钢件》(GB/T 7233.1—2009)要求,2 级合格。

g. 镗。加工索夹内孔至图样要求,注意保证索夹壁厚满足加工要求。

h. 钳。将两半索夹拆开,并做标记。

i. 划线。划两半索夹中分面螺杆孔槽口线;划索夹安装标记点。

j. 铣。铣两半索夹中螺栓孔处的槽口。

k. 探伤。对内孔及槽口进行渗透探伤,按《铸钢铸铁件 渗透检测》(GB/T 9443—2019)判定,1 级合格。

l. 钳。在安装加工基准点处做标记;攻 M30-7H 螺纹孔。

m. 上油漆。对索夹内外表面喷砂(Sa3.0)处理后进行涂装。

16.2 钢桁梁加工与制造

16.2.1 钢桁梁简介

钢桁加劲梁由主桁架、横向桁架及上、下平联组成。

(1) 主桁架

主桁采用华伦式桁架,横向共两片主桁,中心间距36m,桁高7.5m,全桥钢桁加劲梁共划分35个节段,分5种类型。梁段各节段间工地环口采用高强度螺栓连接。标准节段节间长7.5m,4个节间作为一个现场整体吊装。端部节段节间长15.26m;跨中节段吊装长10.58m。

主桁采用焊接整体节点结构形式,由上弦杆、下弦杆及腹杆组成。主桁上、下弦杆均采用箱形截面,内高660mm,内宽660mm,板厚20mm,节点处加厚至28mm。上弦截面及下弦截面示意图如图16-1所示;主桁腹杆均采用工字形截面。

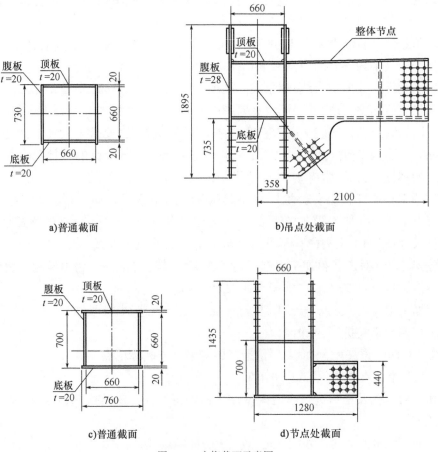

图 16-1 主桁截面示意图

(2)横向桁架

横向桁架采用焊接整体节点结构形式,由横梁上弦杆、横梁下弦杆及横梁腹杆组成,全桥主桁节间节点处均设有横向桁架。横梁上弦杆采用变高箱形截面,端部与主桁上弦整体节点等高,双向设置2%横坡,内高765.2~1082.8mm,内宽400mm,板厚20mm;横梁下弦杆采用箱形截面,内高400mm,内宽400mm,板厚20mm;横梁腹杆均采用工字形截面。

(3)上、下平联

上、下平联布置采用K形支撑,在端部及跨中适当加密,均采用箱形截面,内宽340mm,内高400mm,板厚12mm。

(4)钢桥面系

桥面钢纵梁采用工字形截面,梁高660mm,腹板厚12mm;上翼板宽400mm,厚12mm;下翼板宽400mm,厚14mm。下翼板与支座上调平钢板焊接连接,调平钢板中心厚20mm。纵梁端部支座上方设置16mm厚加劲隔板。纵梁纵向按长度划分共有14.185m,28.5m,30m,27.765m,32.185m,10.58m六类,纵向相邻钢纵梁通过高强度螺栓拼接形成连续结构。桥面全宽范围共17道钢纵梁,横向间距2.063m,纵梁间设置钢横系梁,通过M24高强度螺栓与加劲隔板连接。系梁采用(180×110×12)mm非等边角钢。

16.2.2 钢桁梁制造概述

为保证钢桁梁节段总拼施工的顺利开展,基于本项目超细长箱形杆件的结构特点,在钢桁梁节段总拼开始前进行了周密的策划和施工组织设计,制定了切实可行的制造工艺方案和质量管理要求,并严格按照制造工艺方案和质量管理要求组织生产。

(1)制造工艺方案的策划

在钢桁梁节段总拼开始前,即对制造工艺方案进行了系统的策划,包括上下弦杆、上下横梁、上下平联、腹杆及钢纵梁的杆件制造工艺、片桁组装工艺、总成施工工艺。与以往的钢桁梁制造相比,宜都长江大桥钢桁梁制造工艺策划有很多优化和改进,具体归纳为以下几点:

第一方面:从杆件制造工艺上改进,杆件组焊一体制造,优化工位和工序,分散焊接,减少翻身和变形。

宜都长江大桥杆件制造不仅借鉴了流水线的生产方式,还在制造工艺及工装上进行了大幅度的改进和提高。

首先,杆件整体制造。宜都长江大桥钢桁梁上下弦杆及上下横梁属于超细长箱形杆件,杆件长度均在30m左右,截面不大于700mm×700mm,在工艺策划上坚持杆件整体制造,即杆件零件按节点间距拼装成整长为30~34m的零件,经校正后在零件上装焊一体胎架并进行组装,后续划线、钻孔及安装短接头均是整体制造。此制造工艺使得杆件更具整体性,能较好地提高制作精度和质量,减少变形及系统误差。

其次,杆件制造工艺优化。根据杆件的结构形式及装焊要求,上弦杆由原方案腹板在下的组装工艺调整为顶板在下的反造法组装工艺,下弦杆及下横梁采用正造法工艺,上横梁采用反造法组装工艺。同时,为保证杆件的制造精度,对横隔板、节点零件、嵌入零件、短接头等零件进行了机加工;并对零件拼板各节点尺寸进行参数控制;对装焊顺序、划线、钻孔及短接头安装进行标准化工艺控制,并辅助各项专用工装进行控制。上述工法及工装的应用,有效地控制了杆件的制造质量和精度,且在后续施工中经过总拼检验,杆件螺栓通孔率为100%。

第二方面:从杆件制造工装上进行优化,组焊一体工装,控制细长杆件的变形;整体钻孔模箱,保证杆件钻孔精度;短接头连接工装,保证先孔法短接头的安装精度。

首先,组焊一体工装。本项目的杆件截面较小,且属于超细长的复杂箱形梁,杆件的变形问题是制造面临的关键难题。通过方案比选及经济性分析,项目部设计了一种能适用于各种超细长箱形杆件组焊一体的制造方法。本方法是根据杆件的特点设计组焊一体工装,工装主体结构由型钢组成,形成可组装式的框架,每组框架均需固定在基础上,框架的间距与杆件的隔板对应,根据杆件支撑面的轴线方向设置支撑板,杆件的组装由两侧及顶面的千斤顶施加外力控制,焊接过程中不撤除千斤顶,采取从中间往两侧对称焊接方法进行施焊。该装置可控制细长杆件装焊后变形量小,且组装快速。

其次,整体钻孔模箱。本项目的杆件加工尺寸远大于三维钻床设备的行程,杆件节点及数量多,空间的螺栓孔群精度控制及检查难度较大。为解决此类问题,项目部设计了一种能适用于各种超长杆件的钻孔方法。本方法是根据杆件的特点设计一组钻孔模箱,每组钻孔模箱的孔群采用三维钻床钻样孔及组装基准孔,样孔上镶嵌钻套,再将模箱组装到基座上,对齐基准孔调整后将模箱与基座焊接固定,形成超长杆件钻孔模箱,利用模箱的配孔及定位功能能够快速地完成超长杆件的钻孔定位孔,再结合平面模板及C形或L形模孔完成杆件所有螺栓孔的施工。

最后,钻孔转换工装和短接头连接工装。钻孔转换工装包括模箱钻孔后的平面钻孔模板,其余面孔群采用L形或C形钻孔转换工装钻孔。短接头连接工装包括弦杆内的横梁、腹杆及平联短接头的连接定位工装、横梁内的腹杆及平联短接头的连接定位工装。上述专用工装有效地解决了空间孔群精度及各短接头定位连接的问题,提高了杆件的制造效率。

第三方面:从制造方式上改进,争取实现无马装焊、无损吊运、无损支撑。

为保证本项目的施工质量,从开始就本着实现无损制造的原则来进行总体施工方案策划。项目部针对杆件装焊、翻身、转运、吊装、支撑等过程,设计了一系列的实用工装和吊装夹具,使得从杆件制造到总成全过程基本实现无损制造。

各工序无损制造的方案如下:

①本着无马、少马装焊的原则,在工艺方案策划时设计了组焊一体工装、短接头连接工装、钻孔工装及千斤顶等装置用于弦杆及横梁的制造,选用了H型钢生产线制造腹杆及钢纵梁,选用了箱形杆件生产线制造平联,片桁施工采用支撑及限位工装进行无损制造,总成施工也尽量采用无马进行组装,采用限位工装及侧向支架进行组装固定。

②无损吊运工艺。宜都长江大桥杆件及节段制造过程中涉及很多杆件及片桁的翻身、吊装、转运过程,在以往很多钢桁梁的制造过程中,由于翻身、吊装、转运等原因,需要在构件上装焊临时吊耳。通常临时吊耳与马板一样,安装和拆除的过程中,不但会对母材产生损伤,而且清磨过程耗费的工作量很大。基于无损制造的目标,在前期策划工艺方案时,项目部就考虑到了这一点,设计出了很多专用的翻身、吊装夹具,比如杆件翻身转运一体吊具、片桁翻身吊装夹具等。同时,在各类杆件的吊装过程中,大量使用了专门的吊带进行吊装,尽量避免使用垂吊

夹,防止母材损伤。

③无损支撑工艺。在宜都长江大桥总装施工工艺方案策划时,为实现弦杆及横梁片桁的无损支撑,设计了专门的侧向支撑工装,支撑工装与钢桁梁结构之间采用工装连接,没有损伤主体结构。为保护已经完成涂装杆件的涂层,在所有杆件支撑下方增加了透明橡胶垫。同时,为保证侧向及端口定位,在支撑钢墩上焊接限位挡块。

(2) 技术准备工作

针对宜都长江大桥钢桁梁项目,项目部对整体制造方案进行了策划,并进行了施工组织设计、制造验收规则及焊接工艺评定总结报告的评审。针对钢桁梁的施工制造,编制了相应的施工图纸、工装设计、工艺文件,其中工艺文件30项、施工图纸209项、工装图纸12项,工程施工工艺文件和工装图纸清单如表16-1、表16-2所示。

工程施工工艺文件清单　　　　　　　　　表16-1

序　号	名　　称	编　号
1	工艺文件目录	BF0139D11L-1000000A
2	质量保证计划	BF0139D11L-1000000B
3	施工组织设计	BF0139D11L-1000000D
4	制造验收规则	BF0139D11L-1000001D
5	施工图纸目录	BF0139D11L-1000001A
6	施工工艺、检验流程图	BF0139D11L-1000001B
7	安全保证措施	BF0139D11L-1000002B
8	焊工考试试验大纲	BF0139D11L-1400000S
9	产品试板计划书	BF0139D11L-1400001S
10	材质复验要求	BF0139D11L-2000000B
11	焊缝无损检验工艺规程	BF0139D11L-2000000Q
12	材料追踪及产品标记标识工艺规程	BF0139D11L-2000001A
13	精度要求	BF0139D11L-2000001B
14	检验工艺规程	BF0139D11L-2000001Q
15	检验项目清册	BF0139D11L-2000002Q
16	焊缝无损检验清册	BF0139D11L-2000003Q
17	钢桁梁杆件制造工艺方案	BF0139D11L-2300000B
18	高强度螺栓施工工艺规程	BF0139D11L-2300001B
19	钢桁梁拼装工艺规程	BF0139D11L-2300002B
20	钢桁梁机加工工艺规程	BF0139D11L-2300004B
21	钢桁梁焊接工艺规程	BF0139D11L-2400000B

续上表

序　号	名　称	编　号
22	焊接工艺评定清册	BF0139D11L-2400001B
23	钢桁梁焊接作业指导书	BF0139D11L-2700000B
24	测量工艺规程	BF0139D11L-2700000B
25	制孔工艺规程	BF0139D11L-4000000B
26	超声波冲击工艺规程	BF0139D11L-2300005B
27	火焰精密切割试验大纲	BF0139D11L-2300006B
28	机加工试验大纲	BF0139D11L-2300007B
29	火焰切割总结	BF0139D11L-2300008B
30	机加工试验总结	BF0139D11L-2300009B

工程施工用工装图纸清单　　表16-2

序　号	名　称	编　号
1	钻孔模板加工图	BF0139D11L-20GZ00001G
2	主桁弦杆翻身吊架	BF0139D11L-20GZ00002G
3	横梁杆件装配胎架	BF0139D11L-20GZ00003G
4	腹杆钻孔模箱制造图	BF0139D11L-20GZ00004G
5	横梁弦杆翻身吊架	BF0139D11L-20GZ00005G
6	主桁杆件装配胎架	BF0139D11L-20GZ00006G
7	主桁及横梁钻孔模箱制造图	BF0139D11L-20GZ00007G
8	平联压膜图	BF0139D11L-20GZ00008G
9	钢桁梁短接头安装工装图	BF0139D11L-20GZ00009G
10	上横梁短接头装配胎架	BF0139D11L-20GZ00010G
11	钢桁梁短钻孔转换工装图	BF0139D11L-20GZ00011G
12	弦杆横梁端口定位工装图	BF0139D11L-20GZ00012G

(3)施工准备工作

钢桁梁开工前,对所有施工人员均进行了上岗培训和质量、安全教育。质量教育包括:钢桁梁杆件制造及总成过程质量精度要求,质量控制的重点、难点,出现质量问题的处理程序,检测检查方法,质检表格的填写方法和上报流程等。对于焊工等特殊工种,项目部按照管理制度要求组织了焊工上岗考试,考试合格后方可进行相应部位的焊接工作。施工过程中每个员工必须佩戴项目部或总监办签发的上岗证后方可上岗,以便于项目管理和质量跟踪。

钢桁梁开工前,项目部技术员对所有施工人员进行了杆件制造及总成技术交底,对各工序制造工艺、施工重点难点进行了系统说明。通过技术交底详细介绍了钢桁梁杆件制造及总成装配定位原则及精度要求,说明了各类工装的使用方法,强调了焊材的匹配关系,特别强调了高强度螺栓施工工艺及匹配关系,讲解了杆件、片桁及总成转运、翻身、吊装工艺方案及注意事项等。

钢桁梁杆件制造前,根据工艺设计方案和工装图纸,进行各类工装制造,包括弦杆和横梁的拼板胎架、组焊一体胎架、划线胎架、整体钻孔模箱、平面/L 形或 C 形钻孔模板、短接头连接工装、片桁制造胎架、总成制造胎架、侧向支撑工装等,各类工装均严格检验并报监理,且定期检查,防止变动等原因产生的误差。

经过人员、设备、场地、方案的报批,工装及胎架的制造与验收,技术交底等一系列的开工前准备工作后,钢桁梁制造即可正式开工。

(4)钢桁梁杆件的制造

①下料及加工。根据大桥结构及杆件划分特点,本工程零件加工及下料主要分为三大类:

a. 数控等离子下料,主要包括杆件腹板、面板、底板。

b. 半自动划线切割下料,主要包括面、底板下料。

c. 机加工,主要包括(横隔板、节点板)。

②控制办法。

a. 数控(火焰/等离子)下料质量控制:主要采用数控机床进行编程下料,采取首制件必检、过程巡检的方式进行质量控制。

b. 半自动划线下料质量控制:半自动下料主要采取对下料切割前划线尺寸检查、切割后安排专人对下料零件进行专项报验的形式进行质量控制。

c. 横隔板、节点零件、腹板加工质量控制:加工主要工序有零件拉条、零件铣边(直边、坡口边)。零件拉条主要对拉条的外形尺寸、标记标识移植等进行检验;零件铣边主要对铣边后外形尺寸及铣边角度等进行控制。

③杆件制造。杆件制造工序:拼板、划线、组装、隐蔽工程施工、杆件焊接、完工(制孔前)、制孔划线、制孔工序、短接头组装。完工进行专业检验、监理检验,施工过程中的各工序严格执行工艺文件要求,产品质量满足技术设计和规范要求。

分别对焊接设备、焊接参数、焊接顺序及焊缝无损检测进行控制。

a. 设备状态控制。施工设备使用状态良好,并具有完好标识,各种仪器仪表使用良好并进行了计量。

b. 气体流量控制。焊前对设备状态标识、仪表以及气体流量等进行检查及测试,达到使用要求后方可使用。

④焊接参数监控。焊接过程中对焊接选用参数进行过程监控。主要采用钳形表对焊接电流、焊接电压进行监控。

⑤焊接顺序控制。根据焊接作业指导书及焊接工艺规程的要求,对焊接先后顺序进行严格控制,减小焊接变形。

⑥焊缝无损检测。经自检合格后,报第三方进行检测,自检、三方检测合格后方可进行下道施工工序。

(5) 钢桁梁片桁的制造

钢桁梁片桁制作工序:胎架及地样点检测、通孔率检测、片桁完工。施工过程中的各工序施工严格执行工艺文件要求,产品质量满足技术设计和规范要求。片桁架各工序严格执行的项目有:

①片桁制造流程及质量控制项目。

②片桁栓接过程质量控制。

③施工设备状态及原材料复验和存放。

④高强度螺栓施工质量控制。

(6) 钢桁梁总成制造

钢桁梁节段采用 5+1 的方案进行总组和预拼装,节段总组由主弦片桁、横梁片桁及上下平联组成,主弦片桁和横梁片桁在平胎位上进行组装。其中主弦片桁由上下弦杆、斜腹杆及竖腹杆组成,横梁片桁由上下横梁、横梁斜腹杆及竖腹杆组成,在专用定位胎架上进行组装。设计专用吊具进行片桁的翻身及吊运,设计总成胎架及施工平台用于总成。采用全站仪、激光经纬仪、水准仪及钢带按测量方案进行总成线性及尺寸的监控。设计转存放、上船及运输方案用于节段的运输。施工过程中的各工序施工严格执行工艺文件要求,产品质量满足技术设计和规范要求。

钢桁梁总成制造工序:胎架及地样点检测、节段定位测量、高强度螺栓施工、钢纵梁及附属构件施工、节段完工检验。

钢桁梁总成整个过程烦琐,精度要求高,时间长,首轮总拼历时数月才最终完成,首轮节段几何尺寸、精度、焊接和栓接质量均满足设计及规范要求。

16.3 主缆索股与吊索制造

16.3.1 主缆索股简介

主缆采用预制平行钢丝索股法(PPWS)形成,每根索股由127丝直径为5.2mm的锌-铝合金镀层高强钢丝组成,抗拉强度不低于1860MPa。全桥共两根主缆,间距约36m,每根主缆有索股169股,全桥主缆索股钢丝总质量约11933t。索股用定型捆扎带绑扎而成,使其断面成正六边形,两端设热铸锚头。主缆索股构造图如图16-2所示。

本桥吊索采用镀锌钢丝绳,根据受力需要采用结构形式为 8×55SWS+IWR-ϕ76mm 和 8×55SWS+IWR-ϕ82mm 两种规格镀锌钢丝绳。叉形耳板采用45号锻钢,吊索锚杯采用ZG20Mn铸钢,锚杯内铸体材料为锌铜合金。

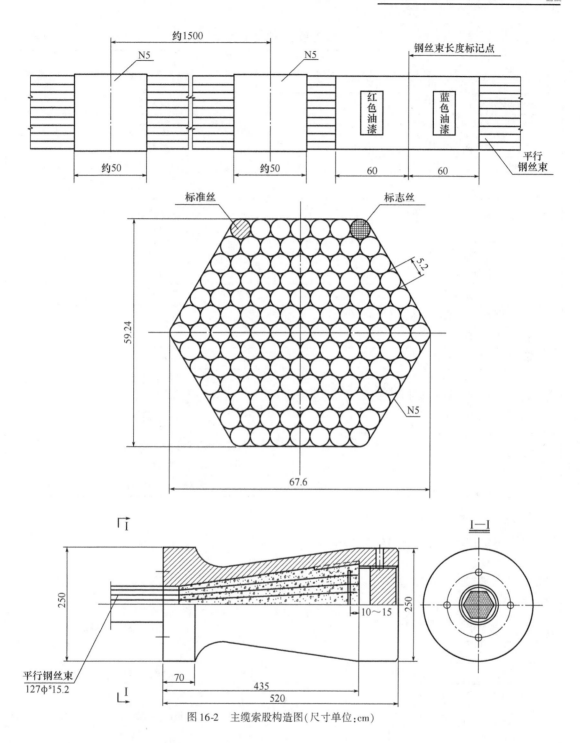

图16-2 主缆索股构造图(尺寸单位:cm)

16.3.2 主缆与吊索技术指标

(1)主缆索股主要技术指标

主缆索股主要技术指标如表16-3所示。

主缆索股主要技术指标　　　　　　　　表 16-3

项　目		技 术 要 求
主缆索股规格		127ϕ5.2
同一根索股的平均钢丝直径偏差		ϕ5.2mm±0.03mm
同一根主缆的平均钢丝直径偏差		ϕ5.2mm±0.01mm
标准丝制作精度		不大于 1/15000
标记点	全桥索股	主跨中心点、两主索鞍中心点、两边跨中心点、两散索鞍起弯点、索股两端点等九个位置
	长度	70mm/70mm
	颜色	两种不同颜色
索股制作精度		不大于 1/15000
定型绑扎带间距		1.5m±0.1m
绑扎带层数		8~10 层
主缆索股的盘卷内径		≥2m
灌锚密实度		>92%
铸体回缩量		<5mm
静载性能	最大静荷载	≥95% 标称破断荷载
	破断延伸率	≥2%
	索股弹性模量	≥95% 钢丝弹性模量
其他性能		运输和存储过程中应保证索股不受损伤、污染和腐蚀，并采取通风、防水、防潮、防火措施
		索股放索过程中不出现呼啦圈现象，索股不出现散丝、断丝等现象

（2）吊索主要技术指标

吊索主要技术指标如表 16-4 所示。

吊索主要技术指标　　　　　　　　表 16-4

项目内容		技 术 性 能
调长后销孔间长度容许误差		L≤60m，允许偏差 ±2mm L>60m，允许偏差 ±L/30000
合金浇注密实度		>92%
灌锚端面垂直度		(90±0.5)°
顶压回缩值		<5mm
吊索盘卷内径		不小于 20 倍吊索外径，且不小于 1.8m
静载破断性能	最小破断荷载	≥吊索标称破断荷载的 95%
	破坏形式	两端锚头间拉断，非锚具内拔出
疲劳性能	上限载荷	0.35P_b，P_b 为吊索公称破断荷载
	应力范围	150MPa

续上表

项目内容		技术性能
疲劳性能	循环脉冲次数	2×10^6
	断丝率	≤5%
弯曲静载性能	最大试验荷载	≥吊索标称破断荷载 P_b 的85%

(3) 主缆索股用钢丝技术指标

主缆索股采用热镀锌铝合金钢丝,具体技术指标满足表16-5要求。

主缆索股用钢丝指标 表16-5

项	目	技术性能要求	检测方法	试件取样
直径	公称直径	φ5.2mm±0.06mm	用精度为1/100mm的量具,量测同一断面处的最大和最小直径。两者的平均值为钢丝公称直径,两者之差为不圆度	每盘钢丝取一段
	不圆度	≤0.06		
机械性能	抗拉强度	≥1860MPa	将试件两端夹固,钳口间距350mm,启动拉伸试验机缓慢加载至试件破坏,如从夹固处破断或有异常时须重做检验。考虑钢丝直径影响,按下式求实测抗拉强度:实测抗拉强度=实测破断拉力/公称面积	每盘钢丝取一段
	屈服强度	≥1490MPa	将试件两端夹固,钳口间距350mm,启动拉伸试验机缓慢加载至试件破坏,按实测面积得到应力-应变图。在应力-应变图上与0.2%残余应变对应的应力值即为屈服强度	每10盘钢丝取一段
	松弛率	≤7.5%	按《桥梁缆索用热镀锌或锌铝合金钢丝》(GB/T 17101—2008)标准进行检查,初始应力相当于公称抗拉强度的70%,1000h后的应力损失不大于7.5%	每300t取一段
	断后延伸率	≥4.0%	试件及试验方法同上,标定间距为250mm,加载直至破坏。重新合拢破断后的试件,测定标定点间的伸长量,延伸率=钢丝破断后标定点之间伸长量(mm)/250(mm)×100%	每盘钢丝取一段
	弹性模量	$(2.0±0.1)×10^5$ MPa	试件及加载条件同上,在70%屈服强度内确定应力与应变的关系(低应力状态)	每10盘钢丝取一段
	反复弯曲次数	≥4次	取一段试件做180°弯曲试验,弯曲圆弧半径为3d,反复弯曲4次后,试件表面不得产生任何折损现象	每10盘钢丝取一段
	缠绕性能	8圈	取一段试件在直径为3d的试验芯杆上密缠8圈后不能发生任何折损现象	每10盘钢丝取一段
	抗扭性能	≥8转	试件两端紧固,钳口间距为100d,试件的一端可沿试件轴线方向移动,另一端以小于30转/min的速度转动,直至试件扭断,主缆用镀锌铝合金钢丝,转动次数应≥8转。若从夹固处扭断,应重做试验	每10盘钢丝取一段

续上表

项目		技术性能要求	检测方法	试件取样
镀层合金质量	镀层附着量	≥300g/m²	试件长度取30~60cm,称其质量(精确到0.01g),再泡入含锑(Sb)的盐酸溶液中,镀层溶化后再称其质量,两次质量之差即为镀层附着量,附着面积按镀层溶化后实测钢丝平均直径计	每10盘钢丝取一段
	铝含量	≥4.2%	原子吸收分光光度法或EDTA(乙二胺四乙酸)滴定法	每10盘钢丝取一段
	硫酸铜试验	≥4次	按《镀锌钢丝锌层硫酸铜试验方法》(GB/T 2972—2016)标准,每次取一段试件,浸置于硫酸铜溶液中1min,迅速取出并立即用净水冲洗,用棉花擦干后钢丝表面不得发生挂铜现象	每10盘钢丝取一段
	镀层附着性	≥8圈	将试件按规定圈数紧密缠绕在直径为$5d$的试验芯杆上,缠绕≥8圈后试件镀锌铝合金层应附着牢固,不发生用裸手指能够擦掉的开裂、起皮、剥落现象	每10盘钢丝取一段
	表观质量	良好	钢丝表面应光滑、均匀、无疤点、裂纹、毛刺、机械损伤、油污、锈斑及有害附着物	全部成盘钢丝
直线性	钢丝自由翘头高度	≤150mm	5m长的钢丝在自由状态下置于平面上时,端部上翘值不得大于150mm	每10盘钢丝取一段
	自然弯曲直径	≥8m		每10盘钢丝取一段
	自然矢高	≤30mm	取弦长1m的钢丝,其弦与弧的最大自然矢高不得大于30mm	每10盘钢丝取一段
	钢丝长度		每盘钢丝(含抽丝盘条)中均不得存在任何形式的接头,每盘钢丝留足够的余量,以供检测取样用	全部成盘钢丝

注:1. 本表所列项目均指钢丝镀锌铝后的整体技术性能。

2. 表中最小抽样数为每10盘钢丝取一段,若交货盘数或剩余盘数不足10盘,则须在此交货盘或剩余盘中取一段钢丝进行检验。

3. 表中线径偏差指的是每根钢丝的要求,编入同一根主缆的钢丝平均直径应为5.2mm±0.01mm,编入同一索股的钢丝平均直径为5.2mm±0.03mm。

4. 除表中规定的技术标准外,主缆用锌铝合金镀层钢丝尚应符合《锌铝合金镀层钢丝缆索》(GB/T 32963—2016)的要求,其他性能均应满足《桥梁缆索用热镀锌钢丝》(GB/T 17101—2008)的规定及图纸中的要求。

(4)吊索用钢丝绳技术指标

吊索采用镀锌钢芯钢丝绳。预张拉后,钢丝绳的宏观弹性模量不小于1.15×10^5MPa;直径的正误差不大于4%,负误差不小于-1%;捻距不小于直径的8倍。

钢丝绳公称直径为ϕ76mm、ϕ82mm,公称抗拉强度为1960MPa,结构形式为8×55SWS+IWR,具体如图16-3所示。

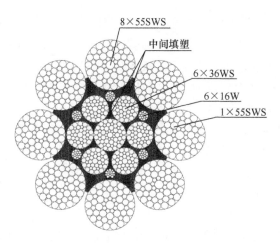

图 16-3 钢丝绳结构示意图:8×55SWS+IWR

钢丝绳技术要求要满足设计图纸及《粗直径钢丝绳》(GB/T 20067—2006)的要求,相关参数汇总如表 16-6 所示。

钢丝绳技术指标要求　　表 16-6

项次	指标	技术要求	
1	直径(mm)	φ76	φ82
2	钢丝绳结构	8×55SWS+IWR	8×55SWS+IWR
3	抗拉强度 σ_b(MPa)	1960	1960
4	最小破断拉力(kN)	3920	4560
5	单位质量(kg/m)	26.3	30.6
6	弹性模量(MPa)	$\geq 1.15 \times 10^5$	

(5)主缆锚具技术要求

主缆锚杯材质采用 ZG20Mn,技术标准应符合《大型低合金钢铸件》(JB/T 6402—2006)的要求,主缆锚杯浇注完毕后应在铸造厂家及时进行清砂后进行退火处理,整形或缺陷处理后再进行调质处理,调质硬度达到 150~190HB;锚杯粗加工后按《铸钢件　超声检测　第 1 部分:一般用途铸钢件》(GB/T 7233.1—2009)的要求进行超声波探伤,2 级合格;按《铸钢件磁粉检测》(GB/T 9444—2007)的要求进行磁粉探伤,2 级合格。主缆锚杯表面喷砂处理(Sa2.5),喷砂后整体进行热喷锌处理,厚度不小于 100μm,喷锌后采用无机富锌底漆进行封闭。

盖板及分丝板材质为 Q325c。盖板表面热镀锌处理,厚度不小于 100μm,螺纹部分考虑实际旋合和公差配合,表面热镀锌后进行精整,精整后的锌层厚度不小于 20μm;分丝板电镀彩锌处理,厚度为 10~40μm。

(6)吊索锚具技术要求

叉耳材质采用 45 号锻钢,原材料化学成分和机械性能应符合《优质碳素结构钢》(GB/T 699—2015)标准的规定。探伤要求:材料须经超声波探伤检验并应达到《锻轧钢棒超声检验方法》(GB/T 4162—2022)规定的 B 级合格。螺纹加工前应按《承压设备无损检测　第 4 部分:磁粉检测》(NB/T 47013.4—2015)的要求进行磁粉探伤,Ⅱ级合格。经检查合格后,进行精加工，螺纹部分须按《承压设备无损检测 第5部分：渗透检测》（NB/T 47013.5—2015）进行渗透探伤，Ⅱ级合格。毛坯进行调质处理，调质硬度为240~290HB。

锚杯采用ZG20Mn，技术标准应符合《大型低合金钢铸件》（JB/T 6402—2018）的要求，铸件清砂后应进行调质处理，调质硬度150~190HB。探伤要求：按《铸钢件 超声检测 第1部分：一般用途铸钢件》（GB/T 7233.1—2009）的要求进行超声探伤检查，Ⅱ级合格。按《铸钢件 磁粉检测》（GB/T 9444—2007）的要求进行磁粉探伤检查，Ⅱ级合格，不允许存在龟裂状缺陷和密集的夹砂、气孔及表面疏松。

销轴材质采用40Cr，原材料机械性能满足《合金结构钢》（GB/T 3077—2015）的规定。探伤要求：材料须经超声波探伤检验并应达到《锻轧钢棒超声检验方法》（GB/T 4162—2008）规定的A级合格。按《承压设备无损检测 第4部分：磁粉检测》（NB/T 47013.4—2015）的要求进行磁粉探伤，Ⅱ级合格。毛坯进行调质处理，表面硬度为270~320HB。

吊索锚具防腐方式：电镀彩锌20~40μm；磷化底漆10μm；环氧中间漆2道，每道不低于75μm；氟碳面漆2道，每道不低于40μm。

(7) 主缆索股和吊索锚固材料要求

本项目主缆索股和吊索锚固材料为锌铜合金，其中Zn含量为$(98±0.2)\%$、Cu含量为$(2±0.2)\%$，锌铜合金应有合格证和检验证明，锌锭应采用《锌锭》（GB/T 470—2008）中的Zn99.99牌号。阴极铜采用《阴极铜》（GB/T 467—2010）中的1号铜。

16.3.3 主缆索股与吊索制造概述

16.3.3.1 主缆索股制造

主缆索股采用预制平行钢丝索股法（PPWS法），其工艺流程如图16-4所示。

(1) 钢丝、锚具等主要原材料备料

本项目索股采用ϕ5.2mm，1860MPa锌铝合金镀层钢丝，检验合格后投入索股生产；

锚杯及配件尺寸及所用钢材型号均应符合设计图纸规定，所有锚杯及配件均应经检验合格方可使用。

其他原材料包括缠包带和锌铜合金等，均按照本项目技术规范要求进行相关的进场验收，严格把关，从原材料上保证索股产品的质量。

(2) 制作标志丝

标志丝位于127丝正六边形索股截面的左上角，标志丝沿全长涂上附着力优良的红色涂层，作为架设时检测判别索股扭转的标志。

定位标志钢丝与索股中其他钢丝为同一规格、同一材料。

(3) 标准长度钢丝

在平行钢丝索股六角形截面右上角设一标准长度钢丝，该标准长度钢丝是保证主缆索股制作精度的关键，是每股索股下料长度和标涂各标记点的依据，它是预先将钢丝展开伸直并通过精密测量刻记后制成的，测长精度应在1/15000以上。

(4) 标记制作

在标准长度钢丝上对应于主跨中心点、两主索鞍标记点、两边跨中心点、两散索鞍起弯点、索股两端点等九个位置，按照图纸要求作出明显的标记。在这些标记处沿主缆索股长度方向，涂上各 60~80mm 宽的两种不同颜色油漆，分界线为标记截面，具体如图 16-5 所示。

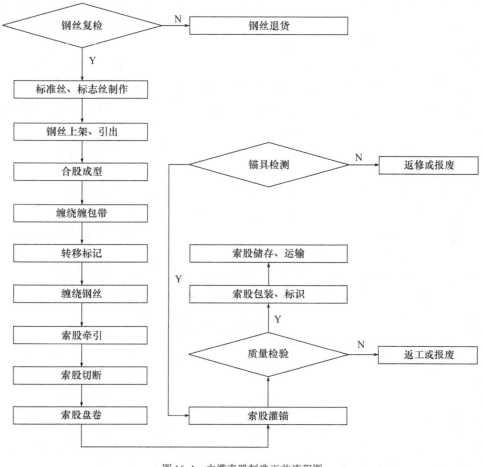

图 16-4 主缆索股制造工艺流程图

图 16-5 索股中标记点标记位置和制作

(5) 平行钢丝索股成形

将 127 根钢丝平行制作成六角形截面形状的主缆索股，主缆索股成型后，按各索股长度切断并浇铸锚头。主缆索股应以标准长度钢丝为准进行切断，在基准温度(20℃)及零应力状态下，平行钢丝索股的测长精度应在 1/15000 以上。

钢丝在主缆索股中不得有任何形式的接头,并应保持平行,不应出现交叉、扭绞现象。为保持主缆索股截面形状,沿其长度方向每1.5m用纤维强力带包扎定型,每处缠8~10圈左右,捆扎带在钢丝索长度方向应交错设置,以减少主缆空隙率。

(6)盘卷包装

主缆索股采用方便运输、安装的脱胎盘卷包装方式,盘卷内径不小于2m。索股两端的锚头亦作运输包装且须牢固固定,但要便于拆卸。索股包装必须保证在收卷或放出索股时不能产生任何阻碍,同时不能损坏平行主缆索股。

(7)索股锚头制造与灌锚

进行锚头安装的索体必须经检验合格,灌铸料满足材料指标要求后方可进行灌锚工艺。

索股锚头的锚杯尺寸、锌铜合金原料必须按图纸要求进行严格检查,严格控制锚杯内灌注的锌铜合金配合比及纯度,合格后方可使用。

索股灌锚前应先消除索股可能已发生的转动,之后在适当的位置用钢丝缠绕固定,以防止索股钢丝错动。

主缆索股端头和锚杯在浇铸台垂直固定,将插入锚杯部分的索股钢丝呈同心圆散开,然后先清除其油污、锈蚀,保持均匀间距,同时清洗锚杯内壁。

主缆索股插入锚杯后,应保持丝股中心与锚杯中心完全一致,并保证钢丝的任何部位不与锚杯接触。在锚杯中设置分丝板以保证钢丝分散均匀,分丝板不应造成合金分层。

锚杯下口应用石棉或耐火泥充分密封,以保证注入的合金不从下口漏出。

锌铜合金的熔化温度不得高于600℃,浇铸锌铜合金前应将锚杯预热至(150 ± 10)℃,浇铸容器预热至200℃以上,以保证锌铜合金浇铸温度为(460 ± 10)℃。

将合金注入锚杯时,应避免振动,浇注应一次完成,不得中断。

锚杯内合金浇铸完成后,浇铸量应为理论计算浇铸量的92%以上。

索股与锚杯端面的垂直度应控制为$(90 \pm 0.5)°$。

锚头及浇铸的合金完全冷却后,按住锚铸体后端进行顶压,顶压力为2387kN,持续5min,卸压后测量索股的外移量,外移量不大于5mm。

所有锚头的浇铸均须按上述规定检测,如发现缺陷,应报告监理人,确定是否有必要再熔合金并重新浇铸。但只允许一次,超过一次其锚杯不得再使用。

为便于索股的架设,在锚头顶面用红色油漆为主缆索股编号。

(8)质量检验

①基本要求。

a.索股和锚头钢材的化学成分和力学性能必须符合图纸和有关技术规范的要求。

b.索股的锚杯必须逐件进行无破损探伤检测,合格后方可使用。

c.索股在成批生产前,必须按设计要求进行拉伸破坏试验,试验后锚头进行剖面检查,合格后方可生产。

d.索股钢丝应梳理顺直平行,长度一致,无交叉、鼓丝、扭转现象,严禁弯折;绑扎带牢固,索股上的标志点应齐全、准确,防护符合图纸要求。

e.应对索股的上盘和放盘进行工艺试验。

f.运输和储存过程中应保证索股不受损伤、污染和腐蚀。

②检查项目。

索股质量检验具体内容如表16-7所示。

索股质量检验内容 表16-7

项次	检查项目	规定值或允许偏差	检查方法和频率
1	索股基准丝长度精度(mm)	≤基准丝长/15000	钢尺,每丝测量
2	成品索股精度(mm)	≤索股长/15000	标准丝,每件检查
3	热铸锚合金灌铸率(%)	>92	量测计算,每件检查
4	锚头顶压索股外移量(按规定顶压力,持荷5min)(mm)	≤5	百分表,每件检查
5	索股轴线与锚头端面垂直度(°)	90±0.5	仪器量测,每件检查
6	锚头表面涂层厚度(μm)	符合设计要求	测厚仪,每件检查

注:项次4外移量允许偏差应在扣除初始外移量之后进行测量。

③外观鉴定。

a. 缠包带完好,钢丝防护无损伤,表面洁净。

b. 锚头表面平滑,涂层完好,无锈迹。

(9)主缆索股标志、包装、运输和储存

主缆索股标志、包装、运输和储存方式将经过监理工程师的书面批准,经检查验收合格后才能运往工地。

①标志。在每根主缆索股的两端锚具上,用红色油漆标明PPWS索股的编号和规格型号。

每根主缆索股应有合格标牌,合格标牌和质量保证单相对应,标牌应牢固可靠地系于包装层外的两端锚具上,并确保在运输过程中不丢失,牌上注明主缆索股编号、规格型号、长度、质量、制造厂名、工程名称、生产日期等,字迹应清晰。

②包装。主缆索股成盘(成圈)存放,应采用专用防水油布包装。主缆索股应整齐卷绕,两端的锚具应可靠地固定。

③运输和储存。主缆索股运输方式可采用汽车或货船等交通工具,具体运输方式需预先与架设单位协商,并申报监理工程师和业主批准。

主缆索股不论采用何种运输工具,车厢或船舱内应垫防水材料。运输过程中应采取防水、防火措施。在运输和装卸过程中,应采取措施防止腐蚀或机械损伤。

按要求包装后的成品索应平稳整齐堆垛,并有可靠支垫脱离地面,两端的锚具须有保护和固定措施。

16.3.3.2 钢丝绳吊(扣)索制造

(1)制造工艺流程图如图16-6所示

(2)钢丝绳的检测

钢丝绳扭矩控制不好,股间距偏小,内外层股绳的捻距、捻角未达到最佳配合,就会增加钢丝的接触应力并导致应力集中,降低钢丝绳吊索的静载性能和疲劳性能。

钢丝绳表面质量不好,会直接影响其力学性能和耐久性,因此,需要对吊索用钢丝绳的扭矩和外观质量进行检测。

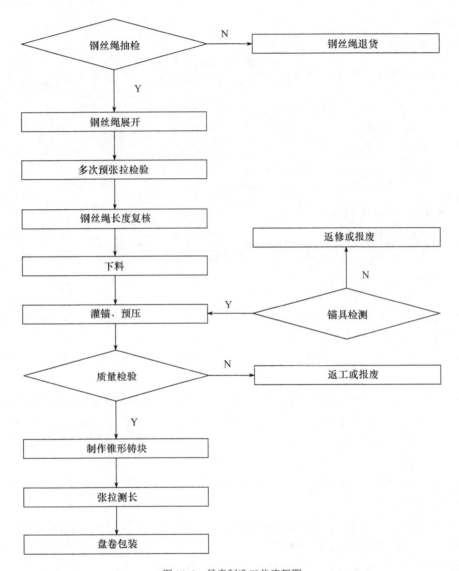

图 16-6　吊索制造工艺流程图

另外,作为吊索的最关键原材料,钢丝绳除了出厂前对钢丝绳的扭矩和外观质量进行检测外,还必须对钢丝绳抽样进行钢丝绳的整体静载性能检测,确保钢丝绳的最小破断荷载满足《粗直径钢丝绳》(GB/T 20067—2006)的力学性能要求。

(3) 钢丝绳的展开

将盘卷好的钢丝绳展开,检查有无损伤、断丝情况,注意保护好钢丝绳,不得与地面、硬物刮擦。

(4) 钢丝绳预张拉

吊索制造前,应对钢丝绳进行预张拉,以消除非弹性变形。预张拉荷载为钢丝绳公称破断荷载 P_b 的 55%,持荷时间不小于 60min。预张拉次数不少于三次,并应以消除非弹性变形效果为目标,具体参数指标如表 16-8 所示。

钢丝绳规格参数指标 表16-8

规格(mm)	P_b(kN)	55% P_b(kN)
φ76	3920	2156
φ82	4560	2508

(5)钢丝绳长度复核及标识

根据测量载荷和钢丝绳温度进行长度修正。在规定的下料荷载下进行长度复核,并在切割标记点处做标识,并沿全长做扭转识别标记线(全长)。

(6)钢丝绳下料

多次多人复核无误后,将荷载卸载至零,根据切割位置点进行下料。

(7)灌锚、顶压

吊索锚头的锚杯、叉形耳板、锌铜合金必须按图纸要求进行严格检验,合格后方可使用。

锚杯与吊索索体采用锌铜合金热铸为一体;合金的成分为:锌(98±0.2)%、铜(2±0.2)%;锚杯内合金浇铸应密实、无气孔,实际铸入量应为理论计算铸入量的92%以上。为保证合金浇注密实,浇注前应对浇注试件进行超声波探伤检查。

吊索锚固用合金的熔化温度不得高于600℃,浇铸锌铜合金前应将锚杯预热至(150±10)℃,浇铸容器预热至200℃以上,以保证锌铜合金浇铸温度为(460±10)℃。

锚杯中心应与吊索索体中心完全一致,插入锚头部分的吊索索体钢丝应呈同心圆散开,并保证钢丝的任何部分不与锚杯接触。

锚杯内合金材料应垂直浇铸,在合金材料完全冷却后,才允许平放吊索。合金浇铸后,索股与锚头端面的垂直度应控制在(90±0.5)°范围内。

锚杯及浇铸的合金完全冷却后,在浇铸好的合金上施加顶压力,顶压力为1730kN,持荷5min,卸压后测量吊索的外移量,外移量小于5mm为合格,否则应将注入的合金熔化,并重新进行浇铸。但只允许一次,超过一次其锚杯不得再使用。

吊索总成的两端装上叉形耳板,两端耳板的开口面相互平行,在标距精确的试验台架上调整总成长度,使其长度的误差控制在要求范围以内。然后在叉形耳板的螺纹部分钻90°锥形凹坑,上紧螺钉定位。

锚头与吊索索体的锚固能力应不小于相应规格公称破断荷载 P_b 的95%。

(8)制作锥形铸块

锥形铸锌块采用2号锌制作,应符合国标《锌锭》(GB/T 470—2008)的相关规定。

制作锥形铸锌块段的钢丝绳需要采用碳氧清洗剂溶液或有机溶剂将其表面油污清洗干净。

在锥形铸锌块的位置标记处安装钢质模具,应根据参考标记线精确保证模具位置,防止浇铸出的锥形铸锌块位置产生偏差。

钢质模具内侧事先涂抹适量脱模剂,水平方向固定好后再安装加热瓦加热至(150~200)℃,铸锌熔液浇铸温度为(460±10)℃。

铸锌熔液浇铸要连续进行,快浇满时要缓慢浇铸,并进行必要的补灌以保证浇铸的密实度。冷却方式采用空气中自然冷却,以防止铸体急剧降温引起较大的内应力。

待铸体材料完全冷却后,脱去钢模,切除浇冒口和毛边,并用抛光片将铸体表面适当抛光。

(9)张拉测长

锚头浇铸等相关工序完成后,将钢丝绳吊索进行长度复核,并通过调整锚头耳板来精确调整吊索两端锚头耳板孔之间的距离,使吊索长度能满足图纸规定的精度值。在长度满足要求后,在叉形耳板的螺纹部分钻90°锥形凹坑,上紧螺钉定位。

(10)盘卷包装

骑跨式钢丝绳成品吊索上盘时,应将吊索在中央对弯,由中央向两侧卷绕,中央对弯部分的弯曲半径要大于钢丝绳直径的8倍以上。

吊索以脱胎成盘的形式包装运输,其盘绕内径为1800mm,每盘成品吊索采用不损伤拉索表面质量的材料捆扎结实,捆扎不少于6道,然后用麻布条紧密包裹。

成品吊索经最终检验合格后进行包装,吊索索体包装共三层:内层聚乙烯薄膜,中层棉布、外层纤维编织布。在吊索两端锚具的叉耳螺纹处涂上防锈油脂,用聚丙烯薄膜及塑料纤维编织布双层包装后,再用三合一塑料编织袋整体包裹。在每根吊索索端锚具上,用红色油漆标明其编号和规格。每根吊索均挂有合格证,注明制造厂名、工程名称、吊索编号、规格、长度、质量及制造日期等。

包装好的吊索露天存放时整体采用专用防雨油布,存储场地需通风、排水良好。

16.4 小结

通过湖北宜都长江大桥钢桁梁的制作,实现了超细长杆件先孔法施工技术的突破,提升了产品质量,具有重大经济、社会效益。

①项目部开展了长度超30m,截面不大于700mm×700mm的超细长带空间接头箱形杆件制造工艺设计研究,将常规分节组装工艺调整为一体成型技术,研究组装控制杆件定位、装配顺序、节点尺寸缩放、焊接工艺及顺序等参数,有效解决了超细长杆件制造难题,提高了接头定位精度,实现了将超细长杆件初次成型变形控制在6mm内。

②项目部开展了超30m细长箱形杆件带空间接头的钻孔工艺设计,依据杆件特点设计了组合式整体钻孔模箱,利用模箱上限位装置及定位孔快速解决了超细长杆件孔群定位和测量难题,极大提高了施工效率,更好地保证了产品质量。

③项目部开展了长30m,宽37.5m,高8.7m,质量约450t(单个节段)的超细长箱形杆件钢桁梁制造总成工艺流程的设计研究,将节段分成2块30m×8.7m主桁和4块34m×8.7m横梁片桁进行制造与控制,再在长180m的线形胎架上采用"5+1"方式进行节段匹配与总装制造,实现了全桥杆件的近百万个螺栓孔连接通孔率100%。

17 上部结构安装

17.1 上部结构安装综述

17.1.1 施工准备

施工准备工作的基本任务是为桥梁工程的施工建立必要的技术和物质条件,统筹安排施工力量和施工现场,是施工得以顺利进行的基本保证。桥梁的施工准备工作通常包括技术准备、人员设备准备、施工现场准备等。

(1)技术准备

①熟悉施工场区布置情况,熟悉相关工程施工图、设计文件及图纸会审资料。

②制定针对上部构造高空作业施工的事故应急预案,完善各种预防措施,保证在遇到突发情况时有妥善的处理方案。

③施工前对相关施工人员做好方案交底和安全技术交底工作,确保技术员及现场操作人员清楚工作原理、工艺流程及注意事项。

④测量人员进行全桥联测,进行导线点的复测、高程复核,并进行点位放样,为施工做好准备。

⑤上部构造施工临时预埋件众多,主要分布在锚碇和主塔上,现场技术人员和测量人员进行配合,对预埋件数量、位置进行详细复核。

(2)施工现场准备

①根据施工现场实际条件,科学、合理地规划施工现场,合理安排作业流程和施工工序,以便充分利用机械设备和施工场地。

②制定详细材料进场计划和材料进场路线计划,确保机械、设备按时进场,材料供应及时。

③为了便于现场标准化施工,施工场区应统一布局、规划施工,由测量人员画线定位,保证整齐划一。

④做好待进场设备工具的修理工作,保证所有进场机械设备性能完好,主要施工设备性能必须可靠,进入现场即可施工。

⑤现场设置危险因素告知牌,保证进入现场的人员对现场危险因素的知情权;安全警示标志、防护网等布置应规范。

⑥在现场施工区域设置警戒线,非施工人员禁止入内。

17.1.2 主要施工机具

悬索桥上部结构施工必须要有相应的专用施工机械,如缆载起重机、紧缆机、缠丝机等其他小型机具。这些机械设备要根据上部结构的构造特点和技术要求来设计配置。

(1)牵引系统专用设备及工具

①卷扬机。牵引卷扬机是整个牵引系统的关键。针对索股架设工艺的特殊情况,牵引卷扬机必须具备四大特性:容绳量大、放绳时有反拉力、有联动控制系统、绳速高。牵引卷扬机分主动卷扬机和从动卷扬机两类。主动卷扬机正转用来牵引索股,此时从动卷扬机处于反拉工况;从动卷扬机正转用来使拽拉器复位,此时主动卷扬机处于反拉工况。除了形成牵引系统的卷扬机,还有辅助施工的塔顶门架上的卷扬机。

②导轮组。导轮组的作用是当拽拉器拽拉索股或拽拉器复位时,支撑钢丝绳,并保证拽拉器顺利通过散索鞍位置;散索鞍门架还具备吊装散索鞍的作用。

③索股托辊。索股托辊一般按照6m的间距安装在猫道面网上,主要作用是支撑索股沿猫道的牵引。

(2)紧缆机

紧缆机是在全部索股矢度调整结束后,在预紧缆的工艺基础上把主缆直径挤成设计规定值的专用设备。紧缆机主要由紧固装置、液压系统、行走机构、电控系统等组成。紧缆机由六个带有千斤顶的主框架组成,拆除一个销便可打开紧缆机。将紧缆机安装到主缆上,再把此销放在原处,闭合紧缆机便可操作,当紧缆机移动到下一个位置或所有紧缆工作完成后,再打开紧缆机以便解体。紧缆机在主缆上的移动是通过塔顶卷扬机牵引紧缆台车完成的。

(3)缠丝机

缠丝机的作用是对挤压过的主缆缠绕软钢丝,以保护主缆不直接暴露于空气中。缠丝机主要由主机、前后夹持架、导梁三部分组成。主机包括大齿圈、丝轮、导向轮、张紧装置、压辊装置。靠大齿圈的旋转实现缠绕动作,靠机器行走实现密匝缠绕排线。缠丝机可以靠自行行走装置在主缆上行走。

(4)缆载起重机

缆载起重机是悬索桥施工中采用垂直提升法吊装加劲梁时所使用的一种专用起重设备。它以主缆为支撑,行走于其上,并能跨越索夹。缆载起重机的主要结构包括钢桁梁、行走机构、提升机构、走行牵引机构、吊具、液压系统、控制系统、动力系统等。

(5)索夹螺栓紧固机

该机是为安装索夹并紧固螺栓而研制的专用设备,主要由一组100t穿心式千斤顶和一个液压泵站组成,螺栓被张拉后拧动千斤顶上螺母旋转装置可以使螺母往前推进,从而达到紧固螺栓的目的。

(6)小型机具

①握索器:它是在主、散索鞍两端附近用于提起索股的专用工具,利用楔形面的正压力来握住索股,在使用时要保证握索器的连接螺栓有足够的预紧力。其结构包括两个夹块座、两个夹块、两个夹头及连接销、螺栓、吊环等。

②整形器:其作用是在入锚、入鞍前对索股进行整形,使索股由六边形变为四边形。

③托架:它是架设猫道承重索的专用工具,主要组成部分是支架、大小导轮及滚筒。托架由托架支撑索及定位索按一定的距离悬挂在两桥塔之间。猫道承重索在空中牵引时由托架滚筒拖住,一方面减少猫道承重索的牵引力,另一面不影响主航道通航。

④天车:它是支撑在猫道门架承重索上由塔顶卷扬机控制的运输专用工具,主要用于后期索夹、吊索、小型机具安装。

悬索桥上部结构施工主要施工设备如表17-1所示。

悬索桥上部结构施工主要设备配置 表17-1

序号	名称	型号	数量	用途/备注
1	起重机	25t	4	材料转运及辅助安装
2	起重机	50t	2	材料转运及辅助安装
3	卷扬机	JK5	22	猫道架设辅助
4	卷扬机	JK10	4	猫道架设辅助
5	卷扬机	JK25	2	副牵引卷扬机
6	卷扬机	JK25	2	主牵引卷扬机
7	放索架	—	2	索股放出
8	塔式起重机	F0/23B	4	主塔起重设备
9	塔式起重机	6013	2	锚碇起重设备
10	电梯	SC200	2/2	人员上下通道
11	拽拉器	—	2	索股架设专用
12	手拉葫芦	5t、10t	70	辅助施工
13	起重滑车组	20t-2	10	猫道索入锚及垂度调整
14	起重滑车组	40t-3	8	索股入鞍及垂度调整
15	握索器	自制	16	索股横移入鞍
16	紧缆机	—	2	主缆紧缆
17	缠丝机	—	2	主缆缠丝
18	缆载起重机	OMV-550t	2	加劲梁吊装
19	千斤顶、油泵	100t	10	索夹螺栓紧固、索股锚跨张力调整
20	导轮组	自制	100	猫道门架、塔顶、锚碇处
21	塔顶门架系统	自制	2+2	牵引系统
22	锚碇门架系统	自制	2+2	牵引系统

17.1.3 上部构造的主要施工方法

(1) 悬索桥上部构造总体施工流程

主、散索鞍安装—牵引系统及猫道架设—主缆索股架设—主缆索股紧缆—索夹、吊索安装—加劲安装—主缆缠丝防腐—附属结构安装及猫道拆除。

(2) 主散索鞍安装方法

悬索桥主索鞍一般设置在主塔顶、散索鞍设置在锚碇前支墩位置,主、散索鞍由专业厂家加工制造完成后运送至项目,单个主索鞍一般分两块,主要是方便运输和吊装,后期安装完成后利用高强度螺栓连接为整体,主索鞍采用塔顶门架设置的起重滑车组吊装。散索鞍吊装可采用门架起重滑车组吊装,也可以采用汽车起重机吊装。

(3) 牵引系统架设方法

牵引系统施工前需要施工先导索,先导索施工一般有渡轮拖拽法、火箭发射拖拽法、直升机拖拽法、无人机拖拽法等,根据施工条件选择相应的施工方法。

当先导索架设完成后,就可以用它来架设牵引索,牵引索是布置在两岸之间的一根无端头的钢丝绳,可由两岸的驱动装置来使牵引索往复运动,通过这个往复运动拽拉其他需要架设的钢丝绳或索股。牵引系统常用的有单线往复式和双线循环式两种方法。

(4) 猫道架设方法

牵引系统完成后,就要首先架设猫道。所谓猫道,就是悬索桥架设施工中,供施工人员进行施工作业的高空脚手架通道。它是主缆架设、主缆紧缆、索夹安装、吊索安装及主缆防腐必不可少的设施。每座悬索桥的施工一般设两条猫道,分别在每条主缆的正下方,一般情况下猫道比主缆低1.5m左右,其目的是保证操作人员施工方便。猫道是由若干根钢丝绳来承载的。猫道的常用形式有两种:三跨分离式和三跨连续式。

猫道施工主要在于承重索施工,承重索架设一般是利用牵引系统配合托架法进行架设。承重索在架设过程中应左右幅对称架设,架设完成后可以施工横向通道及面网,横向通道主要是为了提高猫道的稳定性,也作为左右幅猫道的通道。

(5) 主缆架设方法

猫道架设完成后开始架设主缆索股,主缆架设方法一般有两种:空中纺丝法(AS)和预制平行钢丝索股法(PPWS)。

①空中纺丝法(AS)

空中纺丝法是利用牵引系统往复拽拉钢丝,在现场制作平行钢丝索股的方法。这种方法在早期使用得较多。

②预制平行钢丝索股法(PPWS)

预制平行钢丝索股法是将在工厂预制的由平行高强度钢丝组成的索股运到工地安装的方法。此方法是在工厂将钢丝相扎成束,两端装上锚头,缠绕在卷筒上后运至现场展开并进行每束索股架设。由于单索股较重,相比空中纺丝法所需的牵引拽拉力更大,为了减小拽拉力,在猫道上设置托辊从而达到减小摩阻力的效果。预制平行钢丝索股法在主缆架设中是比较常用的方法。

(6) 主缆索股紧缆方法

悬索桥全部索股的垂度调整结束后，由于索股之间、索股内部都存在空隙，主缆断面呈正六边形，表观直径比设计要求的直径大得多。为了能够顺利地进行索夹安装及缠丝作业，需要把主缆截面紧固为圆形，并达到设计要求的空隙率。紧缆工作有两步，即预紧缆和正式紧缆。预紧缆的作用是能够让主缆截面接近于圆形，方便后续紧缆机可以正常工作，预紧缆主要采用工装进行人工紧缆。正式紧缆的目的主要是能够让主缆截面变成圆形并达到设计要求，正式紧缆采用紧缆机。

(7) 索夹、吊索安装

主缆紧缆工作完成后可以安装吊索和索夹，索夹一般有两种形式：骑跨式和销轴式，骑跨式索夹是指吊索安装在索夹自身的索槽内，销轴式索夹是指吊索与索夹采用销轴连接，索夹和吊索安装采用缆载天车运输安装。

(8) 加劲梁架设方法

悬索桥的加劲梁结构形式有钢板梁、钢箱梁、钢桁梁、钢筋混凝土箱梁等，其主要架设方式按推进方式主要有两种：①先从跨中段开始向两侧桥塔方向推进；②从主塔附近的节段开始向跨中推进。

在悬索桥加劲梁的四种结构中，大跨度悬索桥常用的加劲梁结构是钢箱梁和钢桁梁两种。

①钢桁梁形式加劲梁的架设方法。悬索桥钢桁梁的架设方法按架设单元分为以下三类：单根杆件架设、桁架（平面桁架）架设、节段（空间桁架）架设。

采用单根杆件的架设方法不利于缩短工期，拼装难度大，而立体的节段架设对工期最有利，拼装难度小。因此加劲梁的架设多采用节段架设方法，即事先在工厂内组拼成立体桁架节段，然后运送至现场，再通过缆载起重机或其他吊装设备进行安装。

②钢箱梁式加劲梁的架设方法

钢箱梁的合理架设方法是节段拼装提升法，即在工厂预制成梁段然后运输至现场后利用起重设备吊装，每个梁段之间采用现场焊接连接。

(9) 主缆防腐

悬索桥上部构造所有工作完成后，为了保证主缆不受外界环境的影响而生锈，主缆需要进行防腐措施。主缆防腐的原则就是让它与空气隔离形成一个稳定密闭空间，主缆防腐一般有缠包带、涂料隔离等措施。

以上为悬索桥上部构造施工的主要内容及方法，现以宜都长江大桥为例对上部构造的施工进行详细阐述。

17.2 主要构件施工

17.2.1 索鞍安装施工

(1) 索鞍安装施工概述

索鞍采用门架起重系统吊装，在索鞍安装前需要在索塔顶、锚碇支墩顶安装门架，门架由型钢加工制作。门架安装完成后需要安装起重吊装系统,起重吊装系统由滑车组形成。主索鞍分两半吊装,散索鞍单个吊装。

(2)索鞍安装施工流程

索鞍安装流程如图17-1所示。

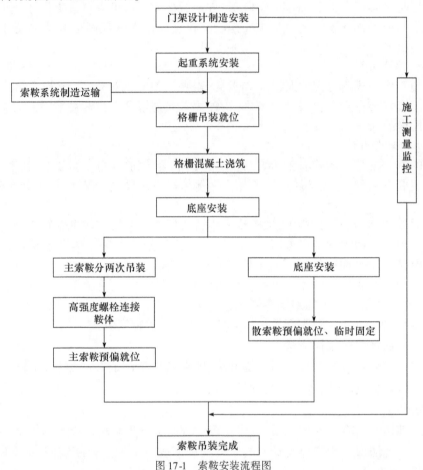

图17-1 索鞍安装流程图

(3)门架设计制造及安装

主、散索鞍门架前期主要用于主、散索鞍及其附属结构的安装。门架后期主要用于猫道架设、主缆架设等主体施工的起重作业,主索鞍门架2套,散索鞍门架2套。

门架主要由起重提升系统、平移系统、型钢桁架结构、安全防护及其他附属设施组成。门架起重提升系统由卷扬机组成;平移系统由移动小车主梁、轨道、平移葫芦组成;型钢桁架结构由型钢立柱、斜撑、主梁、平联组成;门架安全防护系统由梯子、平台、栏杆、防护网组成;附属设施由配电柜、电缆线、保险钢丝绳、提升系统工作棚等组成。

(4)起重系统设计

塔顶门架起重系统包括:一台JKB10t卷扬机、一台JM5t卷扬机、纵移天车、起重滑车组。JKB10t卷扬机为起重卷扬机,JM5t卷扬机辅助起重卷扬机。纵移天车横梁截面为Q235的700mm×540mm组合钢箱梁,天车横梁两端放置在位移小车上,在门架纵梁顶的钢轨道上行走。天车横梁中段悬挂6轮80t定滑车,通过$\phi24$起重钢绳绕12线与下端6轮80t动滑轮组形成起重滑车组。$\phi24$起重钢绳一头通过门架前端横梁的楔套进行固定,牵引头绕过门架后端横梁的转向轮进入布设在塔底的10t卷扬机。

(5)主索鞍吊装

为保证主索鞍安装精度及在施工现场能顺利安装,主索鞍在出厂发运前应进行总成试拼装。主索鞍吊装的顺序是:吊装格栅,吊装上、下承板,吊装边跨侧鞍体,吊装中跨侧鞍体。主索鞍吊装流程步骤如下:

第一步:吊装格栅,使用1台10t卷扬机起吊格栅,钢丝绳采用$\phi26$-12线,控制提升速度2m/min,通过底部楔形块和倒链进行姿态调整,测量精确定位后,浇筑混凝土;

第二步:采用与第一步相同的方法吊装上、下承板;

第三步:首先安装边跨侧鞍体,用倒链调整鞍体至设计位置后,起吊中跨侧鞍体,调整至设计位置后,利用高强度螺栓连接为总体;

第四步:安装完成后,临时固定,避免鞍体滑动,利用塔式起重机安装索鞍其他辅助件,随着上部构造施工,利用千斤顶逐步顶推鞍体至设计位置,后期割除反力架。

(6)散索鞍吊装

为保证散索鞍安装精度及在施工现场能顺利安装,散索鞍在出厂发运前应进行总成试拼装。散索鞍吊装的顺序是:吊装底板、吊装底座、吊装鞍体。散索鞍作为主缆在锚碇基础的支承点、受力转折点及定位调整机构,安装在前锚室内。

散索鞍从左右幅支墩外侧起吊,垂直起吊,起吊高度41m。

17.2.2 牵引系统及猫道架设施工

(1)猫道架设总体施工方法

由于宜都长江大桥地处长江干流,航运繁忙,因此猫道架设应首选对航道影响最小的方案。根据虎门二桥、洞庭湖大桥等同条件大跨度悬索桥先导索过江的成功经验,本桥猫道先导索考虑采用无人机先导索过江,后续采用逐级牵引方式完成牵引系统安装,施工过程中不考虑封航。中跨猫道承重索确定采用空中牵引法架设。同时为了防止猫道承重索在牵引过程中垂度过大,影响通航,中跨猫道承重索采用托架法间接架设。

(2)猫道架设总体施工流程

猫道架设采用单线往复式牵引系统,主要施工任务包括托架承重索架设、托架定位索架设、猫道承重索架设及调整、面层及横向通道铺设、猫道扶手绳和防护绳架设、门架承重索架设、门架安装及猫道系统完善等。

(3)猫道系统的设计

宜都长江大桥桥跨布置为271.45m+1000m+264.62m,主缆安装矢度为100.4761m,中跨主缆中心间距为36m,锚碇处主缆中心间距为45m。在左右幅对应的主缆中心线下方各设置一幅猫道,猫道线形与主缆安装线形一致。结合项目自身情况,选用三跨连续式猫道系统。边跨猫道面层距主缆中线的设计距离为1.7m(铅锤方向),中跨猫道面层距主缆中心线设计间距为1.5m,猫道设计宽度为4m。

猫道由猫道承重索、猫道门架承重索、扶手索、猫道面层、猫道门架、塔顶转索鞍及变位系统、横向通道、锚固体系等组成。

①猫道承重索及防护、扶手索。每条猫道设10根 $\phi54$（$6\times37S+IWR$-$1960MPa$）钢芯镀锌钢丝绳猫道承重索，采用三跨连续的布置形式，在塔顶设置支撑转索鞍，在塔顶两侧附近设置变位刚架，并在中跨设置下压装置，使猫道线形与主缆线形保持一致，并满足主缆紧缆与缠丝的设备空间需要。猫道每6m设置一对栏杆立柱，用以固定上下1根扶手索和2根防护索。扶手索采用 $\phi26$（$6\times37S+FC$-$1860MPa$）镀锌钢丝绳，防护索用 $\phi22$ 和 $\phi16$（$6\times37S+FC$-$1860MPa$）镀锌钢丝绳。在猫道内侧每9m设置一处滚轮，方便后期主缆牵引施工。

②猫道锚固系统。两岸猫道承重索均通过在锚碇散索鞍支墩上设置预埋型钢系统进行锚固。型钢锚固系统均通过钢板进行焊接，锚固系统直接锚固于散索鞍前端混凝土内。猫道调整系统采用大小拉杆及锚梁组合结构。每幅猫道两岸各设置4根大调节拉杆，用以整体调整猫道线形，并与锚固横梁相连。在锚固横梁上设置槽孔，承重索小拉杆穿过锚固横梁的槽孔后依靠锚固垫板进行锚固。锚固垫板采用球面结构，满足风力作用下猫道的横向摆动。

③猫道塔顶转索鞍及变位架。对于三跨连续式猫道结构，为了确保猫道线形与主缆空缆线形一致、主缆中心与猫道承重索间距基本平行，猫道承重索连续穿越塔顶时，需在塔顶两侧设置猫道承重索变位及下拉装置。

为确保猫道承重索顺利通过塔顶，在塔顶设置转索鞍。受塔顶空间限制，转索鞍基础与塔顶门架基础交错布置，为确保主索鞍吊装门架的安装，转索鞍根据需要进行加高并向主索鞍内延伸。

④猫道面层网。猫道面层由两层镀锌钢丝网构成，其上每隔0.5m绑扎一根防滑木条。在猫道面层网上每3m交替设置面层小横梁和大横梁。

⑤猫道横向通道。根据抗风稳定性非线性计算分析，同时考虑施工需要，猫道共设置9道横向通道，主跨设7道，间距 $95m+6\times135m+95m$，两岸边跨分别在跨中（空缆中心线）设置1道。横向通道除满足左右幅猫道之间人员的通行外，还能提高猫道自身的整体稳定性，使猫道具备足够的抗风能力。

⑥猫道门架。猫道门架是门架拽拉式索股架设的关键构件，考虑猫道承重索与门架承重索的锚固点差异，线形不完全平行，猫道门架立柱设计为可调式。每隔约45m设置一道门架，猫道门架由 $2\times\phi60$（$6\times37S+IWR$-$1960MPa$）镀锌钢芯钢丝绳固定，并与猫道共同形成空间结构。单侧猫道共设置门架31道，其中中跨21道，两岸边跨各5道。

（4）施工准备工作

主、散索鞍安装完成后，改造塔顶门架及散索鞍支墩顶门架。门架的设计与改造一并考虑猫道架设、主缆牵引系统及主缆索股提升、横移、入鞍等各种工况。

①门架改造。在索鞍吊装完成后，需拆除门架顶部起重系统，在塔顶门架顶上布置4台卷扬机（10t），在锚碇门架顶上布置2台卷扬机（5t），用于猫道承重索的提升、索头锚固和主缆索股的入鞍工作。

在门架顶面增加水平杆件、斜撑等，作为卷扬机的焊接底座，增加水平斜杆、劲板以增强抗拉和抗剪能力。

需要在门架上安装导轮组,导轮组是牵引系统 $\phi38mm$ 钢丝绳在塔顶及锚碇的转向支点,需满足拽拉器从塔顶圆顺通行的条件。在门架上加设纵梁、销板,用塔式起重机把导轮组安装到销板上相应位置。

导轮组的安装位置分为两种工况,第一种工况对应猫道架设,轮组中心位于猫道轴线上;第二种工况对应主缆索股牵引,由猫道轴线向右侧偏移100cm。

导轮组的顺桥向吊点位置,由牵引系统钢丝绳中跨和边跨的线形在塔顶的交汇点来确定。要注意导轮组与门架杆件的冲突,在各工况下保持导轮组的自由转动。

②塔顶转索鞍的安装。为适应猫道线形与主缆安装线形的平行、解决猫道承重索与主索鞍的冲突,在塔顶设置转索鞍,并通过在塔顶附近设置变位刚架及下拉装置,以满足承重索穿越塔顶的需要。

③猫道锚固系统安装。在猫道承重索架设前,必须将两岸拉杆、锚梁按照设计位置安装好,拉杆与型钢锚固系统均为销接方式,要将销子插打到位,并上好保险销。

两岸猫道型钢锚固系统在重力锚散索鞍支墩施工时预埋就位。

大小调节拉杆与锚梁的位置要按设计的猫道下料长度大概定好,以减少猫道承重索牵引就位后的调整时间。小拉拽拉杆用于猫道架设初始阶段调整单根承重索长度,用于消除猫道承重索制造误差,使10根猫道承重索垂度保持一致;大拉杆用于整体调整猫道垂度。

④施工平台的安装。锚碇施工平台是猫道架设过程中重要的施工操作平台,承担着猫道承重索安装锚固、猫道线形调整、猫道拆除等施工工作。

锚碇施工平台为型钢悬臂三角支架。在散索鞍支墩施工时,在设计位置提前埋设预埋板。散索鞍吊装完成后,在地面将杆件拼装成单片桁架,用塔式起重机吊装到安装位置,与预埋件进行焊接,最后吊装横向联系型钢,安装面板及栏杆,形成施工平台。

(5)牵引系统施工

上、下游副牵引卷扬机分别布置在北锚岸锚碇和放索场之间的空地上,上游侧主牵引卷扬机安装在南锚岸锚碇右侧,下游侧主牵引卷扬机安装在南锚岸锚碇左侧。主牵引索经南锚岸锚碇顶面转向架引出重力式锚碇,进入主牵引卷扬机。副牵引索经北锚岸重力锚顶面转向架引入副牵引卷扬机。牵引索的位置位于每根主缆中心线外侧1.00m处。支墩门架导轮组、锚碇顶面转向架、塔顶门架导轮组、猫道门架导轮组、猫道面层托辊、塔顶锚体鞍部托辊的中心位置与牵引索位置一致,均在同一垂直面上,通过塔顶门架的弧形滚轮进行调节。放索架位于北岸重力式锚碇回填区域,即副牵引卷扬机的正后方。

在塔顶单个门架上布置两台10t卷扬机、两台8t辅助卷扬机,两岸重力锚支墩门架上各布置两台10t卷扬机、一台5t辅助卷扬机,作为索股入鞍卷扬机。

在塔顶,鞍部门架分别配置3~10t手拉葫芦,供索股横移、整形、入鞍及垂度调整收紧或放松索股时使用,配备六边形和四边形整形器、插片及一定宽度硬木楔块在索股横移后整形、固定时使用。在锚面也配置一些手拉葫芦,配合入锚使用。

两岸锚室内分别配置两台穿心式千斤顶,作为调整索股垂度和入锚锚固用。

牵引绳参数具体如表17-2所示。

牵引绳参数 表17-2

序号	名称	规格型号（mm）	破断拉力（kN）	质量（kg/100m）	长度（m）	安全系数	备注
1	韩国丝	φ2	2.5	0.28	1400	3	先导索
2	迪尼玛高强绳	φ4	16.9	1.3	1400	3	二级牵引绳
3	迪尼玛高强绳	φ16	215	17.7	2800	3	三级牵引绳
4	镀锌钢丝绳	φ26	372	257	1700×2	3	四级牵引绳
5	镀锌钢丝绳	φ38	843	549	3300×2	3	主牵引绳

①先导索架设步骤。

步骤一：宜都锚块上布置1个25t卷扬机（1号），宜都锚块上布置1个25t卷扬机（2号），在边跨地面上设置托轮后分别用南北两塔顶10t卷扬机将1号、2号卷扬机放索盘φ38牵引索拉至塔顶临时固定。北索塔门架顶布置2mm韩国丝放丝机，准备先导索施工；

步骤二：在气候条件满足无人机飞行条件下，无人机牵引2mm韩国丝由北索塔向南索塔飞行，飞行至南索塔，调整韩国丝垂直度满足通航要求，在塔顶临时锚定2mm韩国丝；

步骤三：在北索塔塔顶放置4mm迪尼玛高强绳，与2mm韩国丝连接，南索塔塔顶利用绞车或人工牵引2mm韩国丝，将迪尼玛绳牵拉至南索塔塔顶临时固定；

步骤四：在北索塔塔顶放置16mm迪尼玛高强绳，与4mm迪尼玛高强绳连接，南索塔塔顶利用绞车或人工牵引4mm迪尼玛高强绳，将迪尼玛绳牵拉至南索塔塔顶临时固定，完成从先导索过渡到轻质迪尼玛绳的转换。

②牵引系统架设步骤。牵引系统按照连接顺序由以下主要构件组成：北岸锚碇25t卷扬机—副牵引钢丝绳（φ38）—转向滑轮—北岸锚碇导轮组—北岸塔顶导轮组—拽拉器—主牵引钢丝绳（φ38）—南岸塔顶导轮组—南岸锚碇导轮组—转向滑轮—南岸25t卷扬机。

(6) 托架承重索的架设及托架安装

为减小牵引力和提高猫道承重索架设的安全性，中跨猫道承重索采用托架法架设。托架承重索则采用悬挂法架设施工。单幅猫道托架承重索由2根φ38钢丝绳组成，由于托架承重索架设过程中无任何支撑，因此这是整个猫道架设过程中最危险的阶段。施工步骤如下：

第一步：在宜都岸索塔中跨侧底部布置放索架，将φ38托架承重索盘放置于放索架上，用塔顶10t卷扬机将托架承重索锚头提升至塔顶，经过塔顶门架设置的90°垂直导向装置，与拽拉器相连。启动牵引系统，向宜都岸方向牵引架设托架承重索。在牵引过程中，为了减小钢丝绳的垂度，每隔60m用环式吊具（φ22钢丝绳）固定于牵引索上，上端用绳卡与φ38牵引钢丝绳固结，下端用圆钢制成的套环托住φ38托架承重索，然后继续向前牵引放索，使得φ38托架承重索的重量较为均匀地分布在φ36牵引钢丝绳上，降低拽拉器上的集中荷载，也减小托架承重索的垂度，将被牵引的托架承重索吊住。反拉卷扬机提供适当的反张力，使钢丝绳保持一定垂度，保证通航净高。当托架承重索索盘内剩余50m左右，从索盘内放出，并与放索架后面10t卷扬机钢丝绳连接，继续牵引托架承重索，10t卷扬机提供适当反力防止托架承重索滑动太快。

第二步：当拽拉器到达宜都岸塔顶后，将托架承重索锚头锚固于宜都岸塔顶的预埋件上，然后回拉牵引索,在宜都岸塔顶操作平台上逐个取下悬挂绳,直到拽拉器回到宜都岸塔顶。利用宜都岸塔顶10t卷扬机配滑轮组调整托架承重索达到设计的垂度(一般比猫道承重索低5m),将托架承重索尾端锚头锚固在宜都岸塔顶预埋件上。用同样施工方法架设另一根托架承重索。将2个ϕ14mm托架定位绳盘分别放置于宜都岸放索架上,将2根定位绳绳头提升至塔顶,一并连接在拽拉器上。启动牵引系统,向宜都岸牵引,牵引50m后,在宜都岸塔顶施工平台上安装托架,将托架上端挂在承重索上,两侧固定在定位绳上,随着拽拉器一同往宜都岸牵引。之后按80m间距布置托架,边牵引边安装。

第三步:当定位索索头被牵引至宜都岸塔顶时,将定位绳两端分别锚固于两岸塔顶,注意锚固前应张紧定位绳,张紧力大小控制的原则是使定位绳的自重由其自身承担,而不会增加托架承重索的荷载。

(7)猫道承重索架设

本方案猫道承重索为通长猫道承重索。单幅猫道承重索由10根ϕ54mm钢丝绳组成,单根猫道承重索无应力长度为1621m,自重为19.78t。猫道承重索线形调节装置均设在锚碇散索鞍支墩顶部,承重索架设到位后通过大小拉杆调整其线形及垂度。

为控制索塔偏位处于允许的范围内,必须左右对称、边中跨对称架设猫道承重索,其顺序如表17-3所示。

猫道承重索架设顺序(按架设顺序编号)　　　　　表17-3

左　幅										右　幅									
1	3	5	7	9	10	8	6	4	2	2	4	6	8	10	9	7	5	3	1

①宜都岸边跨承重索架设。宜都岸边跨承重索架设采用拽拉器自由牵引法进行。先将猫道承重索的索盘放在重力锚前方空地上,通过重力锚塔式起重机将绳头与拽拉器连接。准备工作完成后启动宜都岸25t牵引卷扬机,将承重索牵引至宜都岸塔顶。

②中跨承重索架设。待承重索头达到宜都岸塔顶时,即可开始中跨承重索架设。与托架承重索架设方法相似,具体步骤如下:

a.继续启动宜都岸25t主牵引卷扬机,宜都岸25t副牵引卷扬机同步放索,将承重索向宜都岸继续牵引。

b.当承重索牵出100m后,会与第一个托架相遇,此时托架给承重索提供一个支撑,减小承重索垂度。

c.承重索绳头到达宜都岸塔顶时,此时主牵引卷扬机牵引力达到最大。因此,在绳头接近宜都岸塔顶时,必须密切观测主牵引卷扬机的运行状况,如有异常应立即停止牵引,待检查无误后再继续牵引直至到达宜都岸塔顶。

d.完成中跨猫道承重索的架设,随后即可进行宜都岸边跨猫道承重索的架设。

③宜都岸边跨承重索架设。宜都岸边跨承重索架设同样采用拽拉器自由拽拉法架设,待承重索索头到达重力锚散索鞍支墩锚固处后,将其与猫道型钢锚固系统锚固。

此时宜都岸放索架承重索已全部放出,利用重力锚塔式起重机将宜都岸绳头与型钢锚固系统连接,完成猫道承重索的初步架设。利用同样的方法架设其他猫道承重索,直至全部架设完成。

④猫道承重索的调整。待猫道承重索全部架设连接就位后,根据监控单位计算出空缆阶段猫道承重索线性,进行垂度调整。调整顺序分为两种,一是先边跨、再中跨、后边跨,二是先中跨后边跨。为确保猫道道面不倾斜,承重索高程调整偏差应控制在±3cm以内。两种方法对比如表17-4所示。

猫道承重索调整方法对比　　　　　　　　　表17-4

项目方案	架设顺序	步骤	优缺点	备注
方案一	先边跨再中跨后边跨	步骤一: 首先宜都岸边跨锚固点根据监控单位计算与锚箱锚固,利用全站仪实测边跨跨中点的垂度及边跨跨径,并实测温度,与监控单位计算值比较,直至宜都岸边跨垂度满足要求	优点:可以适当避免多次重复调整; 缺点:由于只能逐跨调整,故施工工期较长	需要加工厂提供两岸塔顶标记点做参考,对承重索调整影响小
		步骤二: 待宜都岸边跨调整好后,在宜都岸塔顶转索鞍处用压板固定,并与承重索加工厂提供的宜都岸塔标记点对比,看制作精度误差有多大,做到心中有数		
		步骤三: 全站仪实测中跨跨中点的垂度及主跨跨径,并实测温度,与监控单位计算值比较,利用塔顶门架上的卷扬机及滑车将猫道承重索逐根调整直至满足垂度要求后,在宜都岸塔顶用压板锚固好,并用油漆做好标记。调整计算高程过程中,计入主跨塔顶处变位下压架对垂度的影响		
		步骤四: 最后进行宜都岸边跨调整,同样利用全站仪实测边跨跨中点的垂度及边跨跨径,并实测温度,与监控单位计算值比较,利用猫道锚固调整系统小拉杆调节单根承重索,消除制作精度误差,长拉杆系统整体调节猫道垂度,直至边跨垂度满足要求		
方案二	先中跨再边跨	步骤一: 首先根据承重索加工厂提供的塔顶标记点,在宜都岸塔顶转索鞍处用压板固定承重索	优点:由于两岸边跨可以同时调整,故施工工期较短; 缺点:如果加工厂提供的标记点误差过大,则可能需要重复调整	需要加工厂提供两岸塔顶标记点做主要参考,对承重索调整影响大
		步骤二: 全站仪实测中跨跨中点的垂度及主跨跨径,并实测温度,与监控单位计算值比较,利用塔顶门架上的卷扬机及滑车组将猫道承重索逐根调整直至满足垂度要求后,在宜都岸塔顶用压板锚固好,并用油漆做好标记。调整计算标高过程中,计入主跨塔顶处变位下压架对垂度的影响		
		步骤三: 最后进行边跨承重索调整,同样利用全站仪实测边跨跨中点的垂度及边跨跨径,并实测温度,与监控单位计算值比较,利用猫道锚固调整系统小拉杆调节单根承重索,消除制作精度误差,长拉杆系统整体调节猫道垂度,直至边跨垂度满足要求		

经比选后猫道垂度调整按照由先中跨,后边跨的原则进行,调整过程如下:

a.宜都岸猫道承重索制作标记点与塔顶转索鞍标记点对准,拧紧压板固定螺栓,锚固猫道承重索。

b.中跨猫道承重索垂度调整。

c.考虑变位长度的影响,计算确定每根猫道承重索跨中垂度,利用索塔塔顶门架上的卷扬机及滑车组逐根调整猫道承重索直至满足垂度要求后,将其在索塔塔顶转索鞍处锚固好。

d.安装宜都岸跨中侧变位架,逐根复测猫道承重索跨中高程,与计算值比较,如有误差,索塔处再次调整。

e.安装宜都岸中跨侧变位架,复测中跨跨中猫道承重索垂度。

f.待中跨猫道承重索固定好后,即可进行边跨猫道承重索调整。猫道锚固梁在初始设计位置就位,利用小拉杆调节单根承重索,消除猫道承重索制作精度误差并调整跨中高程到考虑变位长度差的修正高程。

⑤托架系统拆除、门架承重索架设。当所有猫道承重索全部架设完成后,即可通过回收定位绳将托架拽拉回宜都岸塔顶,在宜都岸逐个拆除托架,完成托架及定位绳的拆除。

随后利用牵引系统架设门架承重索,将其置于塔顶门架上的门架承重索转索鞍鞍槽内。边跨托架承重索索头与锚碇处锚固滑车组连接,同时利用卷扬机收紧滑车,调整门架承重索垂度至设计位置。

安装塔顶猫道门架承重索在转索鞍处的夹紧装置,防止由于中跨、边跨承重索水平力差引起的滑动。解除门架承重索与滑车组的连接,即完成猫道门架承重索的架设。

⑥变位下压装置安装。对于三跨连续式猫道结构,为了确保猫道线形与主缆空缆线形一致、主缆中心与猫道承重索间距基本平行,猫道承重索连续穿越塔顶时,需在塔顶两侧设置猫道承重索变位装置,并在中跨侧设置下压装置。安装步骤如下:

a.塔式起重机整体提升变位下拉系统组件,先安装近塔侧变位梁夹板,将变位下拉挂接在猫道承重索上,并在塔侧临时安装防滑装置,防止变位下拉系统向塔侧滑动。

b.变位下拉系统近塔侧变位梁与猫道承重索夹板悬挂,并安装防滑装置,前端用塔顶卷扬机钢丝绳收紧悬挂,初步形成作业平台,施工人员可在作业平台上进行施工作业。

c.施工人员在猫道变位架平台上,利用手拉葫芦横向对拉内侧两根猫道承重索至变位下拉梁对应绳槽内,安装夹具。由内而外,将10根猫道承重索分10次两两置于变位下拉梁处绳槽,并用螺栓固定。

d.全部承重索就位后,可拆除变位下拉系统与塔顶门架的斜拉悬挂。将变位梁处临时安装的防滑夹具移至下拉梁处设计位置,即完成下压装置安装。

(8)猫道面层、横向通道及门架、扶手绳安装

猫道承重索架设及垂度初调完毕,即可开始铺设猫道面层、安装横向通道及门架。

①铺设猫道面层、安装横向通道。中跨猫道面层和横向通道架设主要是采用滑移法铺设,边跨猫道面层和横向通道架设采用直接铺设法铺设。

a.首先在地面将组成猫道面层的各种材料,如防滑木条、面层网、角钢等,按设计位置绑扎好,用塔式起重机将面层吊至塔顶工作平台上的面层临时存放台架上,再将面层铺设所用的型钢、U形螺栓等吊放到塔顶工作平台上。

为保持中、边跨面网铺设相对平衡,先从塔顶向中跨铺设 100～150m 后,再从塔顶向中、边跨对称铺设,两岸同时进行面层铺设,尽量使面网铺设速度保持一致。铺设时定期观测主塔的扭转和偏位。

b.铺设时在两岸主塔跨中侧前端增设一道有滚轮装置的型钢配重横梁,在自重下滑力作用下带动面网下滑。用 U 形螺栓将面网与型钢卡在猫道承重索上,螺栓不宜过紧,以确保面层能在承重索上自由滑动,并对 U 形螺栓螺母外侧销孔插上开口销,防止在面层滑动过程中螺母脱落。

由于靠近塔顶两侧坡度较陡,面网依靠自重便能下滑,为防止面网下滑太快,利用塔顶门架上的 10t 卷扬机反拉,反拉卷扬机钢绳依次连结在面层网型钢上,控制整个面层下滑速度,直至面层滑到跨中对接处。

c.跨中横向通道在两岸承台处拼装,利用主塔两侧塔式起重机提升安装。

d.横向通道与塔顶卷扬机反拉钢丝绳连接,控制下滑速度。

e.当中跨面网下滑至坡度平缓地段,利用自重不能下滑时,利用拽拉器牵拉绳头对横向通道进行牵拉,直至跨中合拢。

f.猫道面层下滑铺设时,同时装上栏杆、侧面网,并向内倒置在面层网上,同面层一起下滑。面网铺装到跨中对接处后,从塔顶往下紧固 U 形螺栓,固定面层,将栏杆立柱扶正,拧紧大横梁端部的螺栓,初步形成可行走的一段猫道。

用同样的方法铺设边跨的面层和横通道。中跨和边跨的面层对称铺设,保持速度基本一致,同步观测主塔的扭转和偏位,将之控制在允许的范围之内。

②扶手绳及门架安装。利用牵引系统拽拉器在猫道面层上牵引架设的方法安装猫道扶手绳(可在索股滚筒安装后进行)。扶手绳架设就拉后,用 U 形螺栓把扶手绳与扶手栏杆相连接,最后上翻猫道侧网与扶手绳固定。猫道扶手系统安装完成后,进行猫道门架的安装。

a.先将猫道门架由塔式起重机提升至塔顶,将猫道门架承重索置于猫道门架上横梁的安装滚轮绳槽内,之后塔顶卷扬机反拉门架逐步下滑到拉。

b.逐个拆除门架上横梁上安装用的下滑滚轮,利用滚轮座安装孔安装猫道门架承重索夹紧装置。

c.调整门架立柱调节段长度,必要时用手拉葫芦辅助,将门架立柱与猫道面层门架大横梁销接。

17.2.3 主缆索股架设

(1)主缆架设总体施工方法概述

根据宜都大桥地形特点与工期安排,主缆架设阶段采用单线往复式牵引系统。宜都大桥共设 2 根主缆。通长索股平均无应力长度 1668m,单根索股质量约 36.23t,总质量约 12235.6t。采用预制平行钢丝索股逐根架设的施工方法(PPWS)。在每根主缆中,通长索股有 169 股,每根索股由 127 根直径为 5.2mm 的镀锌高强钢丝组成。

(2)主缆架设总体施工流程

主缆架设总体施工流程如图 17-2 所示。

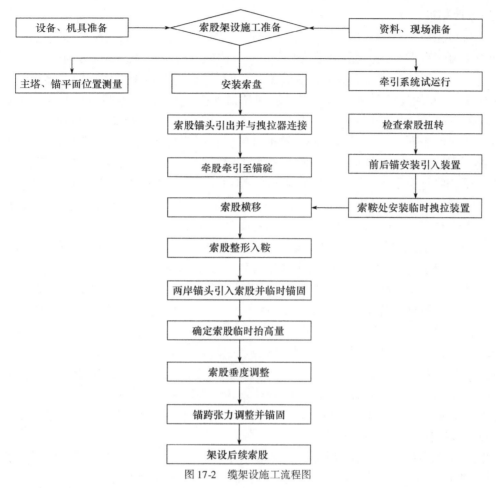

图 17-2 缆架设施工流程图

(3) 主缆架设施工顺序

主缆索股架设分为基准索股架设和一般索股架设。设计编号为 1 号的索股为基准索股，其余均为一般索股。通长索股架设顺序按编号从 1 号～169 号依次进行。

为检验牵引系统，先架设 3 号通长索股作为桥位放索试验用，架设到位后，先将索股放在 3 号索的鞍槽中，暂时不进行垂度调整，待 1 号基准索架设完成并完成垂度调整后，再将 3 号索股调整到位。

索股架设分索股牵引、索股横移、索股整形、索股入鞍、索股垂度调整及锚跨张力调整几个工序。

(4) 施工准备工作

根据两岸地形及运输条件，本桥主缆放索场均布置在北锚碇后方基坑回填土上（部分占用路基），放索场横桥向长 72m，路线方向宽 32m，放索场总面积 2304m²，具体布置为：1m（排水沟）+30m（门架）+1m（排水沟）。左右幅主缆放索场分开设置，中间预留 4m 施工通道，每个放索场布置一台 60t 门式起重机，门式起重机净宽 30m，净空高度 12m。

在北锚锚后放索场龙门架下分别对应牵引系统的正下方安装放索支架。在预留放索支架和卸车空间后，两个龙门架下可存放约 90 个索盘。

(5)索股架设

猫道架设完成后,在索股架设之前,应对整个牵引系统、猫道进行一次全面检查。

架设 1 号基准索股,索股牵引是从北岸重力式锚碇向南岸重力式锚碇方向进行索股牵引。

先将 1 号索股从放索场存放区运至放索区内,利用锚后龙门架安装在放索器上。拉出索股前端锚头,用专用连接器将其与牵引系统拽拉器连接,检查拽拉器倾斜情况并调整好平衡锤,以保持牵引过程中拽拉器的平衡,然后启动主牵引卷扬机进行索股牵引作业。

在牵引过程中同一牵引系统中两台卷扬机应保持同步进行,收、放速度一致,牵引被动卷扬机始终要保持一定的反拉力。索股牵引速度控制在 15~20m/min,在过塔顶门架、散索鞍支墩门架时适当降低牵引速度,以减少拽拉器对门架的冲击力,确保索股牵引的正常进行。牵引最初几根索股时,应对前锚头、猫道滚筒、鞍座滚筒、塔顶及散索鞍门架导轮组、放索机构等进行重点观测及调试,系统调试完善后,可适当提高牵引速度。

为了防止牵引索股与已架设索股发生碰撞,损坏索股,在已架设索股上搭设固定有橡胶块的木板,并在木板上安装特制托辊,此做法也有利于减小上层索股架设时,牵引索张力较大的问题。当索股前锚头快到南岸前锚面时,将从放索装置索盘脱出的后锚头用塔式起重机吊住并继续牵引。索股两端锚头均放入前锚室,待各主、散索鞍处的索股完成横移、整形、入鞍后,南、北锚岸利用塔式起重机、入锚卷扬机和平拉葫芦配合,将索股两端锚头通过拉杆与对应位置的锚固系统临时相连并锚固。其他通长索股牵引流程与 1 号索股相同。

索股牵引过程中,在散索鞍支墩顶、塔顶、猫道上,均安排人员监视索股牵引情况,若发现索股扭转、散丝、鼓丝、缠包带断裂等情况,应采取措施及时纠正或处理。

索股架设时,原则上,上下游的两根主缆应对称架设施工,架设数量差不超过 1 根索股。

(6)索股横移

索股牵引完后放在猫道托辊上,在索股提升前,先沿全线检查索的扭转情况,并将检查出来的扭转纠正,使索的每一根钢丝处在完全平行状态,保证成缆后的受力均匀。

检查完后利用散索鞍支墩门架和塔顶门架上的 10t 卷扬机和 8t 辅助卷扬机进行索股的上提、横移和整形入鞍作业。在距离主索鞍前后各 20m、散索鞍前 20m 左右位置处,将特制握索器安装在索股上,分次拧紧握索器上的紧固螺栓,使索股与握索器不发生相对滑移。

(7)索股整形

整根索股提离猫道托辊后,此时主、散索鞍前后两握索器之间的索股呈无应力状态,在此状态下进行整形,再放入鞍座内设定位置。因索鞍鞍槽内竖向隔板为矩形,而索股断面为正六边形,所以入鞍前必须将该部分索股断面整形为矩形,再放入鞍座内设定位置。

施工时,在主、散索鞍位置分别配置手拉葫芦、六边形整形器、四边形整形器、插片及一定宽度硬木楔块,在距离索鞍前后约 3m 的地方,分别安装上六边形夹具将索股夹紧,解除两夹具间索股缠包带,开始整形。用钢片梳进行索股断面整理,使其断面由六边形变成四边形,再用专用四边形夹具夹紧,缠上包带,整形过程中人工用木锤敲打索股。钢片梳继续延伸整理索股断面成四边形。每隔 1m 左右缠上包带。

(8)索股入鞍

待主、散索鞍处索股全部整形完成后,将索股置入相应的鞍槽内,索股入鞍的顺序为:主索鞍处由边跨侧向中跨侧,散索鞍处由锚跨侧向边跨侧进行。入鞍时应注意索股着色丝在鞍槽中的位置,以确认索股有无扭转。为防止已入鞍索股挤压鞍座隔板而造成隔板变形,应在其他鞍槽内填塞楔形木块。索股入鞍后,先调整索股上的标记点与设计位置吻合,再适当抬高中边跨跨中索股垂度,便于调索。为防止上层索股挤压已架设完成的下层索股,索股入鞍时,一般将中跨跨中垂度预抬高20cm,边跨跨中垂度预抬高10~20cm。

(9)索股入锚

索股整形入鞍时,标记塔柱中心红线以前的索股向边跨预偏50cm左右,一方面方便锚碇处锚固,另一方面方便夜间调索,因为索股比较长,如果高程低了,容易冲乱索型,产生调整误差。用塔式起重机将索股两端锚头临时锚固在相应的锚固拉杆上,用后锚反拉卷扬机初步调整索股边跨高程,以便夜间进行垂度调整。

(10)索股垂度调整

主缆索股垂度调整分为基准索股垂度调整和一般索股垂度调整两种。基准索股垂度调整方法是绝对高程法,一般索股垂度调整方法是相对于基准索股进行垂度调整。

白天架设完的索股,垂度调整一般应选择在温度相对稳定、风力不大的夜间进行。在垂度调整前,要进行外界气温和索股温度的测量。索股温度的测量用接触式温度计,沿长度方向布置为:两侧锚碇、边跨跨中、两侧塔顶、1/4中跨、跨中、3/4中跨共九个断面;沿断面方向布置为:索股上缘及下缘。满足索股温度稳定的条件是:长度方向索股的温差$\Delta t \leqslant 2$℃,主缆断面方向索股的温差$\Delta t \leqslant 1$℃。不符合上述温度稳定条件、风力超过五级、雾太浓时不能进行索股调整。

①调整顺序。通长索股垂度调整顺序是先中跨后边跨。为了便于索股垂度调整,工厂制索时,在索股上相应于散索鞍处、边跨跨中、主索鞍处、中跨跨中以及两端锚头附近共设置了9个标志点,作为索股垂度调整参考点,并做了特定标记。在索股垂度调整时,将索股的特定标志点对准两岸主塔主索鞍上相应的标志点,并用千斤顶和木楔固定,以索股特定标志点为固定基准点调整各跨垂度。在南锚岸主索鞍鞍槽内将索股固定后,首先通过控制索股在北锚岸主索鞍鞍槽内的滑移(放松或收紧量)调整中跨索股垂度,符合要求后在北锚岸主索鞍鞍槽内固定。再通过控制索股在南北两岸散索鞍鞍槽内的滑移量调整两边跨索股垂度,符合要求后将其在散索鞍鞍槽内固定。锚跨则利用千斤顶张拉索股张力进行调整,垂度调整完成后,应做上标记,以便后续索股架设时检查有无滑移。

已调整好的索股在各鞍槽内必须及时采用硬木块填压,并在鞍槽上部施以千斤顶对反压索股进行固定,防止已调整索股在后续索股架设和调整过程中发生移动。一旦发生此类情况,查明原因,并采取相应的措施处理好后,才能进行后续索股的架设。

②基准索股垂度调整。

a.基准索股垂度监测。基准索股垂度调整采用绝对高程法进行。基准索股的线形,实质上直接影响以后主缆的线形,因此调整方法及监控方案必须绝对可靠,以满足主缆设计线形。

基准索股垂度调整前,监控组根据塔、锚实测数据(各跨跨长、塔顶高程、索鞍预偏量等)计算出基准索股跨中高程及温度修正、跨度修正表,跨中垂度调整值与索长调整量关系表,锚跨索股张力等。计算主缆线形时,尚应考虑塔顶高程预高值,根据塔自重、上部结构传递给塔的压力、塔长期徐变等因素,预估成桥后塔顶高程,以此计算调整量。

b. 基准索股调整过程。索股调整时,中边跨利用安装在门架上的滑车,对索鞍位置索股进行收放,达到垂度调整的目的,调整时,用橡胶锤敲打索股以消除索股间的摩擦以方便调整。调整前,应在索股上做上标记,保证调整量准确无误。调整工作一般无法一次完成,此时可将调整量分成几份,逐次调整并观测索股移动量与垂度变化量,直至达到预定值。

③一般索股垂度调整。基准索股以外的索股为一般索股,一般索股依据基准索股进行相对垂度调整。因宜都大桥跨径大、索股数量多、主缆粗、内外层索股温度相差大,必然引起已架上层索股挤压基准索股,导致基准索股线形发生变化,不能继续作为索股垂度调整的基准来进行后续索股的调整,这就必须另设基准索股,费时费力,且效果不一定好。大桥拟采用相对基准索股法进行主缆一般索股垂度调整。

a. 调整原理。为保证一般索股调整时所用的基准索股始终处于自由漂浮状态,采用主缆各层外侧一根一般索股作为相对基准索股,其垂度依照1号基准索股进行传递,然后利用各层相对基准索股调整同一层一般索股和上一层相对基准索股的垂度,以达到主缆线形调整目的。为了消除调整误差的积累,每根相对基准索股的调整误差均进行传递,即调整下一根相对基准索股时,他们之间的理论相对垂度值中要减去当前相对索股的调整误差值,以确保每一根索股相对于1号索股的调整误差均为 $0 \sim 5mm$;当架设完一定数量索股后,还要用全站仪对少数相对基准索股进行绝对垂度的检测。

b. 调整方法。采用相对基准索股法进行主缆一般索股垂度调整时,索股架设顺序尽量按设计图纸上的编号逐根架设。监控组计算出各相对基准索股与1号索股的理论垂度值。测定相对基准索股与待调索股的温度(索股断面上四个面温度平均值)并进行温度修正。采用游标卡尺按以下两种方法测定索股垂度调整量,方法一:用于相对基准索股与待调基准索股调整高差的测量。方法二:用于相对基准索股与待调一般索股调整高差的测量。垂度调整手段仍是通过主、散索鞍处索股放松或收紧,达到调整线形的目的。一般索股与基准索股高程误差在 $0 \sim 5mm$。

c. 注意事项。由于各索股之间距离偏小,若索股调整量过大,调整索股将压在下面索股上,得不到正确垂度数值;若压在基准索股上,也将引起基准索股垂度测量误差,故相对垂度调整,上下层索股层间距应严格按监控指令控制,方可保证垂度测量准确。

(11)索股张力调整及检测

每根索股架设完成且垂度调整好后,进行锚碇索股张力调整。锚跨张力调整采用两台专用千斤顶(拉伸器),通过反力架顶推锚头上的螺母,通过松紧拉杆螺母使锚跨索股张力达到设计要求。锚跨张力与设计值误差控制在 $\pm 10kN$ 范围内。

目前悬索桥索力的测试,主要有液压千斤顶法、锚下压力传感器测试法、静态应变测试法、弦振法等。锚下压力传感器测试法适宜于索股张拉调整施工,静态应变测试法和弦振法适宜于对索股张力的检测。

对于本桥锚跨张力的调整施工,可采用液压千斤顶法进行施工。在悬索桥锚跨张力调整过程中,采用特制千斤顶对锚跨进行调整。锚跨调整张力的大小根据监控设计计算和主缆垂度调整量联合确定。

对于大跨径悬索桥,如架设期间的温度变化比较大,受复杂温度场的作用和索鞍自立前后的体系变化影响,各索股的张力调整比较困难,其索股张力随温度场的变化和索鞍体系的变化等因素的影响而发生较大的变化。为准确掌握索股张力的变化规律,除施工单位采用液压千斤顶做测量外,施工监控单位以弦振法测试索力作为复核手段,当两种方法差值超过10kN,则需对该索股索力重新进行调整,直到合格为止。

17.2.4 主缆紧缆施工

悬索桥全部索股的垂度调整结束后,由于索股之间、索股内部都存在空隙,主缆断面呈正六边形,表观直径比设计要求的直径大得多。为了能够顺利地进行索夹安装及缠丝作业,需要把主缆截面紧固为圆形,并达到设计要求的空隙率,索夹内空隙率为18%,索夹外空隙率为20%。主缆以近似正六边形从下至上安装,紧缆后为圆形。其中跨处索夹内直径为841mm、索夹外直径为854mm。

(1) 紧缆施工流程

紧缆施工顺序为先中跨,后边跨,由跨中或锚碇向塔顶进行紧缆。紧缆工作主要包括准备工作、初紧缆、紧缆机安装就位、正式紧缆,其具体施工工艺流程如图17-3所示。

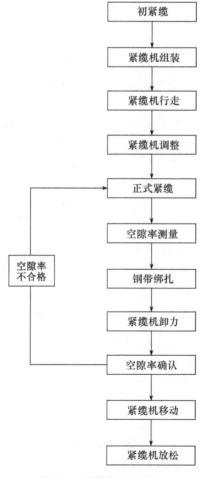

图 17-3 紧缆作业流程图

(2)紧缆前的准备工作

①先将猫道门架上的滚轮全部拆除,同时对锚跨索股的锚固张力进行最后一次全面调整使其符合设计要求,并且仔细检查主缆索股是否有错位现象,主、散索鞍有无移位现象。通过验收合格后,在主、散索内将主缆索股填好锌块后用压板将其紧固压牢,安装主、散索鞍的紧固拉杆,然后采用80t液压千斤顶进行调试和紧固。

②主缆索股架设完成后,拆除猫道门架,留下门架承重索作为天车支承索。

在塔顶门架顶部各安装2台10t的卷扬机(绳容量大于600m)作为紧缆机的牵引卷扬机。

③塔顶门架上的卷扬机和专用起重架车组成简易缆索天车。使用缆载天车牵引紧缆机,天车上设六台5t手拉葫芦,两台用来调节紧缆机的工作高度,四台用来调整行走时产生的偏位,收紧门架承重索保证紧缆机的工件高度。

④检查主缆在边跨跨中,中跨1/4、1/2、3/4处各断面索股排列顺序是否正确。若索股位置正确,即准备进行初紧缆,若有问题则及时采取措施进行调整。

⑤初紧缆,在待紧跨1/4、1/2、3/4处进行"打点"作业,索型定位,然后继续分点预紧,达到要求后(5m/每个预紧点),即完成初紧缆作业。

⑥初紧缆完成后,应对紧缆机的液压系统和机械系统进行检修调试,用主缆直径的标准模子对顶压系统进行对中调试,完成后可安装紧缆机作业。

⑦紧缆机通过塔式起重机安装,按液压主机—行走机构—附属部件(空压机等)的顺序进行安装,利用塔顶卷扬机和天顶小车将紧缆机行走至紧缆点。

(3)初紧缆

紧缆作用可分为初紧缆和正式紧缆,首先把架设完成的主缆六边形初步紧成近似圆形,空隙率控制为28%~30%。检查主缆在边跨跨中,中跨1/4、1/2、3/4处各断面索股排列是否正确,若有问题及时调整,若索股排列顺序正确,则准备进行初紧缆。

初紧缆在温度比较稳定的时段(如夜间)进行,这时主缆内外索股温度基本保持平衡,索股排列整齐有序,拆除主缆索股形状保持器,立即进行初紧缆作业。初紧缆作业使用设备为手拉葫芦及手扳葫芦。具体步骤如下:

①首先将预紧点6~7m范围内的主缆外层索股绑扎带解除,索股绑扎带要边预紧边拆除,不要一下子拆光,并在主缆的外层包一层起保护作用的麻袋或塑料布等其他软质物品。

②用千斤头配合手拉葫芦捆扎主缆,人工收紧主缆,用大木锤沿主缆四周敲打,初步挤成圆形并用钢带绑扎,在挤圆时应尽量减少表层索股钢丝的移动量,同时正确地校正索股和钢丝的排列,避免出现绞丝、串丝和鼓丝现象;同时测量主缆的周长,待主缆的空隙率控制值在目标值的28%~30%,用软钢带将主缆捆扎紧。主揽空隙率控制值指的是紧缆机移开至少5m后所测的结果。

初紧缆作业顺序采用"二分法"先疏后密的原则进行(以免钢丝的松弛集中一处),将中跨主缆分为16段,每段长度约为62.5m;北锚岸边跨分为8段,每段长度约为33.63m;南锚岸边跨分为8段,每段长度约为34.5m;紧缆前测量队用全站仪划分紧缆位置,并进行编号。预紧缆顺序如图17-4所示。

图 17-4 初紧缆方向示意图

a. 主跨。

第一步：在 $Z1$ 处进行紧缆；

第二步：同时在 $Z2$、$Z3$ 处进行紧缆；

第三步：同时在 $Z4$、$Z5$、$Z6$、$Z7$ 处进行紧缆；

第四步：同时在 $Z8$、$Z9$、$Z10$、$Z11$、$Z12$、$Z13$、$Z14$、$Z15$ 处进行紧缆；

第五步：按照上述步骤完成后，此时中跨主缆分为 16 段，然后每段依次从跨中向塔顶方向紧固，每间隔 5m 用钢带绑扎一道，直至主缆表面基本平顺圆滑，主跨主缆预紧全部完成。

b. 边跨。

第一步：在 $S1$ 处进行紧缆；

第二步：同时在 $S2$、$S3$ 处进行紧缆；

第三步：同时在 $S4$、$S5$、$S6$、$S7$ 处进行紧缆；

第四步：按照上述步骤完成后，此时边跨主缆分为 8 段，然后每段依次从塔顶向锚碇方向紧固，每间隔 5m 用钢带绑扎一道，直至主缆表面基本平顺圆滑，边跨主缆预紧全部完成。

(4) 紧缆机的安装

为便于紧缆机上缆后一次顺利组装成功，需预先在地面进行试组装。试组装完成后，重新拆卸各总成件并正式上缆组装。具体组装步骤如下：

①先将紧缆机各总成件运至塔脚处。

②用塔式起重机将各总成件放置在塔顶平台上。

③用猫道门架承重索改制的缆索天线分别顺次将液压系统、紧固装置运往中跨跨中。

④连接液压系统与紧固装置，并于主缆上就位。

⑤整机组装就位，然后将卷扬机的牵引钢绳与猫道门架横梁牢固相连。

⑥用扳手调整移动装置上的缓冲弹簧，确认紧固装置与主缆的对中良好。

(5) 正式紧缆

①主缆回弹率试验。正式紧缆前的现场试验在中跨跨中进行，以此检验紧缆机的工作性能和测定主缆紧缆后的回弹率，按照要求做好相应记录。根据试验情况对紧缆机进行调整并制定相应的紧缆工艺，确定工作压力，然后转入正式紧缆。

②正式紧缆。正式紧缆可在白天进行。每根主缆由两台紧缆机进行紧缆施工，根据施工工艺要求，正式紧缆顺序采用边跨由塔顶向锚碇方向，中跨由跨中向塔顶方向的方式进行紧缆作业。

③紧固蹄的操作(液压千斤顶加载、保压)。这是紧缆作业中的一个关键工序。首先启动紧缆机左右两台千斤顶，调整紧缆机轴线与主缆中心重合，再启动其他四台千斤顶，协调好四台千斤顶的顶进速度，当六台千斤顶达到一样的行程后，一起施压。在初期加压阶段，以低压进行，使各紧固蹄轻轻地接触主缆表面，且互相重叠，然后升高压力，同步加载。注意保持接近相同的压力同时挤压主缆；紧固蹄行程达到设计位置时或压力达到规定时保压，油泵自动停止

工作,起保护作用。当紧缆机紧固到初紧缆时所捆扎的软钢带的位置时,要将软钢带拆除掉,以免影响紧固效果。

注意,在紧缆时,要保持主缆钢丝的平行,不能有交叉及外窜现象,否则要及时处理。在初加压阶段,如果以高压进行作业时6个紧固蹄的动作不协调,紧固蹄接触主缆表面时,各个紧固蹄之间会参差不齐,钢丝容易钻入紧固蹄之间的缝隙中,造成钢丝切断或变形。因此,初加压阶段,必须严格控制6个紧固蹄的同步性。

④打捆扎带。打捆扎带的目的是保证当液压千斤顶卸载后,紧固后的主缆截面形状仍保持近似圆形,并保持要求的空隙率。当紧固蹄处主缆直径经测量符合要求后,用不锈钢带绕在主缆上捆扎,并用带扣固定。紧缆点间距为1m,带扣布置在主缆的侧下方,钢带间距1m,每个紧缆点捆扎2道,间距10cm。

⑤液压千斤顶卸载。当打带完成后,液压千斤顶卸载,通过操作换向阀使紧固蹄回程,紧缆机则移向下一个紧固位置。

⑥主缆直径的测定。为了确定紧缆后主缆的截面形状,紧固蹄挤压结束后(处于保压位置时)和液压千斤顶卸载后,分别用专用量具(大型游标卡尺与钢尺)在紧缆机压块15～20cm的地方,测定主缆直径和周长,控制主缆横径和竖径差值在规范要求范围内。主缆的平均直径可用下式计算:

$$主缆平均直径 = (竖径 + 横径)/2$$

$$或主缆平均直径 = 主缆截面周长/\pi$$

空隙率由下式确定:

$$k = 1 - \frac{nd^2}{D^2} \tag{17-1}$$

式中,n为钢丝总数;d为钢丝直径;D为紧缆后主缆直径。

为方便现场对紧缆空隙率的检查,提前按上式做出主缆空隙率、直径、周长的对照表。主缆全部紧固完成后,测定捆扎带旁边的主缆直径及周长,确定实际的空隙率。

紧缆完成后,因主缆自重作用,主缆横向尺寸一般大于竖向尺寸。主缆横径与竖径之差为不圆度。紧缆作业时应限制不圆度大小以保证对后续工序不产生影响。

⑦紧缆注意事项。

a. 在靠近散索鞍和主索鞍端部3m处进行最后一道紧缆;

b. 在散索鞍和主索鞍附近第一个索夹安装,其作用是把索鞍处六边形主缆变成圆形,由于很难一次紧到位,根据现场需要可进行二次紧缆,以便顺利进行索夹安装;

c. 紧缆钢带接头设置在主缆侧下方;

d. 在各索夹安装位置附近,根据设计要求,紧缆时索夹处主缆空隙率控制为18%,以方便后续索夹安装,其余主缆空隙率为20%;主缆直径不圆度应控制在主缆直径的2%内。

紧缆过程中注意防止液压设备漏油污染主缆。

17.2.5 索夹、吊索安装

(1)索夹运输、安装和紧固

索夹安装施工内容包括索夹天车运输、索夹安装、索夹紧固等,索夹安装使用缆载天车安装。

①索夹运输。索夹采用汽车运至索塔位置,利用塔式起重机将索夹吊放至塔柱横梁上,采用天顶小车吊运索夹到相应的安装位置。

②索夹安装。索夹通过缆载天车运输至设计位置后,工人通过吊装倒链调整高度,在安装前注意索夹的方向,确认索夹方向没有问题后再通过手拉葫芦横向将两半索夹拉至合拢包住主缆,然后安装紧固螺杆定位,索夹的精准定位采用手拉葫芦根据设计位置进行前后左右调整,确保索夹中心线与天顶线重合。

③索夹紧固。索夹螺栓的轴力来自液压千斤顶张拉紧固,为保证主缆与索夹间产生足够的摩擦力,索夹螺栓应分次进行预紧,拟采用三次紧固方案:

a. 索夹安装时的第一次紧固(设计轴力70%);

b. 钢桁加劲梁吊装完毕进行第二次紧固(设计轴力100%);

c. 桥面铺装及永久设施施工完毕进行第三次紧固(设计轴力100%)。

在索夹螺栓第一次导入轴力时,为避免螺栓受力不均,影响安装质量,应分次(两次)均匀导入轴力,第一次导入为250kN,第二次导入为539kN,导入顺序应对称并考虑螺栓受力平衡。

因螺栓紧固是分次完成的,存在紧固过程中施拧力损失问题,因此,应根据不同类型索夹上螺栓数量,具体确定螺栓张拉顺序,但原则上按对称张拉,然后补足张力,再依照张拉顺序依次检查各个螺栓的拉力,使其符合设计要求。

(2)吊索安装

①猫道改吊。吊索安装前需要对猫道改吊,主要原因是钢桁梁吊装时随着荷载的增加主缆的线形会发生变化,会导致猫道和主缆有碰撞。为了避免这种情况发生,需要在吊装钢桁梁前把猫道悬挂在主缆上。

猫道改吊是在猫道上每隔6m有猫道横梁型钢的位置,用一道$\phi 22$钢丝绳交替将猫道悬挂于主缆上。钢丝绳不能直接与主缆接触,需用$\phi 22$钢丝绳套住猫道承重索悬挂于主缆之上。猫道的稳定通过主缆来实现。

猫道悬挂的顺序为中跨由跨中开始,同时向两岸塔顶方向进行,边跨由中点开始,同时往塔顶和锚碇方向进行。

猫道改吊过程中,放松猫道锚固系统两端连接拉杆,并将猫道由两岸边跨向中跨滑移。对塔顶两端、锚碇前端因猫道索滑移影响的猫道面缺失或重叠部分,做好修补或拆除工作。解除猫道承重索及扶手索与塔顶临时固定连接,便于猫道在改吊和钢桁梁吊装过程中滑移平衡。

②吊索安装施工。

a. 天车运输吊索的同时,在安装地点剪开猫道面层板,形成一个开孔。在开口孔的塔侧设置吊索就位导向滚筒,其余三方设置可移动的钢管栏杆。

b. 吊索锚头到达安装地点后从天车上卸下,把两个锚头分别置于主缆两侧,在两个锚头间安装间隔保持构件,然后从锚道开孔处沿导向滚轮下放。

c. 移动后方天车,同时放绳。

d. 待后方天车到位后,放松手拉葫芦,把吊索弯折部位骑置于索夹鞍部。

e. 当弯折部位的中心标记与主缆的顶面标记吻合后,解下钢丝绳,从而完成一根吊索的安装。

f. 用同样的办法安装同一个索夹的另一根吊索,待吊索安装完成后,再进行吊索夹具和减振架的安装,从而完成本组吊索的全部安装。

g. 最后将猫道开孔恢复。

17.2.6 钢桁梁安装

(1) 钢桁梁简介

宜都长江大桥主梁采用工厂加工、拼装、运输至现场安装的方式。根据施工需要并结合设计阶段划分,全桥主桁共划分38个节段,最大吊装质量约430t。

(2) 钢桁梁吊装方法选择

悬索桥钢桁加劲梁架设一般有以下几种:

①缆载起重机:该方法在主缆上布置起重装置,从桥下定点起吊加劲梁节段,适用于大江大河等运输条件较好的桥梁。

②桥面起重机:从两岸向跨中逐段安装钢桁加劲梁,在已安装节段上安装桥面起重机。钢桁加劲梁可以从桥下整体提升,也可运输单个杆件至安装位置进行拼装,前者对运输条件要求较高。

③轨索安装方法:利用桥梁永久结构(吊索)和钢绳布置加劲梁水平运输通道,然后提升安装,该方法适用于山区悬索桥钢桁加劲梁施工。

④缆索吊装:在两岸索塔和锚碇处布置缆索吊装系统,钢桁加劲梁通过缆索吊装就位安装,该方法适用于山区桥梁钢桁加劲梁施工。

根据本桥地形地貌并结合现场实际航道条件,本桥主桥钢桁加劲梁安装拟采用2台550t缆载起重机从跨中往两岸对称吊装安装的方法施工。加劲梁构件在工厂内加工拼装成整体,通过运输船运输进场,然后通过缆载起重机吊运至设计位置安装。

(3) 钢桁梁总体吊装概述

根据总体施工设计图及现场实际地理环境,两岸钢桁梁加劲梁对称安装,以北岸钢桁加劲梁安装为例:钢桁加劲梁可划分为跨中区及近塔区,其中对于跨中(水上)梁段,运输船直接将其运输就位后采用550t缆载起重机直接吊装安装,最大节段吊装质量约430t,起吊高度约30~40m(根据历史最低及最高水位),运输船停靠区域水深6~22m。北岸边跨区三个梁段和南岸三个梁段因船舶无法进入设计位置正下方,拟采用临时搁梁滑移支架,通过550t缆载起重机起吊后荡移至搁梁支架,再用轨道运输小车运至指定位置后再吊装。

为便于桥面二期恒载铺装完成后主梁线性调整,主梁节段吊装安装时,采用窗口铰接法,在适当位置两两节段间上弦临时铰接,全桥初步设置15组临时铰的铰接方案,15组铰在后续钢桁加劲梁梁段架设及桥面系铺设过程中完成铰固转换;按设计采用高强度螺栓永久连接全桥钢桁主梁,连接完毕后,施工桥面连续混凝土、二期恒载。

(4) 施工准备工作

①近塔区移梁支架搭设。根据本桥南、北两岸现场实际工程地理条件,北岸近塔处节段和

南岸塔处节段无法船运至节段设计位置正下方进行垂直起吊,需搭设移梁支架,逐段运输至指定位置。利用缆载起重机采用"荡移法"吊装钢桁加劲梁至移梁支架上后,通过简易小车运输至指定位置,再垂直起吊安装。

移梁支架从索塔延伸至江内,总长约72.35m,上游栈桥跨径布置为14m+2×6m+4×(3m+6m)+3m,下游栈桥跨径布置为14m+2×(6m+3m)+2×6m+2×(3m+6m)+3m。

栈桥分上、下游两幅,分别与加劲梁端部节点位置对应,上、下幅之间中心距(即加劲梁主桁架端部节点间距)为36m。

②缆载起重机的安装。宜都长江大桥钢桁梁吊装采用2台550t的缆载起重机吊装,缆载起重机主要结构包括钢桁梁、行走机构、提升机构、吊具、液压系统、控制系统、动力系统等。

a.缆载起重机安装流程:行走机构—桁架边梁(7字梁)—桁架中段—桁架中段与边梁拼接—液压控制起重系统安装。

b.塔顶门架改造。

为避免主缆及猫道对起吊的干扰,缆载起重机各部件拟在主缆之间的内侧起吊。缆载起重机各部件拟采用塔顶吊鞍门架上的10t卷扬机,通过50t滑轮组走丝起吊。

因此,需在塔顶吊鞍门架前端安装2根吊臂梁,吊臂梁拟利用2HN700×300mm型钢。吊臂梁通过加强板焊接固定在门架的主桁架上,两根吊臂梁中点在距索塔塔壁8m的位置,两吊臂梁间距为2m且同时向内侧悬挑6.5m。滑车组定滑轮的吊点设置在悬臂端,定滑轮横梁(2I56a工字钢)采用缆载起重机行走机构,桁架边梁吊点设置在距悬臂端5m处,桁架中间段吊点设置在悬臂端3.5m处。

c.门架改造完成后开始安装缆载起重机构件,流程如下:

第一步:将两个行走机构利用起重系统起吊至设计高度,然后荡移至主缆上,在主缆上安装好,利用支撑索夹将行走机构固定在主缆上,调整好位置和高度并通过钢丝绳固定在门架上,以便主梁的架设。

第二步:将主梁承重梁提升就位后与行走机构通过销轴进行连接,调整好位置和高度并通过钢丝绳固定在门架上。

第三步:将桁架模块在地面拼装好后,整体吊装就位,通过高强度螺栓与主梁承重梁进行连接。

第四步:利用塔式起重机依次将设备起吊并安装好,穿好提升和牵引钢绞线,调试好设备,为缆载起重机下行做好准备。

d.缆载起重机安装调试完成后,需要进行荷载试验,通过荷载试验检验缆载起重机结构的可靠性和安全性,保证加劲梁吊装作业的安全。

③临时索夹设计。

对于近塔无索区梁段,根据现场实际情况,该梁段处不适宜搭设支架,故采用临时吊索固定该梁段。采用该方案须加工两套临时索夹,并采用两套100t的滑车组作为临时吊索。临时吊索由100t的12线滑车组和ϕ24mm的钢绳组成。

临时索夹请专业钢机构制作单位设计制造,采用骑跨式,共制作2套,上部设置索槽用于临时吊索限位。

(5)钢桁梁吊装施工

①钢桁梁吊装安装方法。钢桁加劲梁运输至施工水域后,在准备吊装的节段正下方进行抛锚定位,同时检查缆载起重机吊具并行走至相应节段的正上方,待抛锚定位完成后,吊具与钢桁加劲梁段进行连接(厂内加工时已经焊接好吊点),进行试吊及调整吊具,再进行正式起吊,起吊过程中注意缆载起重机提升速度需均匀,提升到位后,根据监控指令进行调整,调整结束后,将梁段与上一节梁段进行连接固定(固结及临时铰接),再将吊索与相应梁段进行连接,完成吊装。具体流程图如图17-5所示。

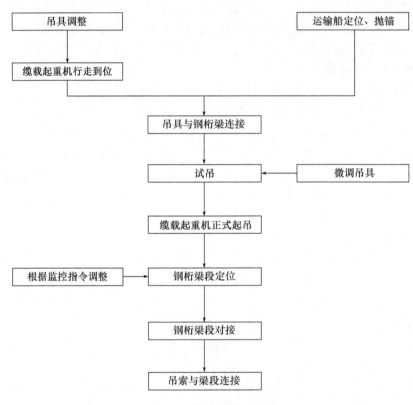

图17-5 钢桁梁吊装流程图

②钢桁梁吊装顺序。

第一步:缆载起重机现场试吊完成后,行走至$B18$节段位置,起吊安装,吊装就位后与吊杆连接。

第二步:缆载起重机移至$B17$上方,梁段运输就位后,垂直吊装就位与吊杆连接,安装斜拉短扣索,$B17$梁段与$B18$梁段永久连接。

第三步:采用与步骤2同样的方法吊装跨中$B3 \sim B16$梁段,其中$B16$与$B15$、$B14$与$B13$……$B3$在安装过程中永久连接,组合节段间主桁上弦临时铰接。其中$B3$梁段,须等$B1$、$B2$-1梁段安装完成,$B2$-2梁段放置于移梁支架上时,方可进行吊装。

第四步:根据现场地理条件及水位情况运输$B1$节段至边跨临时搁梁钢支架前方,起吊$B1$梁段至搁梁钢支架顶运输小车高程以上高度,通过岸边水平拽拉滑车组荡移$B1$梁段至移梁支架运输小车上正上方,下放缆载起重机吊点直至梁段完全置于运输小车上,运输梁段至塔底根部。

第五步:移动缆载起重机至近承台处 $B1$ 梁段正上方,起吊 $B1$ 梁段至下横梁位置,通过下横梁上安装的卷扬机配合缆载起重机对 $B1$ 梁段进行二次拽拉,起吊 $B1$ 梁段至设计位置,桥端与塔联杆连接,跨中端采用临时吊索连接,完成 $B1$ 梁段吊装安装。

第六步:采用与 $B1$ 梁段吊装相同的方法荡移 $B2$-1 梁段至搁梁钢支架运输小车上,运输 $B2$-1 梁段至设计位置正下方,移动缆载起重机至 $B2$-1 梁段上方,起吊梁段至设计高程后与吊杆连接,然后将 $B1$ 梁段与 $B2$-1 梁段永久连接。将 $B2$-2 梁段荡移至搁梁支架上,然后安装 $B3$ 梁段,等待合龙。

第七步:$B2$-2 为合龙段,其主要吊装安装步骤为:荡移 $B2$-2 梁段至搁梁支架顶运输小车上,运输梁段至设计位置正下方,先通过滑车组往引桥方向水平拽拉 $B1$ 与 $B2$-1 组合梁段,使合龙口宽度大于合龙段 30~40cm,垂直起吊合龙段至设计高程,缓慢放松水平拽拉滑车组,将 $B2$-1、$B3$ 梁段与 $B2$-2 合龙段上弦连接,完成全桥主梁合龙。

钢桁加劲梁总体的吊装顺序如图 17-6 所示(以北岸吊装为例,南北两岸对称吊装)。

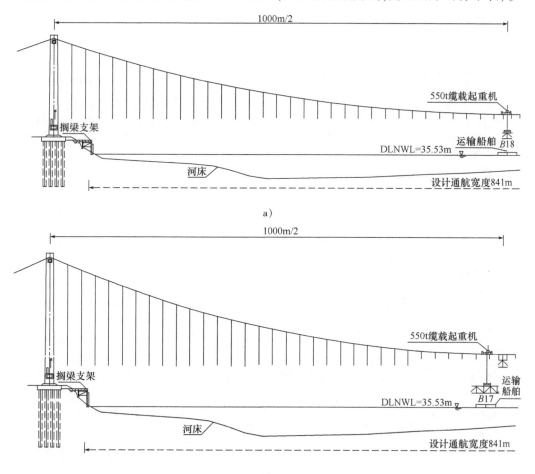

图 17-6

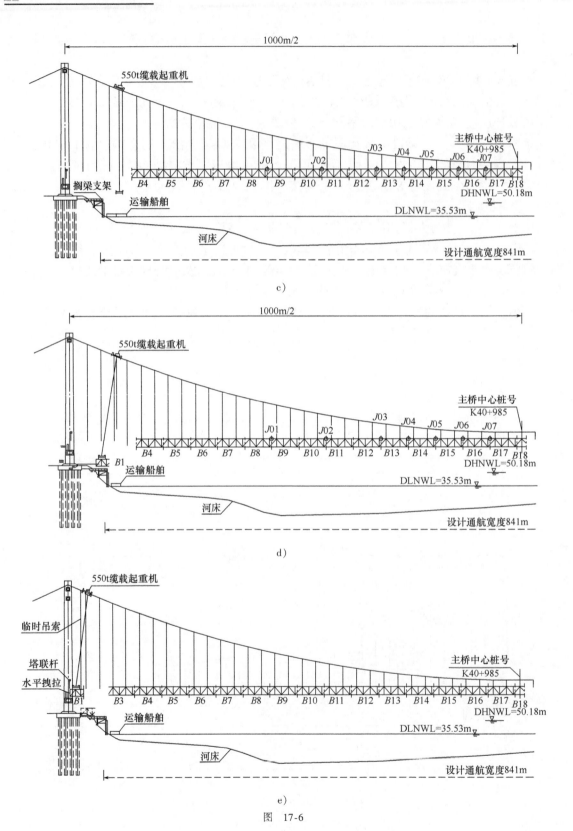

图 17-6

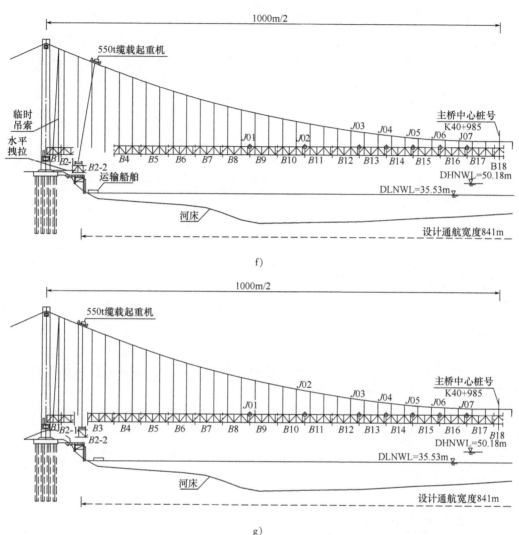

图 17-6 钢桁加劲梁总体的吊装顺序

17.2.7 桥面板安装

(1)桥面板安装施工概述

桥面板安装采用 50t 汽车起重机进行吊装,首先利用起重机及平板运输车将一跨桥面所需的各种型号的板块运至桥位处,采用汽车起重机进行吊装就位,待外伸钢筋焊接后浇筑湿接缝混凝土,最后拆除湿接缝模板。

(2)桥面板安装施工流程

桥面板安装施工主要流程为:安装部位测量弹线—桥面板吊运、安装就位—湿接缝钢筋焊接—湿接缝模板安装—湿接缝混凝土浇筑—养护—模板、临时支撑拆除。具体安装流程如图 17-7 所示。

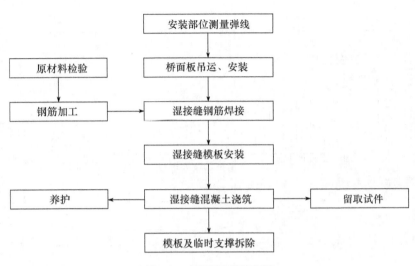

图 17-7 桥面板安装流程图

（3）桥面吊装顺序

根据施工监控单位监控要求，为确保桥面板安装后桥面板的整体线形及桥面板承受荷载后下挠值，在吊装每块预制板前，要求保证 6 个月以上的存放时间。具体安装顺序如图 17-8 所示。

第一步：先安装 $B1'$、$B2'$ 梁段上的所有桥面板，为后期拆除缆载起重机提供作业平台，然后安装中央通道，通道为 6 块板宽。

第二步：由两岸继续向跨中安装中央通道，至 $B9'$ 梁段后，桥塔通道左右两侧作业面同时向跨中安装桥面板（每侧 5 块）。

第三步：中央通道跨中合龙后，在跨中处满铺 $B17'$ 梁段桥面板作为施工作业面，然后同步由跨中向两岸安装桥面板，至全桥面板安装完成。

17.2.8 主缆缠丝施工

主缆是悬索桥的重要受力构件，为使主缆在桥梁设计营运年限内的使用安全和保持美观外形。宜都长江大桥每根主缆除锚跨内、散索鞍内、主索鞍内、缆套内、鞍罩内、索夹内的主缆不进行缠丝、防腐外（采取其他保护措施），其余凡外露的表面均需缠丝，缠丝拉力为 2.5kN（主要以监控及设计为准）。主缆防护工作内容有主缆缠丝操作和主缆涂装工作，两项操作内容密不可分，在施工中需要紧密配合，在满足涂装和防腐技术要求的前提下，以缠丝操作为主。

宜都长江大桥主缆缠丝施工待桥面板湿接缝浇筑完成后开始，缠丝顺序为先中跨后边跨，中跨由跨中方向往塔顶进行，边跨由锚碇方向往塔顶进行。

主要施工工艺包括：缠前主缆表面清理、起始端（索夹下端部）缠丝、索夹节间缠丝、缠丝焊接、终止端（索夹下端部）缠丝、齿圈过夹、手动缠丝等操作。凡主缆缠丝机能通过并能到位缠丝的地方必须机动缠丝，其余地方用手动缠丝机缠丝。

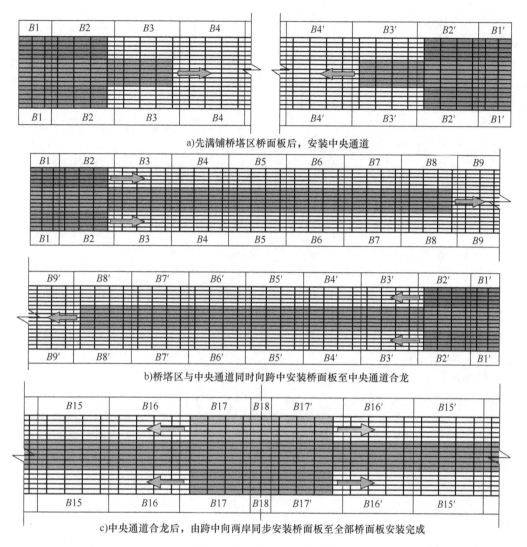

图 17-8 桥面吊装顺序示意图

①缠前主缆表面清理。

a. 从主缆低端开始,逐段拆除主缆上的捆扎钢带,用水清洗主缆表面的灰尘、油污等污染物;

b. 用硬板刷或其他工具将灰尘、锈蚀等杂物清扫干净;

c. 用清洁布或脱脂棉纱蘸溶剂沿同一方向擦拭涂装面。不允许清洗溶剂在涂装面自然干燥;

d. 肉眼检查涂装表面无水分、油污、锈蚀、盐渍等污物后,使用清洁布擦拭,直至确认清洁布上无明显污迹为止,经检查合格后用尼龙布暂时包裹,以防雨水、灰尘、油污等进入。

②起始端(索夹下端部)缠丝。

a. 安装储丝轮和端部缠丝附件,并穿绕钢丝,主机行进至端部缠丝附件前端距索夹端部间距 30mm 处;

b. 将电机速度调至 150r/min 左右;

c. 用钢丝钳将丝头扭挂在索夹的螺栓上;

d. 正转(齿圈正常缠丝为逆时针方向)点动缠丝机进行端部缠丝,若有乱丝或压丝现象,则用垫圈调整端部缠丝附近的伸出长度,以实现节距的匹配。缠至 3 圈后停机按要求进行并接焊(采用自保焊),并焊后用磨光机打磨焊坡,保留焊坡高度 1mm,并将缠好的钢丝人工推入索夹端部槽内;

e. 接着点动进行端部缠丝 3~4 圈并人工推向索夹端部后停机,脱开缠丝牙嵌离合器,机器反向走行,直至端部缠丝附件的出丝与已缠好钢丝平齐后停车;

f. 合上牙嵌离合器,继续点动缠丝,正常后,连续动作缠丝,直至缠丝至距索夹端部约 600mm 停止。

③索夹节间缠丝。继起始端缠丝完成后,接着进行两个索夹之间的缠丝,过程如下:

a. 缠丝机后端紧靠索夹下端面,前后行走架处于缠丝机前后端机架,缠丝机通过葫芦与猫道小横梁固定安装储丝轮,后出丝轮出丝在索夹前端开始起始段缠丝。

b. 当缠绕钢丝长度达到 1m 左右时,焊接钢丝并打磨,将钢丝由后出丝轮转至前出丝轮。

c. 松开前后端机架与主缆之间的夹紧装置,缠丝机处于行走模式,卷扬机牵引机架前移,缠丝齿圈相对主缆静止不动(行走齿条向后拨动),就位后固定机架。

d. 继续缠丝,当储丝轮剩余钢丝 6 圈左右时并焊钢丝,剪断剩余钢丝,卸去空储丝轮。利用前行走架挂梁更换储丝轮。

e. 夹持架前行。

f. 储丝轮由前缠丝轮出丝,钢丝接头与前段钢丝对接焊后,继续缠丝。

g. 松开夹持架与主缆夹紧机构,夹持架前行到上一索夹端部(缠丝齿圈相对主缆静止);前行走机构向下移动到夹持架中部,前机架顶升机构千斤顶回缩,夹持架前行跨越索夹;前机架顶升机构千斤顶顶升与主缆支撑,前行走机构顶升千斤顶回缩,前行走机构行走跨越索夹后千斤顶顶升与主缆支撑。

h. 缠丝机工作进行索夹区间尾端主缆缠丝、焊接。

④缠丝焊接。节间每间隔 1m 进行一次缠丝并接焊,并焊部位应在主缆上表面 30°圆心角所对应的圆弧范围内。

相邻的缠绕钢丝以气体保护焊焊接的方式进行连接接头处理。1 个索夹区间焊点分为 3 种:起始点并焊 3 圈、中间段间隔 1m 并焊 2 圈、尾端手动缠丝每圈均并焊。焊点外观呈小丘形,用砂轮机打磨,保留 1mm 以上的焊高。

因作业需要,临时停止缠丝时,迅速地进行 2 点焊接。如临时停止部位的焊接在 1m 间距附近时,该处的 1m 间距的焊接可省略。

在储丝轮钢丝剩余 6 圈左右时,钢丝并焊后切除多余钢丝。更换储丝轮,并焊接头。钢丝接头部位,应使端面相互接触,尽可能无间隙地施工。再次缠丝后在接头处注入粘缝材料,填埋间隙。

⑤终止端(索夹下端部)缠丝。当正常缠丝接近下一索夹端部时,缠丝机的回转系统与索夹会有干扰或缠绕钢丝与索夹端面接触,会造成缠绕钢丝本身及索夹端面的涂层损伤。当缠丝接近索夹端部时,用铝热焊剂将缠丝端部焊接牢固,将缠丝机出丝位置转换至缠丝转盘另一侧,将缠绕钢丝逐丝推排缠至靠近索夹端面。按照要求并固焊已缠钢丝。

⑥齿圈过夹。

a. 将齿圈旋至开口正下方,拆下活动门的销钉及压板,打开活动门;

b. 挂好齿圈防转拴拉链条,脱开牙嵌离合器;

c. 启动主机走行系统,使齿圈慢速过索夹,直至齿圈前端面越过索夹端面约600mm停止;

d. 关闭复原并栓固齿圈活动门,合上牙嵌离合器;

e. 装上端部缠丝附件,摘除齿圈上的栓挂链条,准备第二个节间的起始端端部缠丝;

f. 齿圈过中央扣索夹的要点:由于这几个索夹的外径大于齿圈内径和夹持蹄片的内空,因此必须事先取下齿圈。但夹持蹄片必须逐步退出,要始终保持缠丝机有前后两套夹持蹄片夹住主缆,以保证安全。

⑦手动缠丝。缠丝机难以接近的区域用手动缠丝。手动缠丝借助专用的手动缠丝工具,单头施缠。如在索夹位置利用手工进行缠丝,缠丝到12cm时停机。将这段钢丝向索夹边挤压,并用拉线器配合不致钢丝松弛,把端头钢丝排列整齐,当钢丝端头距索夹边有2cm时,用自保护电弧焊将主缆顶面钢丝端头焊接牢固,用砂轮把突出焊点磨平,拆下拉线器,切除多余钢丝,人工用木锤、尼龙棒将钢丝推入索夹端部环槽,直至环槽填满,钢丝嵌入索夹槽隙至少3圈,钢丝与索夹用尼龙楔固定。

17.2.9 主缆缠包带系统施工

在主缆缠丝完成之后,对主缆进行防腐施工,本主缆采用缠包带的形式对主缆进行防腐处理。

(1) 施工准备

环境要求:大气环境较为干燥的天气,湿度不超过90%,雨天不能施工;环境温度低于+5℃时必须采取升温措施;主缆表面必须干燥,不能有液态水、冰;清洁平整:缠丝表面必须干净清洁,不能有污垢;缠丝表面如有尖锐凸起物要用角磨机打磨平,防止尖角锋利物刺伤缠包带。

表面清理是缠包带工艺试验前的关键工序,直接影响主缆缠包带安装施工的质量。从主缆顶端开始,先用发泡聚乙烯刷子或抹布擦去表面油污、灰尘和杂物,检查表面有无油污、水、表面损坏、锈蚀,并做好检查情况记录,然后按下述方法进行清理。

油污处理:用抹布或棉纱沾适量稀释剂擦洗,最后用干净棉纱擦净,使用在稀释剂中充分浸泡过的抹布擦拭钢丝表面的油分时,需要频繁地更换抹布。当抹布上的污渍变少,且无论怎样擦拭污浊部分都不再有变化时即可结束。必要时用验油试纸检查是否有油。

(2) 缠包带的保管和搬运

缠包带用塑料袋包装,直立放入木箱中,不能横放,防止缠包带纸管受压变形;缠包带必须放置在阴凉、干燥和避光的地方保存,避免高温、潮湿和阳光照射使得缠包带卷曲和老化。

(3) 安装

缠包带整体应从顶端往下缠包施工,索夹间应从下端往上缠包施工。根据主缆直径选用相应的缠包带、缠带机和加热装置,根据搭接宽度要求调整好缠带机的螺旋升角,面向索体上端从下往上顺时针或逆时针缠包。

（4）索夹端面起始带缠包

由于缠带机不能紧靠索夹端面，需用起始段手工缠绕一段距离后才能用缠带机缠绕；手工缠包时，必须保持足够的张力，由下而上平行缠绕，直到本身完全重叠后再向上缠绕，然后慢慢过渡至指定的搭接宽度，起头搭接要求见图17-9。

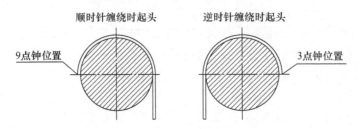

图17-9 索夹起始段缠包带手工缠绕示意图

由于索夹与缠带机产生干涉，每个工作面上缠包带的起止都需要手动完成。正确手动缠包，必须执行下列后续程序：

①从索夹开始，将缠包带卷的未固定端捆扎在主缆上。顺时针缠包时，未固定端在7点钟至11点钟位置，端头朝下；逆时针缠包时，未固定端在1点钟至5点钟位置，端头朝下。缠包带要从带卷上方拉出，而带卷应夹在主缆和正在安装的缠包带之间。

②与索夹平行缠包，直至缠包带发生重叠。缠绕完整两圈后，开始一边缠包，一边将缠包带朝着主缆上方移动，数圈后逐渐绕出规定的三叠缠包。

③工作面向上推进时，缠包带的张力应一致。下方的操作者能提供较大的张力，在将缠包带交给上方操作者时应一直拉紧缠包带。当然上方的操作者也要负责拉紧缠包带。

④叠度和张力一致是保证缠包带不出现胀鼓和松弛的关键。

⑤三层搭接口宽度须≥10mm。

（5）缠带机安装及缠带机缠绕角调整

缠带机缠绕角调整根据带宽和缠带机两圆弧板之间的距离计算缠绕角和缠包筒水平位移，调整好缠带机的缠绕角度后方可进行缠包作业。

主缆缠包带采用定制的缠带机来安装。按照正确重叠度调节好缠带机后，朝上看主缆，按顺时针或逆时针方向开始手动安装缠包带。

手动安装缠包带需执行上述（4）中的①②条。

③以手动方式在主缆上缠完一个完整带卷，第二卷和后续卷用定制的缠带机安装。

④关键施工点：搭接的距离从外部测量是122mm，每缠包三圈检测一次，检测工具为钢板尺。

⑤确保缠带张紧力为400N。

缠包带缠包搭接尺寸要求如表17-5所示。

缠包带缠包搭接尺寸参照表　　　　表17-5

主缆尺寸 （mm）	缠包带宽度 （mm）	常规接缝间距 （mm）	最少三层重叠宽度 （mm）	最多三层重叠宽度
852，缠丝后860	250	122	10	以项目实际规定为准

(6)更换新缠包带卷连接要求

当一卷缠包带用完时应按以下步骤进行连接(以逆时针安装为例)。

①保持上一卷缠包带的张力,解下剩余缠包带然后切断。

②下一卷的端头朝下压在上一卷结尾,新一圈的缠包带保证搭接长度大于50mm,用胶布粘紧,然后继续用缠带机缠绕;加热时务必要将粘紧连接的胶布撕下。

③缠包带保持原位,保持张紧度,同时摊开剩余的缠包带卷。

④剪断缠包带,以便在拼接处在与缆索顶端成90°角。

⑤用管道胶带将未固定端固定到位,或者用热气枪和滚压辊将未固定端热焊在重叠尾端。

⑥开始缠包新卷时,要做出50mm的叠层。叠层是为了使外露端面朝下。

⑦如果用胶布将未固定端固定在一起,在新卷缠约3圈后要拆下固定接合处的胶布。

(7)缠包带加热

缠包带加热应确定加热时间、加热温度、最高温度、不同气候条件下的调整方案等,并报监理批准后执行。缠绕完成后进行加热,加热须在缠包完成后24h内进行,加热温度和时间根据缠包带性能特点设定;加热温度和时间的设定需要根据施工时的气候条件调整,通过试验确定最佳的加热温度和时间;加热应确定最高温度,避免损坏缠包带。加热步骤如下:

①将加热毯包覆到主缆上,连接电源线和温控线,收紧加热毯上的收紧带,在加热毯充气口上充气,一般气压力控制为0.2~0.3MPa;将控制器与电源相连,注意电源应与加热毯的电压和电流额定值相匹配。电源必须有效接地。

②充气完成后按下电控箱上面的电源、时间继电器开始加热,等温度显示仪和时间到达设定的值后关掉电源,必须做到温度控制与时间控制的双控。加热完成后关掉电源,释放气囊气压,解开收紧带,加热毯旋转180°,对同一断面的中间缝隙进行加热。如在两索夹间使用两个加热毯一前一后进行加热,可不旋转加热毯,两个加热毯之间至少间隔两个节段。

③当加热到还剩下约两段加热毯长度时,先把加热毯移到加热最末端加热,然后再往回移动加热剩下的一段。

④缠包带加热完毕后,需要不受干扰地冷却。至少需要15min的冷却。

⑤对于小面积的缠包带不黏结时(索体不规则,或其他的突出物),在冷却后检查,如果一根手指不能掀起缠包带的边缘,认为黏结质量合格,表面边缘已经与下层紧密黏结。对于小部分不能正确黏结的部位,使用加热枪或加热毯进行重新加热。

(8)索夹密封

①索夹环缝密封。先将环缝周围清理干净,嵌入O型圈,用胶枪将硫化型橡胶挤入环缝内。安装橡胶密封带推平至索夹端面,橡胶密封带接缝须朝下,正确安装方式见图17-10。安装中间两道不锈钢扎带,用专用收紧器收紧。

施工外贴在密封带表面的缠包带,安装两端不锈钢扎带,并使用专用收紧器收紧,用加热工具使缠包带受热收缩包裹橡胶密封带,形成索夹环缝完全密封。

②索夹直缝密封。

a.清理索夹直缝中的杂质、可能存在的油污等。

b.索夹嵌填硫化型橡胶。

采用专用平整工具反复挤压,嵌填过程中做到填实,并用专用刮刀进行修整,采用平整工具反复挤压,使表面平整,最后刷涂聚氨酯面漆。

图 17-10 密封带接缝安装示意图

(9)进、排气夹密封防护

①进、排气夹环缝密封。

a. 施工环境的确认。在降雨、降雪的天气,或者可能有雨或雪的天气,或结露的情况下,应当终止作业。

b. 表面清洁。清理进、排气夹端口环槽隙中的杂质、可能存在的油污等。用清洗剂等除去油污,用砂纸或笔形磨机打磨等方法物理性地除去杂质后,用棉纱沾清洗剂后擦去,需要充分地干燥被涂面。

c. 端部及主缆贴标记带。进、排气夹端部环槽隙的外部贴标记带。

d. 嵌填聚硫密封剂。首先将聚硫密封剂用专用胶机、刮刀等不断填入,嵌填过程中做到填实,直至超出环槽槽隙部位形成45°角。用专用刮刀进行修整,修整后用专用器具压平、压实。

拆除标记带。

②进、排气夹直缝密封。

a. 施工环境的确认。在降雨、降雪时,或者可能有雨或雪的天气,或结露的情况下,应当终止作业。

b. 表面清洁。清理进、排气夹直缝中的杂质、可能存在的油污等。

首先将调配好的密封剂用专用胶枪注入,嵌填过程中做到填实,并用专用刮刀进行修整,采用平整工具反复挤压,使表面平整。

硫化密封剂施工检验合格后,在合适施工条件下,对密封剂层进行处理,清除表面的刮痕等缺陷,使表面平整,经自检合格后报监理验收。

(10)主缆防滑层

防滑层施工前先用二甲苯或甲苯清洁行走面,并用胶带布对索体上部不需要涂刷防滑材料的表面进行保护,确保行走面层的宽度一致。防滑层施工时使用刷子滚筒将搅拌好的防滑材料沿纵向涂刷两遍,待24h以后才能撕除胶布,在防滑层上行走。施工步骤如下:

①用二甲苯或甲苯清洗待涂覆的表面,以确保可靠的黏结;

②贴标记带进行防护;

③刷上专用胶,完全覆盖步行面;

④晾 10~15min;

⑤在缠包带的顶部涂 300mm 宽度的氧化铝砂末的防滑密封胶;

⑥固化24h。

17.2.10 主缆除湿系统施工

本项目除湿系统包括主缆、锚室、鞍室的长期除湿及在线监测功能,全桥共设置 2 套主缆及鞍室除湿系统,4 套锚室除湿系统,每根主缆划分 12 个除湿区域,两根主缆共 24 个除湿区域。

主缆除湿由除湿系统、气夹送气系统和自控与监控系统三部分构成,具体包括过滤器、除湿机、高压送风机、送气管路、送气罩、排气罩、通信箱、主控 PLC 电控柜及温湿度传感器、流量传感器、压力传感器等主要设备部件。外部空气在过滤装置中除去颗粒后被送入除湿机进行除湿,通过高压风机将空气通过管道送入每一个送气夹,气流流量可通过调节阀调节至规定值。在送气装置中,送气夹位置设置了压力传感器检测送气压力。每一个至送气夹的管路配有流量传感器检测送气流量。在送气夹管路设置了安全阀,当送气压力达到一定气压时,可通过安全阀泄压,确保送气安全。

(1)主缆除湿系统设备

主缆除湿系统设备具体清单如表 17-6 所示。

主缆除湿系统设备清单 表 17-6

序号	设备名称	单位	数量	规 格 型 号
一	主缆除湿系统(2 套)			
1.1	除湿机	套	2	LBCST-1100P,处理风量 1100m³/h
1.2	控制系统(主控 PLC 柜)	套	2	含 PLC 模块、通信模块、触摸屏、UPS 等元器件
1.3	配电柜(含元器件)	套	2	含断路器、交流接触器、变频器等元器件
1.4	高压风机	台	12	配变频电机
1.5	过滤器	套	2	初效,中效,高效
1.6	阀门	个	12	材质:不锈钢 304L
1.7	风管系统	套	2	含风管、阀门、弯头、三通,风管固定支架
1.8	RTP 管	m	2610	DN65
1.9	波纹金属软管	个	26	不锈钢;外带防护编织网 0.8m/个
1.10	送气不锈钢管	批	2	不锈钢,DN100,DN65
1.11	进气夹	只	12	按图纸制作
1.12	排气夹	只	18	按图纸制作
1.13	通信箱	套	30	含数据采集模块、通信模块等配件
1.14	安全阀	只	12	阀体及金属件为:内层黄铜,外层不锈钢。打开压力:2000~4000Pa
1.15	单向阀	个	18	阀体及金属件为:内层黄铜,外层不锈钢。打开压力:300Pa

续上表

序号	设备名称	单位	数量	规 格 型 号
1.16	绑扎带	m	9800	不锈钢外加封塑
二				锚室除湿系统(4套)
2.1	除湿机	台	4	LBCST-1100P,处理风量1100m^3/h
2.2	混合箱	台	4	LBMX-3000,风量3000m^3/h
2.3	控制系统	套	4	包括PLC电控柜等,含通信模块
2.4	风管系统	套	4	按施工图
三				远程监控系统
3.1	远程监控系统	套	1	包括全桥除湿系统的远程监控
四				软件系统
4.1	软件系统	套	1	包括数据采集模块,存储管理模块,通讯平台模块,用户界面模块,用户管理模块,联动控制管理模块,系统设置模块,统计分析模块
五				其他材料
5.1	桥架	批	1	100×50,200×100
5.2	12芯光缆	批	1	铠装光缆,单模
5.3	电缆	批	1	ZR-YJY
5.4	温湿度传感器	套	40	工作范围0~100%RH,-20~80℃,精度(20℃,24DC)±2%RH(0~90%RH),±3%RH(90~100%RH)
5.5	压力传感器	套	12	送风机出风口0~5psi
5.6	压力传感器	套	12	0~2psi
5.7	压力传感器	套	18	0~1psi
5.8	压差传感器	套	6	0~500Pa
5.9	流量传感器	套	12	0~15s/m,4~20mA
六				备品备件
6.1	通信箱	套	1	含数据采集模块、电源模块、通信模块等配件
6.2	压力传感器	套	1	0~2psi
6.3	压力传感器	套	1	0~1psi
6.4	温湿度传感器	只	1	工作范围0~100%RH,-20~80℃,精度(20℃,24DC)±2%RH(0~90%RH),±3%RH(90~100%RH)
6.5	流量传感器	只	1	0~15s/m,4~20mA
6.6	转轮驱动减速机	个	1	除湿机配套
6.7	转轮驱动皮带	个	2	除湿机配套
6.8	断路器	个	2	iC65N,C16A,3P
6.9	小型断路器	个	2	iC65N,C1A,2P

续上表

序号	设备名称	单位	数量	规格型号
6.10	交流接触器	个	2	LC1D1811
6.11	温控开关	个	2	0～300℃
6.12	过滤器滤芯	套	6	除湿机配套
6.13	电热管	个	1	除湿机配套

(2)除湿系统施工工艺

宜都长江大桥除湿系统施工分成三个部分:设备安装、风管安装和电器仪表安装。从安装工序划分,顺序为基础测量放线、设备安装、通风管道安装,电器仪表在通风管道安装过程中平行作业。风管、弯头等部件在加工车间内制作成安装单元,然后在现场拼装和与设备连接。待全部完成安装后,先进行单机试车,然后联动试车,系统正常可进入安装工程验收阶段。全桥除湿系统施工工艺流程图如图17-11所示。

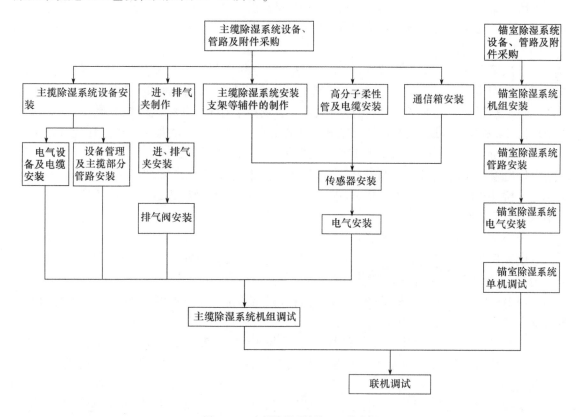

图17-11 全桥除湿系统施工工艺流程

(3)除湿机组安装

①基础检查、验收。首先对设备和安装基础进行检查、验收。因为除湿机、风机等设备是整体式,并且无垫铁安装(只能微小调整),所以设备基础的质量好坏,直接影响到设备安装的水平度偏差。基础外观应无明显凹凸,不平整等现象。

②设备开箱检查。由于除湿机、风机以及一些配套设备均是整体出厂到现场,设备安装水

平度的检测是在除湿机和风机的外壳上进行的,所以此道工序必须重点检查设备开箱后的外观情况,无变形、凹凸、锈蚀等缺陷。除此之外,施工人员还需根据装箱单,对包装箱内设备型号、规格、技术资料等进行清点。

③放线。设备基础放线是指以室内构筑物的轴线或边缘为基准线进行设备放线。放线工序是直接影响设备安装位置是否正确的关键,需要严格按图纸和施工现场的建筑状况进行校正。

④设备就位、找正、找平。设备基础放完线、复查合格后,按设计要求制作除湿机钢架基础。风机箱因已有槽钢基础支架,故不需再设置钢架基础。设备基础与地板固定后,将设备就位。除湿机和风机箱底座四周垫上一圈 $\delta = 10mm$ 的橡胶板作为防震材料。除湿机就位找正后,橡胶板与设备底座边缘平齐,不得有凸出与凹陷,然后对设备进行找平。找平后拧紧地脚螺栓。

⑤便于设备维修保养的准备。

为便于设备的检查维修,设备安装区必须有足够的工作空间,以便打开风口板及转轮。靠近前面的空间区域应具有与机体本身同样宽阔的空间。

(4)电器及仪器、仪表安装

①电控箱安装。按照图纸位置,固定电控箱前,需要先制作电控箱支架,然后将发货到现场的成品电控箱固定在支架上。成品电控箱内,已经安装好控制仪表和控制线路。

机房控制箱系统庞大,安装就位前需做好完善的准备工作,并将电缆敷设就位,控制接点集中连接,并采取编号遥感的校准方式,机房控制箱作为机房施工的最后一道工序完成。

②电缆桥架安装。根据施工图纸确定出电缆桥架的安装位置。

根据电缆桥架的规格大小及安装,制作相应的型钢支架。

电缆桥架采用专用连接板连接,连接处缝隙紧密平直,并用软铜线作为跨接地线,与大桥接地系统可靠连接。

电缆桥架安装横平竖直,固定牢固。

③电缆保护管敷设。根据施工图纸确定出电缆保护套管的安装位置。电缆套管的安装要横平竖直,固定牢固。电缆保护管不得有穿孔、裂纹和显著的凹凸不平,管子内壁要光滑,无毛刺,管口用锉刀锉平整。弯曲半径不得小于管外径的6倍,弯曲程度不得大于管径的10%。敷设横平竖直,固定牢固,支架间距均匀。

在电控箱上开孔时,要用专用开孔器开孔,并与所配管径吻合,一管一孔,不得开长孔。

主缆电缆管附着在扶手绳上,电缆管采用耐久性较好的包塑不锈钢软管,除接线盒外,电缆不能接头。

④电缆敷设。电缆敷设包括电源电缆和仪表信号线电缆。每个除湿系统,电源电缆主要由电控箱至除湿机敷设,以及电控箱至风机箱敷设。仪表信号线电缆主要是由电控箱至除湿机设备上的电控箱敷设,以及电控箱至各传感器敷设。

电缆敷设前,检查电缆规格型号、电压等级是否符合设计要求,电缆外观是否完好无损,有无产品合格证。

用兆欧表对电缆做绝缘电阻测试,合格后用塑料绝缘带做密封处理,以防电缆受潮。

敷设前,按设计和实际路径计算每根电缆的长度,合理安排每盘电缆,以减少电缆接头,避免浪费。

主缆电缆采用耐久性较好的材料,除接线盒外,不能接头。

⑤传感器安装。主缆除湿系统传感器较多,机房内传感器在机房施工时同步就位,主缆索夹处的传感器在塑料复合管道安装完成后,以及电缆管道完成后安装。传感器主要分为温湿度、压力和流量传感器3种。温湿度传感器为探头式,直接插入检测孔并封闭处理;压力传感器为空气管式,需将一个空气管插入检测孔,另一侧悬空,传感器安置在通信箱内;流量传感器是一种用于检测液体、气体等介质的流量参数并将其转换为其他形式的信号进行输出的一种检测用仪器仪表。流量传感器具有体积小、重量轻、读数直观清晰、可靠性高、无压力损失等诸多优点。

主缆通信箱施工较简单,内置部件基本包括变压器、开关、通信模块、采集模块等。通信箱在生产制作车间已经接线完毕,现场仅需就位并连接进出线即可。

锚室除湿系统的湿度传感器设置在除湿机组距离回风口 10~20m 的范围内。传感器如手掌大小。信号线接至除湿机控制箱,并按照图纸与控制箱相接。

⑥电器绝缘和测试。

电控箱和电缆敷设完成后,均根据规范进行接地检查和绝缘测试。全部合格后,方能通电进行单体试车。

(5)管道安装

①主缆送气管道安装。主缆送气管道采用具有良好防紫外线能力的塑料复合管。安装过程分三个部分:盘卷管放卷、提升管道、管道固定。

a.盘卷管放卷。在进行主缆送气管道敷设时,需要先在桥面将管道两端对接的法兰安装完毕后,方能在主缆上敷设。主缆送气管道通过猫道进行牵引敷设,由于每根管道长度均超过100m,为保证管道外表面在施工过程中拖拽不被划伤,采用柔性敷设方式进行敷设。

b.提升管道。将放开的 RTP 管一端从主缆和桥面相交(或最接近)的位置牵入。RTP 管位于扶手绳的中间。

在主缆上 RTP 管拖拽经过的位置上用铁丝将临时垫管固定到位。临时垫管为废弃的 RTP 管,沿途每个索夹处安装一个。

每个索卡处站2人,用包装带(放卷后的废弃的包装带)绕在 RTP 管上进行拖拽。管头处安排 2~3 人用尼龙吊绳(带)绕在扣压接头上并即时地将吊绳固定在沿途的扶手绳固定支架上,防止管体下滑,并且在需要停止拖拽的时候可以即刻停止作业。

c.管道固定。将拖拽到位的 RTP 管一端用吊绳固定在合适的位置。从另一端(下端)开始将 RTP 管从扶手绳内侧翻转到扶手绳外层。每次翻转的长度约20m。这样可以确保 RTP 管不会翻落。翻转到位的 RTP 管立即用卡箍进行固定。同时用绑扎带在缠绕段将 RTP 管与扶手绳缠绕在一起。每两个卡箍之间都有缠绕段。

②锚室通风管道安装。将制作好的风管、弯头等部件用汽车运至现场进行组装。设备安装完毕后根据图纸进行管线放线,同时进行支、吊架的制作、安装。支、吊架的形式参照风管支、吊架图集。风管支架间距要求如表17-7所示。

风管支架间距要求表　　　　　　　　　　表17-7

直径或边长(mm)	水平安装(m)	垂直安装(m)
<400	≤2	≤2.5
≥400	≤2.5	≤2.5

吊架安装时，每段风管设置2个固定支架，且不得设置在风口、调节阀等处。

支架安装后，进行风管组装。法兰之间密封采用 $\delta=3mm$ 软橡胶板并用 M6～M8 螺栓拧紧。

风口、风阀安装后，外表平整、调节灵活，不得有变形。风管与风机箱设备进出口均设置 $L=200mm$ 帆布软接头，安装后松紧应适度，且无扭曲现象。

风管安装完毕后，进行系统的严密性漏光检测，漏光处应用密封胶进行密封处理，确保风管的密封性。

安装时，再生排风管需要按气流方向设置排水坡度，坡度1%，并在管道最低处设 $D=15mm$ 的排水阀。

再生排风管还需进行保温，其他风管不需要保温。保温厚度 $\delta=25\sim30mm$。保温后外观应平整，无明显凹凸不平等缺陷。

(6) 主缆除湿系统检漏验收

检漏验收主要使用发泡剂检测。在主缆除湿系统设备及管路安装完毕，主缆索夹、进排气夹敛缝完成之后，向主缆除湿系统输送带压空气，在部分主缆缠包部位、每个索夹敛缝部位、管道接头部位涂抹发泡剂，观察有无气泡产生，检验主缆除湿系统气密性，对发现的泄露处进行修复。具体步骤如下：

①检查各连接点是否按照设计要求连接牢固，各测量器具是否正确连接并处于完好状态；

②检查除湿系统各设备是否完好，基础连接是否牢固；

③检查电源（或临时电源）接线是否符合要求，是否有漏电短路保护；

④检查所有对外排气口泄压阀是否安装正确，未安装仪表器具的接口是否临时封堵牢靠；

⑤开启电源，启动高压风机向系统内输送带压空气；

⑥调节各处管道阀门，使得各进气管内气流压力、流量符合设计要求，运行10min后达到稳定送气状态；

⑦对于所有管道接头部位涂抹发泡剂，观察有无气泡产生，对漏气处进行标记；

⑧记录检查结果，分析缺陷类型及产生原因，确定处理方案；

⑨在各进排气索夹处检测压力及流量，排气索夹处应能检出气压；

⑩缺陷修补后，进行再次送气测试，送气后针对标示点测漏，如仍漏气，需要重复此步骤，直至漏点合格。

(7) 除湿系统测试、调试

本项目除湿系统调试、测试工作按照以下步骤进行：

①试运行。设备安装完毕，待电气安装、调试正常后，可进行除湿机与风机的单机试运行，达到要求后即可进行系统运行。

②设备单体试运行。设备试车前进行检查，设备及周围环境要保持清洁、干燥，附近不得

进行有粉尘或较大噪声的作业。

技术人员需为参加试车人员讲解设备的构造性能、技术参数，使其做到心中有数。电气专业人员需对安装的盘柜、线路进行复查，对线路是否正确，保护是否可靠等方面进行模拟试验，合格后方可与设备联动。设备专业人员需检查机械转动是否灵活，润滑油是否足够等，合格后才能与电气进行联动，具体顺序：先点动再检查，一切正常后进行运行，第一次运行时间为10min，停机后进行检查，无异常才开始系统运行。

③系统联动试车。在单机试运行合格后即可进行系统试运行，整个系统运行时间不得低于8h，运行中主要针对风量、进出空气的湿度进行测试并进行检测记录。

17.2.11 猫道拆除

猫道作为悬索桥上构施工的作业通道，在拆除前必须完成主缆缠丝、涂装及缆上附属结构、索夹螺栓最后一次紧固张拉。清理猫道面网上的杂物，准备好设备机具，做好相应的安全保护措施，并做好技术交底和安全教育，通知各相关单位，一切准备就绪后再开始猫道的拆除。

（1）猫道线形调整

猫道拆除之前，要调整线形，通过张紧或放松承重索来调整面网与主缆之间的净空高度，保持为1.5m为宜。

适当张紧承重索，利用5t的手拉葫芦协助将猫道改吊绳逐根放松，使猫道完全脱离主缆并依靠塔顶猫道预埋件承重，放松之前需详细检查各吊索处面网上的孔洞，并向塔侧开口约1.0m，以防止改吊绳放松后猫道垂度下降碰伤吊索。当猫道进入吊悬挂状态后，为保持猫道横向稳定及线形平顺，需调整每根猫道承重索的长度，使其尽量保持一致，并每间隔30m用钢绳将猫道挂在主缆索夹上，作为横向稳定索。

（2）猫道拆除施工概述

①猫道面网、侧网、扶手绳拆除。在扶手绳、侧网、扶手立柱拆除的同时，平行开始进行猫道面层网及小横梁的拆除工作，拆除从塔顶向跨中依次进行。

首先用大力钳沿猫道中线将每片面网剪开成两部分，然后再拆掉小横梁，拆除的面网用尼龙绳垂直下放桥面或人工搬运到桥面上堆放（靠近塔区的部分利用塔式起重机吊放）；小横梁也用同样的方式放至桥面上，直至将整个猫道面网全部拆除完毕，此时面网及型钢梁全部堆放在桥面上，需利用起重机、挂车进行转运，或拆除一部分，转运一部分。

用于下放面网和小横梁的尼龙绳，直径不得小于20mm，抗拉能力不小于500kg。每次用尼龙绳下放的物件，质量不允许超过100kg，面网不允许超过2片。

桥面上拆下来的面网、横梁等应及时转移到靠近桥轴线的附近堆放，并运离桥面。

拆除面网系统的过程中，要注意猫道整体线形的变化，随着重量的减轻，承重索会逐渐抬高，如果出现未拆除的面网段将碰触主缆底部，则适当放松承重索，使之保持合适的净空高度。

②变位梁拆除。猫道承重索经过塔顶时，在边跨侧和中跨侧各设置了2个变位梁，变位梁主要承受承重索的横向张力。在拆除时利用手拉葫芦，先拆除靠近塔顶的变位梁，再拆除远离塔顶的变位梁，从中间向两侧对称逐根将钢丝绳脱离变位梁绳槽，变位梁拆除后利用塔式起重机转运至塔底。

③猫道承重索拆除。猫道承重索的拆除分为两部分,一为主缆外侧部分,二为主缆内侧部分。猫道承重索的拆除顺序为先内侧后外侧,先利用大拉杆进行最大限度的整体放松,再在塔顶锚固,然后放松小拉杆逐根拆除。猫道承重索拆除后再利用同样的方法逐根拆除门架承重索。

拆除步骤如下:

第一步:散索鞍处用 $\phi 38$ 钢丝绳将猫道固定梁与锚桩固定,加上临时支撑引导猫道固定梁,采用拉压方式临时限位,防止扭转。

第二步:中跨侧利用两岸塔顶 10t 卷扬机导 6 线滑车组与 $\phi 54$ 承重索相连。锚固方式为:用 11 个 $\phi 56$ 绳卡,将 $\phi 38$ 钢丝绳绳头与中跨侧 $\phi 54$ 承重索相连,再利用 40t 卸扣将 $\phi 38$ 钢丝绳绳头与滑车组相连,形成承重索临时锚固系统。

第三步:边跨侧在散索鞍处利用 10t 卷扬机导 2 线与 $\phi 54$ 承重索相连。承重索锚固方式与中跨侧锚固方式一致。

第四步:先解除塔顶转索鞍处约束,然后再启动塔顶中跨侧 10t 卷扬机,将中跨侧承重索抬高原位置 4m。启动散索鞍处 10t 卷扬机,将边跨猫道承重索反拉,解除承重索锚头与小拉杆的连接。

第五步:缓慢放松散索鞍处 10t 卷扬机,直至边跨侧承重索处于自然下垂状态。

第六步:启动宜都岸中跨侧 10t 卷扬机,将中跨侧承重索逐步放至桥面托辊上,直到中跨侧承重索不能依靠重力下放。

第七步:将塔底 10t 卷扬机在塔顶与承重索相连。启动 10t 卷扬机将宜都岸边跨侧承重索逐步向中跨侧牵拉,直到承重索锚头到达塔顶,牵拉过程中边跨侧散索鞍处卷扬机始终处于反拉状态。最后利用塔式起重机将承重索锚头提放至桥面上。

第八步:宜都岸绳头下放至桥面后,将承重索上盘回收,在北索塔顶和北岸锚碇处设置牵引绳与猫道承重索连接,边牵引边上盘回收,直到锚头过北索塔时临时锚固好锚头,再用塔式起重机把锚头放置在北索塔边跨侧桥面上,再利用锚碇处的牵引绳继续牵引,同时上盘回收。

第九步:拆除主缆内侧承重索后再逐根拆除外侧承重索。先利用两岸塔顶 10t 和 5t 卷扬机横移中跨承重索,再利用塔顶 5t 卷扬机和汽车起重机横移边跨侧承重索,最后利用拆除主缆内侧猫道承重索的方法将其拆除。(外侧承重索必须提升到最低点高于主缆检修道 2~3m 处方可横移。)

第十步:门架承重索拆除时先利用散索鞍处 10t 卷扬机和塔顶 5t 卷扬机将边跨侧承重索抬放至主缆内侧,再利用两岸塔顶 10t 卷扬机将中跨侧承重索抬放至主缆内侧,最后利用拆除主缆内侧猫道承重索的方法将其拆除。

施工安全注意事项:

a. 拆除顺序为主缆内侧猫道承重索—主缆外侧猫道承重索—门架承重索。

b. 固定承重索的 $\phi 58$ 绳卡共 11 个,必须设置保险卡,并注意绳卡的方向(U 形圈靠副绳)。

c. 卷扬机在替换时必须先确定替换后的卷扬机能有足够的拉力,然后外侧卷扬机卸力,内侧卷扬机施力,缓慢进行荷载转换。

d. 承重索在下放过程中注意对主缆和吊索的保护。

e.承重索在拆除过程中须有专职安全员对周边环境进行警戒,设置安全区域,控制危险区域的突发情况。

f.承重索必须放置于托架滚轮(木头)上,回收时每200m安排1人,防止承重索跳出托辊。

17.3 小结

17.3.1 猫道施工小结

①猫道在施工前,需要对主塔、锚碇所有的预埋件进行严格的检查,避免后期施工中发现预埋件缺失而影响施工进度。

采取措施:在施工预埋件之前,必须编制预埋件清单,在每施工一道工序时,按照清单进行检查。

②架设猫道承重索时上下游需要对称架设,如果出现特殊情况下,导致不能对称架设,最大差值不能多于1根。承重索架设时需要控制好线形,避免后期出现猫道与主缆的间距过大或者过小,影响后期施工。

采取措施:严格按照监控指令要求来施工。

17.3.2 主缆架设施工小结

主缆索股在架设过程中经常出现的问题包括:索股扭转、索股散丝及缠包带断裂、索股鼓丝、索股保护漆破坏、索股出现乱冲等问题,针对以上问题进行分析并提出解决措施。

(1)架设过程中索股扭转

①原因如下:

a.猫道因其柔性在结构宽度方向上的荷载分布不对称引起猫道倾斜。

b.采用单侧牵引系统,因门架、导轮组及牵引索股自重偏心,造成猫道倾斜,索股在托辊上侧向滚动,造成扭转。

c.索股架设中,猫道承受的是可变荷载。架设中牵引速度改变并通过猫道门架传至猫道,使拽拉器和托辊很难保持在同一竖直面上,索股有侧向滚动的趋势,造成扭转。

d.猫道托辊设有侧向锥角,当锥角设计不合理时,牵引过程中,索股至托辊锥角部位会产生侧翻,从而造成扭转。

②采取的措施。

a.拽拉器与索股锚头之间采用刚性连接,防止起始段索股因内力产生的扭转,同时避免锚头软连接使扭转加剧。

b.适当加宽猫道宽度,增加猫道承重索数量并合理布置,以提高猫道刚度,减少荷载造成的猫道倾斜。

c. 设计合理的托辊侧向锥角(60°)，索股与托辊保持一个面接触。如有必要，也可在托辊上增设竖向转轴。

d. 索股上每隔 200m 安装一鱼雷夹具，人工跟踪控制，不让索股扭转。

(2)架设过程中索股散丝、缠丝带断裂

①原因如下：

a. 索股制作时，由于上盘力原因，易造成索股在盘上缠绕不紧，牵引过程中出现松弛现象，增大了内外层索股间摩擦，致使缠包带部分断裂而散丝。

b. 索股制作与索股架设，间距时间较长，温度引起缠包带老化，降低了握裹力，引起断带散丝。

c. 索股牵引过程中，通过锚、塔等处竖向弯曲半径较小，索股径向反力较大，易造成断带散丝。

d. 支承托辊表面材料硬，对索股缠包带有磨损，造成断带散丝。

②采取措施。

a. 工厂制索时，采用合理的上盘力及高质量的缠包带。

b. 索股牵引过程中，始终保持合理的张力，避免索盘上索股松弛下垂导致磨损。

c. 调整并适当减小锚、塔等处托辊间距，并增大此区段竖向弯曲半径。

d. 选择采用尼龙托辊，加强对缠包带及索股镀锌层保护。

(3)架设过程中索股鼓丝

①原因如下：

a. 基准丝与一般丝制作误差，同一索股内因钢丝内应力不同造成长度误差，经长距离牵引后引起鼓丝。

b. 索股受托辊的摩擦力，下部钢丝产生拉应力而发生拉应变。因长距离牵引至锚、塔顶曲率半径变化较大处，应变逐渐积累造成后移限制，产生索股鼓丝。

c. 索股整形入鞍顺序是由边跨向中跨、锚跨向边跨进行，索股在鞍槽内摩擦力远大于索股牵引时在托辊的摩擦力，索股上下层的相对位移不一致，易在主索鞍边跨中、散索鞍锚跨中产生鼓丝。

d. 牵引中因索股散丝，单根或数根钢丝被挂拉易产生鼓丝。

②采取措施。

a. 确定合理的整形入鞍工艺和顺序。

b. 索股牵引过程中，严密监控，杜绝钢丝被挂拉。

c. 确定适当的索股预抬高量，减少或消除索股调整时产生的鼓丝。

d. 调整索股时，采用木锤在调整部位附近反复敲打，并用手拉葫芦适当上提索股，以减小鞍槽摩擦影响。

e. 对于锚跨的鼓丝，必须赶至边跨，并远离散索鞍，后期恒载增加时，自然会消除鼓丝。

(4)保护索股表面镀锌层

①握索器内表面应采用高强软质材料；握索器及小型夹具边角应打磨或圆角，并增大握索器与索股的接触面积，使得握索器既能夹紧索股又不造成索股夹痕及损伤。

②钢丝绳与索股接触部位采用隔离方式，防止摩擦造成镀锌层损伤。

③在塔顶、锚顶门架处,采用尼龙吊带吊挂索股整形入鞍,保护索股镀锌层。

④若索股表面局部镀锌层出现损伤,应按要求涂抹环氧富锌漆修复。

⑤主缆架设完成后,对主塔附近20m左右的位置用镀锌薄铁皮包裹,避免后期主缆被油脂、电焊等污染破坏。

(5)索股架设中的抗风措施

要正常架设索股,必须满足猫道门架不能与已架设索股在横向发生冲突,通过计算表明,满足作业要求须做到以下几点:

①将已架设好的索股采用麻绳捆绑并与猫道连接在一起,目的是使猫道和已架设索股在风作用下共同偏移,保证索股正常架设;也为了防止索股摆动而相互撞击,影响索股调整精度;以及施工中遇强风作用时防止主缆与猫道横向变形不一致可能产生对主缆的损伤。

②在一般索股架设一定数量后,为便于主、边跨各索股的排列和形状保持,每隔一定间距(大约150m)设置V形保持器及竖向插片保持器。

18 桥面系及附属工程施工

18.1 主桥沥青混凝土桥面施工

18.1.1 施工准备

(1)材料

集料为宜昌市夷陵区鑫源石料场生产的 2.36~16mm 粗集料、腾飞矿业石料场生产的 0~2.36mm 细集料。

沥青为湖北交投致远新材料科技有限公司生产的高黏高弹改性沥青。

矿粉为项目部自制加工生产的矿粉(母岩:腾飞矿业石料场生产的石灰岩)。

聚酯纤维为盐城市德诺工程材料有限公司生产的聚酯纤维。

项目部对所有原材料进行了各种参数的检查,满足相关设计要求,检查结果如表 18-1 所示。

材料进场试验检测结果汇总表　　表 18-1

材料名称	试验项目		实测值	技术要求
沥青	针入度(25℃,100g,5s)(0.1mm)		58	40~70
	延度(5℃)(cm)		42	≥40
	软化点(℃)		93	≥90
	TFOT (薄膜烘箱试验)后	质量损失(%)	0.28	≤±1.0
		针入度比(25℃)(%)	69	≥65
		延度(5℃)(cm)	32	≥30
粗集料	压碎值(%)		5.2	≤20
	洛杉矶磨耗值(%)		9.7	≤22

续上表

材料名称	试验项目		实测值	技术要求
粗集料	表观相对密度	9.5~16mm	3.102	≥2.5
		4.75~9.5mm	3.099	
		2.36~4.75mm	3.077	
	吸水率	9.5~16mm	0.95	≤2.0
		4.75~9.5mm	0.88	
		2.36~4.75mm	0.96	
	对沥青的黏附性		5级	≥5级
	针片状颗粒含量(%)	9.5~16mm	1.3~2.7	9.5mm以上≤12 9.5mm，9.5mm以下≤18
		4.75~9.5mm	1.8~3.1	
		2.36~4.75mm	0.7	
	水洗法<0.075mm颗粒含量(%)	9.5~16mm	0.9	≤1.0
		4.75~9.5mm	0.9	
		2.36~4.75mm	1.0	
	软弱颗粒(%)	9.5~16mm	0.6	≤3.0
		4.75~9.5mm	0.8	
		2.36~4.75mm	0.8	
石屑	表观相对密度		2.775	≥2.5
	亚甲蓝值(g/kg)		1.8	≤25
	砂当量(%)		62	≥60
	坚固性		7	≤12
	小于0.075mm质量百分率(%)		11.6	≤12.5
	棱角性(s)		39.8	≥30
矿粉	表观相对密度		2.72	≥2.50
	含水量(%)		0.3	≤1.0
	粒度范围(%)	<0.6mm	100	100
		<0.15mm	93.1	90~100
		<0.075mm	81.1	75~100
	外观		无团粒结块	无团粒结块
	亲水系数		0.5	<1
	塑性指数		3.0	<4
聚酯纤维	直径(μm)		14	10~25
	长度(mm)		6.75	6±1.5
	抗拉强度(MPa)		530	≥500
	断裂伸长率(%)		16	≥15
	耐热性(210℃、2h)		体积无变化、高温不变形	体积无变化、高温不变形

(2)施工机械

为确保工程质量,桥面铺装施工中采用大型机械化施工,对拌和机、运料车、摊铺机和压路机等的生产能力、数量及组合方式做到协调、匹配,并做好开工前的保养、试机工作。确保在施工期间不发生有碍施工质量和进度的故障。

①拌和设备。沥青混合料用安迈4000型间歇式拌和机拌制,拌和站位于 K41+600 宜都长江大桥引桥右侧,沥青拌和站邻近主线,北临江堤,东面南岸锚碇,交通便利。占地面积约 63 亩($42000m^2$),按照标准化要求建设施工,各区域划分明确。

②运输车辆。根据运距和拌和机功率,配备足够数量的自卸汽车。综合考虑主桥施工,投入10台以上的大型自卸货车。运送沥青混合料的卡车配有紧密、清洁、光滑的金属底板和侧板,并具有一个保温帆布篷,用于防雨和保温,其大小能完全覆盖整个车厢。为防止运输车辆漏油、漏水污染路面,车辆底盘下包彩条布。

③摊铺设备。高黏高弹沥青混合料推铺采用中大 DT 2000 履带式摊铺机,并用非接触式声呐找平仪按厚度控制。用具有可加热的振动熨平板及振动夯等初步压实、熨平装置,摊铺机在每天摊铺工作前进行预热,预热温度不低于100℃,为减小污染采用侧向喂料机进行喂料。

④碾压设备。路面压实是路面施工中最重要的一环,为确保压实质量,配备如下压路机:3台(戴纳派克 CC624HF)双钢轮振动压路机,1台(宝马格 BM120AD-4)双钢轮小型振动压路机,2台振动夯。为防止运输车辆漏油、漏水污染路面,车辆底盘下包彩条布。

(3)配合比设计

在试验段施工前,进行目标配合比设计、生产配合比设计和生产配合比验证三阶段的沥青混合料配合比设计。沥青混合料配合比的设计与校验按相关技术标准及《公路沥青路面施工技术规范》(JTG F40—2004)规定的方法进行。

矿料级配确定后,采用马歇尔试验方法确定沥青混合料最佳沥青用量,并综合考虑其抗疲劳性能、水稳定性、高温稳定性、低温抗裂性等路用性能。通过试验确定沥青混合料的相关参数,如沥青用量、空隙率等,使环氧沥青混合料具有良好的结构特点,以达到设计所要求的性能指标。

①确定矿料的组成设计。

本次目标配合比设计的聚酯纤维掺量为沥青混合料质量的0.3%。先确定 SMA(沥青玛蹄脂碎石混合料)-13 的三种级配(级配 A 级配 B 和级配 C),4.75mm 筛孔通过率分别为 30.8%、27.7%、24.3%,三种级配组成见表18-2。分别测定三种级配的 VCA_{DRC} 初试油石比按6.1%双面各击实75次制作试件,测定 VCAmix 及 VMA 等指标,在满足 VCAmix 小于 VCA_{DRC} 和 VMA 不小于16.5%等条件的基础上确定级配,测试结果见表18-3和表18-4。

三组级配设计组成结果　　　　表18-2

级配类型 (1号:2号:3号:4号:矿粉)	通过下列筛孔(方孔筛,mm)的质量百分比(%)									
	16.0	13.2	9.5	4.75	2.36	1.18	0.6	0.3	0.15	0.075
级配 A (42:31:5:14:8)	100	97.2	63.6	30.8	22.9	18.9	15.4	13.5	11.3	8.6
级配 B (37:40:2:12:9)	100	97.6	67.7	27.7	22.3	18.8	15.8	14.1	11.8	9.2
级配 C (46:34:3:9:8)	100	97.0	60.1	24.3	18.7	16.0	13.5	12.2	10.3	8.1

VCA$_{DRC}$测试结果　　　　　　　　　　　　　　　　　　　　表18-3

级配类型	捣实容重（t/m³）	4.75mm通过百分率（%）	粗集料毛体积密度（g/m³）	粗集料骨架间隙VCA$_{DRC}$（%）
级配A	1.84	30.8	3.015	39.0
级配B	1.82	27.7	3.016	39.6
级配C	1.84	24.3	3.015	39.0

初试级配的体积分析　　　　　　　　　　　　　　　　　　　　表18-4

级配类型	油石比（%）	试件毛体积相对密度	计算理论最大相对密度	空隙率VV（%）	矿料间隙VMA（%）	饱和度VFA（%）	粗集料骨架间隙率VCA$_{mix}$（%）
级配A	6.1	2.623	2.702	2.9	16.7	82.4	30.4
级配B	6.1	2.604	2.692	3.3	17.0	80.7	33.5
级配C	—	2.550	2.690	5.2	18.6	72.0	38.3
要求	—	—	—	3~4	≥16.5	75~85	≤VCA$_{DRC}$

由表18-4可知,级配B体积指标满足要求,而级配A、C体积指标不满足要求,因此本次设计选级配B为设计级配。

②马歇尔稳定度试验。

根据初试油石比以6.1%为中值,按0.3%的间隔,取油石比5.8%、6.1%、6.4%,并加入0.3%的聚酯纤维,按B级配分别成型马歇尔试件,不同油石比下马歇尔试件的各项技术指标结果如表18-5所示。

不同油石比下马歇尔稳定度试验结果　　　　　　　　　　　　　表18-5

油石比（%）	毛体积相对密度	计算理论最大相对密度	空隙率（%）	矿料间隙VMA（%）	饱和度VFA（%）	粗集料骨架间隙率VCA$_{mix}$（%）	稳定度（kN）
5.8	2.593	2.704	4.1	17.1	76.1	33.8	11.88
6.1	2.607	2.692	3.2	16.9	81.3	33.4	12.18
6.4	2.604	2.680	2.8	17.2	83.5	33.5	12.34
要求	—	—	3~4	≥16.5	75~85	≤VCA$_{DRC}$	≥6

③设计油石比的确定。

根据SMA-13路面设计要求,空隙率应控制在3%~4%,矿料间隙率VMA不小于16.5%,本次油石比为6.1%时空隙率为3.2%,其他指标(VMA、VCA、稳定度、饱和度等)均满足设计要求,根据实际工程应用经验,选取6.1%为设计油石比。

④配合比设计检验。

按最佳油石比进行拌和,对沥青混合料进行浸水马歇尔和冻融劈裂试验以验证其水稳定性,对沥青混合料进行车辙试验验证其高温稳定性;对沥青混合料在-10℃,加速率为50mm/min的条件下进行弯曲试验验证其低温抗裂性能;试验结果如表18-6。

沥青混合料各项实测指标　　　　　　　　　　表18-6

检测项目	单位	技术要求	测定值
空隙率	%	3~4	3.2
矿料间隙率	%	≥16.5	16.9
沥青饱和度	%	75~85	81.0
马歇尔稳定度	kN	≥6	14.59
动稳定度	次/mm	≥6000	6018
浸水残留稳定度	%	≥90	95.2
冻融劈裂强度比	%	≥85	96.9
低温极限破坏应变	(-10℃)/με	≥3000	4557
析漏试验的结合料损失	%	≤0.1	0.04
肯特堡飞散损失	%	≤10	4.3
渗水系数	mL/min	≤80	26

由上表可知,该沥青混合料所检测的各项指标均满足规范对SMA-13型沥青混合料的相关技术要求。

(4)结论

通过对沥青混合料原材料检测、马歇尔试验及相关的验证试验,SMA-13型沥青混合料目标配合比拟采用表18-7所示结果。

SMA-13型沥青混合料目标配合比　　　　　　　　　　表18-7

沥青混合料类型	油石比(%)	纤维含量(%)	各种矿料所占比例(%)				
			1号料(11~17mm)	2号料(6~11mm)	3号料(3~6mm)	4号料(0~3mm)	矿粉
高黏高弹SMA	6.1	0.3	37	40	2	12	9

18.1.2　试验段施工

主桥路面采用上下两层4cmSMA-13高黏高弹改性沥青混凝土、防水黏结层采用PCR乳化沥青加高黏高弹改性沥青同步碎石封层,路面总厚度8cm。根据总体施工组织设计及现场实际情况,主桥路面试验段施工,试验段桩号为K41+826.5~K42+006.5左幅(引桥两联),长度180m,摊铺宽度为15.85m。试验段施工要求、施工工艺与主桥完全相同。

(1)试验目的

①检验混合料的级配、油石比、马歇尔性能,由此确定生产用的标准配合比。

②钻芯检测厚度,结合施工压实厚度与松铺厚度,确定摊铺机的松铺系数。

③通过试验段施工确定合理的施工机械型号、数量、组合方式、落实技术培训、技术岗位及最佳工艺流程,提高生产效率。

④通过试拌确定拌和机的上料速度、拌和数量与时间、拌和温度、沥青和集料变化与波动

的调控手段等施工工艺。

⑤通过试铺确定混合料的摊铺温度、摊铺速度、摊铺机工作参数、自动找平方式等施工工艺,避免或减少离析的措施。

⑥通过碾压确定适宜的压路机类型和数量、碾压温度、碾压顺序、碾压速度和遍数等施工工艺,确定施工缝处理方式等。

⑦确定质量控制的措施和手段。

(2)试验段总结

通过主桥面层试验段摊铺,确定了施工方案的可行、施工工艺的合理,可以用于后期主桥路面的大规模施工。所配备的人员、设备、材料等能满足施工的需要,面层拌和站拌合料供应连续无间断,沥青混合料各项性能均符合设计和规范要求,相关的检验、检测均能为现场施工提供指导依据。具体工序总结如表18-8所示。

沥青面层混合料及现场检测的质量管理　　　表18-8

检查项目	质量要求或允许偏差	检查方法和频率
外观	观察混合料均匀性、色泽、有无花白料、离析、冒烟、油团等现象,观察压实后路面是否平整密实,有无明显轮迹、裂缝、推挤、油包、离析	随时,目测
温度	符合混合料温度规定	每车
级配	在级配范围内	每台拌和机每作业日2次
沥青用量	设计沥青用量的±0.3%	
马歇尔试验	符合规定	每台拌和机每作业日1组
浸水马歇尔试验	符合规定	必要时
车辙试验	符合规定	
压实度	代表值≥98%,极值≥95%	采用试验室标准马歇尔密度,每2000m²一点
现场空隙率	平均值4%～8%,极值3%～9%	
平整度 (最大间隙)	上面层≤3mm 中、下面层≤5mm	3m直尺,接缝处
平整度 (标准差)	上面层≤1.2mm 下面层≤1.8mm	平整度仪,全线连续
厚度	代表值:总厚及每层设计值的-5% 合格值:总厚及每层设计值的-10%	半幅每公里5点,单点评定
中线平面偏位	≤20mm	经纬仪;每200m测4点
宽度	不小于设计值	尺量;每200m测4个断面
横坡	≤±0.3%	水准仪;每200m测4点
渗水系数	≤80mL/min	渗水仪;每层1组/200m/车道

①生产配合比。SMA-13型沥青混合料生产配合比如表18-9所示。

SMA-13型沥青混合料生产配合比   表18-9

沥青混合料类型	油石比（%）	纤维含量（%）	各种矿料所占比例(%)				
			1号料(11~17mm)	2号料(6~11mm)	3号料(3~6mm)	4号料(0~3mm)	矿粉
高黏高弹SMA	6.1	0.3	36	40	2	12	10

②施工机械配置。主桥路面主要施工机械配置如表18-10所示。

主桥路面主要施工机械配置表   表18-10

序号	名称	型号	数量
1	沥青混合料拌和设备	安迈4000型	1套
2	履带式摊铺机	中大DT2000	1台
3	双钢轮振动压路机	戴纳派克CC624HF	3台
4	双钢轮小型振动压路机	宝马格BM120AD-4	1台
5	洒水车	10m³	2台
6	自卸车	后八轮	10台
7	装载机	—	4台
8	抛丸机	—	2台
9	沥青洒布机	—	1台
10	同步碎石封层车	—	1台

③沥青混合料拌和。混合料生产时采用3台装载机不间断上料,配置1台装载机及时转移废粉及溢料;拌和机搅拌干拌8s,湿拌40s,拌和总时间为48s;每盘拌和数量2.7t,投放纤维数量为2袋(8kg);沥青加热温度170℃左右,矿料加热温度180~200℃左右。

④沥青混合料摊铺。摊铺机的行走速度与生产能力相匹配,拌和楼每小时可生产150~180t混合料,可铺筑长度为90~110m,摊铺机行走速度定为1.5~2m/min;夯锤振动频率为14Hz;主线路面摊铺采用非接触式平衡梁找平方式;摊铺初始温度控制在155℃以上;确定的松铺系数为1.20。K41+826.5~K42+006.5左幅中面层实测松铺系数如表18-11所示。

K41+826.5~K42+006.5左幅中面层实测松铺系数   表18-11

桩号	距中	摊铺前(m)	松铺后(m)	压实后(m)	松-前(m)	压-前(m)	松铺系数
k41+935	左1m	68.526	68.573	68.565	0.047	0.039	1.205
	左5m	68.446	68.495	68.488	0.049	0.041	1.181
	左10m	68.345	68.395	68.387	0.050	0.041	1.205
	左15m	68.247	68.300	68.290	0.053	0.042	1.247
k41+940	左1m	68.404	68.451	68.443	0.047	0.039	1.205
	左5m	68.328	68.375	68.367	0.047	0.039	1.205
	左10m	68.223	68.272	68.263	0.049	0.040	1.225
	左15m	68.124	68.173	68.164	0.049	0.040	1.225

续上表

桩　号	距　中	摊铺前 (m)	松铺后 (m)	压实后 (m)	松－前 (m)	压－前 (m)	松铺系数
k41+945	左1m	68.284	68.333	68.325	0.049	0.040	1.210
	左5m	68.205	68.254	68.246	0.049	0.040	1.210
	左10m	68.104	68.153	68.144	0.049	0.039	1.241
	左15m	68.002	68.053	68.045	0.051	0.042	1.200
k41+950	左1m	68.161	68.213	68.204	0.052	0.043	1.209
	左5m	68.080	68.126	68.119	0.046	0.039	1.179
	左10m	67.984	68.032	68.024	0.048	0.040	1.200
	左15m	67.882	67.932	67.923	0.050	0.041	1.220
k41+955	左1m	68.037	68.087	68.079	0.050	0.041	1.205
	左5m	67.960	68.007	67.999	0.047	0.039	1.221
	左10m	67.857	67.905	67.897	0.048	0.039	1.215
	左15m	67.757	67.805	67.797	0.048	0.039	1.215
k41+960	左1m	67.913	67.962	67.953	0.049	0.040	1.225
	左5m	67.830	67.880	67.873	0.050	0.043	1.163
	左10m	67.732	67.780	67.774	0.048	0.042	1.143
	左15m	67.635	67.687	67.678	0.052	0.043	1.209
k41+965	左1m	67.798	67.845	67.837	0.047	0.038	1.221
	左5m	67.714	67.764	67.756	0.050	0.041	1.205
	左10m	67.614	67.664	67.655	0.050	0.040	1.235
	左15m	67.516	67.564	67.556	0.048	0.039	1.215
k41+970	左1m	67.671	67.720	67.711	0.049	0.040	1.225
	左5m	67.588	67.640	67.631	0.052	0.043	1.209
	左10m	67.489	67.539	67.530	0.050	0.041	1.220
	左15m	67.392	67.430	67.431	0.038	0.039	0.974
k41+975	左1m	67.546	67.593	67.586	0.047	0.039	1.190
	左5m	67.467	67.516	67.508	0.049	0.040	1.210
	左10m	67.371	67.418	67.410	0.047	0.038	1.221
	左15m	67.270	67.320	67.312	0.050	0.041	1.205
k41+980	左1m	67.426	67.476	67.467	0.050	0.041	1.220
	左5m	67.344	67.394	67.385	0.050	0.041	1.220
	左10m	67.247	67.294	67.286	0.047	0.039	1.205
	左15m	67.143	67.192	67.184	0.049	0.041	1.195
松铺系数 平均值	—	—	—	—	—	—	1.203

⑤沥青混合料碾压组合。沥青混合料碾压组合详情如表18-12所示。

沥青混合料碾压组合　　　　　　　　　　　　　　　　表18-12

序 号	碾压遍数	压路机类型	碾压方法	碾压速度（km/h）
1	第一遍	双钢轮	静压	2.0~3.0
2	第二遍	双钢轮振荡	振压	3.0~4.5
3	第三遍	双钢轮振荡	振压	3.0~4.5
4	第四遍	双钢轮振荡	振压	3.0~4.5
5	第五遍	双钢轮振荡	振压	3.0~4.5
6	第六遍	双钢轮	收光	4.0~6.0

高温压实，压路机紧跟摊铺机碾压，尽可能在高温下结束碾压工序，现场用无核密度仪及时对摊铺层进行跟踪检测压实度。

⑥各阶段温度控制指标。每车混合料进、出场温度，摊铺温度，碾压温度等检测的统计数据列表如表18-13所示。

沥青混合料各阶段温度记录表　　　　　　　　　　　　表18-13

序 号	出场温度（℃）	运输到现场温度（℃）	摊铺温度（℃）	碾压终了表面温度（℃）
规范要求	170~185	≥160	≥155	≥90
1	184	183	175	93
2	181	180	169	91
3	180	179	167	91
4	189	187	177	93
5	170	166	160	90
6	175	173	167	92
平均值	179.8	178	169.2	91.7

试验段现场距离拌和站约1km，车辆运输时间约10min，温度在运输过程中基本无损失，摊铺至初压之间温度损失约9℃，碾压完成后平均温度为91℃左右，施工过程中需保证摊铺机紧跟碾压。各阶段温度检测结果显示满足规范要求。

⑦混合料实测级配试验结果对照。混合料实测级配试验结果对照结果如表18-14所示。

混合料实测级配试验结果对照　　　　　　　　　　　　表18-14

筛孔尺寸（mm）	通过百分率（%）										
	31.5	26.5	19.0	16.0	13.2	9.5	4.75	2.36	1.18	0.6	0.3	0.15	0.075
标准级配范围	—	—	—	100	90~100	50~75	20~34	15~26	14~24	12~20	10~16	9~15	8~12
通过百分率	—	—	—	100	93.6	59.4	23.0	20.6	19.6	14.4	12.2	11.0	9.2

⑧钻芯法确定路面压实度等指标。试验室对现场沥青钻芯取样，检测了厚度、压实度、空隙率等指标，相关数据及说明如表18-15所示。

钻芯厚度、压实度、空隙率检测 表 18-15

序号	桩号	芯样高度(mm)	现场空隙率	芯样密度(g/cm³)	压实度
	规范要求	代表值:总厚及每层设计值的 -5%;合格值:总厚及每层设计值的 -10%	3-4	马歇尔标准密度2.689	≥98
1	K41+990 左 10.0m	43	3.6	2.53	99.7
2	K41+990 左 4.0m	44	4.2	2.512	99.2
3	K41+960 左 6.0m	42	3.7	2.495	99.6
4	K41+935 左 12.0m	45	3.8	2.495	99.5
5	K41+890 左 3.0m	44	3.1	2.505	100.2
6	K41+850 左 6.0m	41	3.4	2.536	99.9
7	平均值	43	3.63	—	99.7
8	代表值	—	—	—	99.4

通过检测发现,厚度、空隙率、压实度等指标均满足设计及规范要求。

⑨渗水试验检测。共检测 3 个段落,路面渗水系数分别为 0mL/min、3mL/min、15mL/min,均小于设计值(上面层 80mL/min,合格率不低于 90%)。

18.1.3 主桥桥面施工

(1) 防水黏结层施工

①防水黏结层施工前,采用抛丸机对混凝土表面进行抛丸打毛粗糙处理,清除混凝土表面浮浆至其集料外露,构造深度不小于 0.4mm,并用风机和水洗至混凝土表面无灰尘。

②表面处理干净后喷洒 0.5kg/m² PCR 改性沥青进行表面预处理。

③采用同步碎石封层车洒布高黏高弹改性沥青和碎石,高黏高弹改性沥青洒布量为 1.2~1.4kg/m²,喷洒温度控制为 190~200℃。预拌碎石采用 SBS 改性沥青和粒径为 4.75~9.5mm 的玄武岩碎石,油石比为 0.3%~0.5%,洒铺面积约占铺装面积的 70%~90%。

④高黏高弹改性沥青和预拌碎石洒布后,及时采用重型胶轮压路机跟进碾压 1~2 遍,使预拌碎石部分镶嵌进高黏高弹改性沥青中。

⑤铺设完成后试验人员及时检测了防水黏结层黏结强度,35℃时拉拔应力≥0.4MPa。

(2) 测量放样

在摊铺前,根据测量按拟定的松铺系数测量垫板高度。摊铺时厚度是由摊铺机自带的平衡梁通过红外线进行自动控制,现场施工员即时持自制标尺检查,厚度不足时,即时调整松铺厚度,拟定松铺厚度为 4.8mm,数显器上加一次即为增加 1mm。

(3) 拌和

①采用 1 台安曼 4000 型拌和楼,集料和沥青材料按工地生产配合比规定的用量进行生产。

②沥青由储油设施储存,并与沥青拌和楼的沥青存储箱连通。采用导热油加热,沥青加热温度170℃左右,矿料加热温度180~200℃左右,混合料出场平均温度为180℃。

③沥青混合料每锅干拌时间8s,湿拌时间40s。混合料拌和均匀,所有矿料颗粒全部裹覆沥青膜,混合料未发现花白石子、无沥青团块。

④生产所产生的废粉经过布袋除尘系统,湿排进入废粉仓,用铲车运至指定堆放处。

⑤纤维稳定剂的添加与拌和机的拌和同步进行,采用人工投送,每锅混合料约2.7t,投放纤维数量为2袋(8kg)。

⑥生产过程中产生的极少废料由铲车运至指定地点堆放。

⑦出厂的沥青混合料逐车用经过标定的地磅称重,同时测量其温度,签发一式三份运料单,一份存拌和厂、一份交摊铺现场、一份交司机,并分别归档备查。

(4)运输

①试验段沥青混合料采用10台大型运输车,车厢上备有覆盖设施,装料前已将车厢清扫干净,车辆底部及两侧均清扫干净,并涂薄层防粘剂,并清除车箱底部多余的混合液。

②拌和站距离现场约2km,混合料运输至现场用时约15min。现场有5辆运输车后开始沥青摊铺作业。车辆数量满足现场施工需求。

③所有运输车辆均装有自动覆盖装置,装完料后及时进行保温覆盖。

④混合料车辆装料按前、后、中的顺序,每装一斗料挪动一下汽车的位置,以减少混合料离析。

⑤运输车尽快将拌成的混合料运送到铺筑现场,前、后场试验人员采用数字显示插入式温度计检测沥青混合料的出场温度和运到现场温度,对温度不合格混合料坚决废弃。

⑥现场设专人指挥运输车卸料,并做好相应的记录。

(5)摊铺

①主桥路面摊铺采用非接触式平衡梁的找平方式。摊铺机就位后,预热约1h,使熨平板温度不低于100℃,按松铺系数1.2调整熨平板高度至4.8cm。沥青混合料采用1台中大宽幅抗离析摊铺机进行摊铺。

②摊铺前对进料斗与沥青接触面涂刷防粘油。

③摊铺时,调整好摊铺机熨平板的激振强度,使各块熨平板激振力一致。熨平板采用中强夯等级,使铺面的初始压实度不小于85%。摊铺机熨平板拼接紧密,不存在缝隙,未出现卡入粒料将摊铺面拉出条痕的现象。

④摊铺机在摊铺过程中匀速、缓慢、连续不间断摊铺,中途不随意变速或停机。在铺筑过程中,料斗进料口完全打开,摊铺机螺旋送料器不停顿地转动,并保持有不少于送料器高度2/3的混合料,保证在摊铺机全宽度断面上不发生离析。在熨平板按所需厚度固定后,不得随意调整;熨平板有效地摊铺出具有所需平整度和纹理的表面,而不会拉扯、推挤混合料或造成孔洞。摊铺速度保持在1.5~2.0m/min。

⑤摊铺机起步后,施工人员根据摊铺沥青面及时复核熨平板拱度,对超过偏差的熨平板进行调整,使各熨平板在同一平面上。

⑥于防撞墙接触面上均匀涂上一薄层沥青,然后再紧靠着这些接触面摊铺沥青混合料。

⑦用机械摊铺的混合料,不应用人工反复修整。但是摊铺带边缘局部缺料时,在现场技术

人员指导下,可以用人工找补混合料。洒料用的铁锹等工具加热使用,并粘油水混合物,以防黏结,但不得过于频繁,影响混合料质量。

⑧在摊铺过程中,设专人检查铺筑厚度及平整度,发现局部离析、拖痕及其他问题及时处理。

(6)碾压

压路机紧随摊铺机后,遵循"高温、紧跟、高频、低幅、慢压、少水"的原则进行碾压,碾压过程中,相邻两幅重叠的宽度控制在20cm左右。碾压有效时间是从开始摊铺到温度下降到90℃的时间,混合料开始摊铺后温度下降最快,大约4~5℃/min。所以压路机要紧跟着摊铺机作业,争取有足够的压实时间。

碾压刚起步时,用水将钢轮冲洗干净,并在起步前5~10m范围内铺设土工布并洒水润湿,防止碾压起步时的混凝土污染路面。

(7)接缝处理

横向接缝采用平接缝。用6m直尺从端头起检查平整度和压实度,至平整度均合格处进行划线,切成垂直面,将多余废料清除。

接缝处理不好常容易产生的缺陷是接缝处凹下或凸起,以及由于接缝压实度不够和结合强度不足而产生裂纹甚至松散,在施工中需特别注意。

18.2 主桥伸缩缝安装

宜都长江大桥主桥桥面系各联间采用80型模数式伸缩缝(6道),梁端采用DS1360型毛勒转轴式伸缩缝(2道),80型与DS1360型伸缩缝的施工工艺相同,下面主要讲述DS1360型伸缩缝施工。

18.2.1 施工准备

①检查伸缩装置运输中有无损坏;
②检查施工设备和机具的完好性;
③检查钢箱梁梁端上横梁牛腿定位是否准确,是否满足设计要求;
④检查伸缩缝预留槽的尺寸是否符合设计要求,特别注意高程不符合处及时调整,测量伸缩缝槽口的宽度确定伸缩缝中心位置。

18.2.2 伸缩缝安装工艺流程

大桥梁端伸缩缝安装采用左右幅分幅施工,先施工左幅另一幅开放交通,待其混凝土强度满足规范要求后,再施工右幅,左幅开放交通。

伸缩缝安装施工工序简单,其施工工艺流程如图18-1所示。

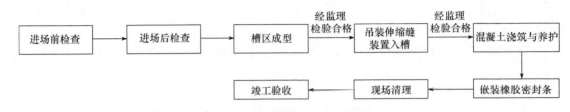

图 18-1 伸缩缝安装施工工艺流程图

18.2.3 伸缩缝安装

(1) 槽口处理

DS1360型伸缩缝安装前需要对预留槽口进行凿毛处理,并割除伸缩缝位移箱位置的钢筋,便于后期伸缩缝安装。

(2) 伸缩缝吊装

伸缩缝运输至指定施工位置后,采用50t起重机对缝体进行吊装。

(3) 调整伸缩装置纵、横向位置及高程

根据引桥与主桥桥面高程控制伸缩缝顶面高程,伸缩缝的位置根据主桥梁段牛腿位置定位伸缩缝。

(4) 伸缩缝解锁

伸缩缝安装就位并将位置及高程调整至设计要求后,需要对伸缩缝进行解锁,当温度达到设计解锁温度(20~23℃)时,立即解锁拆除伸缩装置上的所有门架限位装置,并立即进行双边水平筋焊接固定,保证每一个位移箱内有2根预埋的水平筋与其焊环连接。(注:达不到设计温度时,根据监控部门给出的梁的伸缩量对伸缩缝的伸缩量进行调整。)

(5) 钢筋施工

伸缩缝安装完成后,需要绑扎槽口内其他钢筋。

(6) 模板安装

在模板安装前,用空压机将槽口内浮渣仔细吹干净,检查伸缩缝位移箱根部的钢模板,如钢模板与槽底有间隙,则需要用泡沫胶进行填充。如钢模板与槽底间隙较大,则需要在钢模板朝向结构缝的一侧安装木模板。木模板和泡沫胶的作用为防止浇注混凝土时漏浆,所以,木模板务必安装牢固,泡沫胶需要填满充实。槽口两侧采用木模板。

(7) 混凝土浇筑及养护

①浇筑混凝土前须反复仔细检查,务必做到:模板及泡沫胶牢固满实;所有位移箱下方无杂物;槽口内干净,无浮土、浮渣。

②对槽口旁边的路面终饰层及伸缩装置两侧边梁间铺设保护措施,防止浇筑混凝土时造成污染、破坏。

③浇筑混凝土:混凝土采用C50聚丙烯纤维混凝土,混凝土浇筑时将混凝土罐车尾部尽

量贴近槽口,使滑料槽(出料系统)错开伸缩缝位移箱上方,避免浇筑时污染周围成品表面。浇筑混凝土时须同时配合多部振捣设备,以保证混凝土达到浇筑密实的要求。浇筑完成后及时处理新浇筑混凝土表面,处理完成后,上覆保水塑料薄膜。

④养护保护:在混凝土养护初期,定时对新浇筑混凝土的表面进行养护处理。混凝土养护期间,须全程定时向新浇筑混凝土补水,保证混凝土充分水化反应,直至混凝土养护期结束。

⑤浇筑完混凝土后7d内严禁任何车辆从伸缩缝上经过。

(8)伸缩缝橡胶条安装

混凝土浇筑结束后,进行剩余橡胶条安装。

①均匀涂抹润滑油于钢梁两侧凹槽。

②将准备好橡胶条平放于安装位置。

③用专用工具将橡胶条两侧嵌进钢梁凹槽。

(9)伸缩缝检查验收

伸缩装置安装检查具体项目如表 18-16 所示。

伸缩装置安装检查项目表 表 18-16

项目	检查项目		规定位或允许偏差	检查方法和频率(每道缝)
1	缝宽		符合设计要求	用尺量,每车道 2 点
2	与桥面高差(mm)		2	用尺量,每车道沿行车方向前后各 1 点
3	纵坡(%)	大型	±0.2	用水准仪测量,小型装置测量纵向锚固混凝土端部,大型装置测量纵向两端
		一般	±0.3	
4	横向平整度(mm)		3	沿行车方向用 3m 直尺测量,每一道 1 处测 3 次

18.3 主桥防撞护栏制造及安装

18.3.1 总体施工流程

根据本工程结构特点:防撞护栏在内场完成零件下料、部件制作、内场涂装(预留一道面漆在工地涂装);立柱在内场完成制造;异形横梁方钢管由专业生产厂家制造,在内场制孔,所有构件通过汽车运输至桥址,从跨中依次向两侧对称安装护栏立柱,边立柱应在预埋板上放线定位,中立柱柱脚螺栓可先初拧定位,待钢防撞护栏立柱安装完成后,安装横梁及套管,最后调节护栏线形,满足要求及验收合格后,进行终拧,补涂最后一道面漆。

本工程工艺阶段如图 18-2 所示。

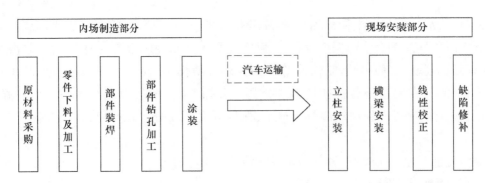

图 18-2 工艺阶段划分

18.3.2 前期工艺准备

(1) 材料采购

①公司将按招标文件的要求选定钢材供应商(供方),签订材料供应合同,明确双方责任和权利、供货方式、材料质量验收标准、供货地点等详细条款。

②焊接材料优先选择长期为桥梁制造供应焊接材料的合格供方,并经工艺评定和试验合格后,采用邀请招标方式确定焊材供货商。

③紧固件的采购将在经评定合格的供方中选择,供方必须承诺按本工程进度要求供货。

(2) 钢材复验

钢护栏杆结构钢材为 Q355C,钢结构制造使用钢材的化学成分必须符合设计要求,见表18-17。

化学成分标准表　　　　　　　　　　　表 18-17

牌　号	参 照 标 准	用 于 部 位
Q355C	低合金高强度结构钢 (GB/T 1591—2018)	立柱,横梁等

①钢材入库前应按以下内容复查或验收,并做好检查记录备查。

②钢材到厂后,除有生产钢厂的出厂质量证明书外,还应按钢材复验标准进行抽检复验,按同一厂家、同一材质、同一板厚、同一出厂状态每 10 个炉(批)号抽检一组试件;若订货为探伤钢板,应抽取每种板厚的 10%(至少一张)进行超声波探伤(UT),做好复验检查记录。

③钢材的化学成分、力学性能等必须符合相关国家标准和图纸要求。每批钢材的检验项目、取样数量、取样部位及试验方法应符合表 18-18 的规定。

钢 材 复 验 表　　　　　　　　　　　表 18-18

序号	检验项目	取样数量	取样方法及部位	试验方法
1	化学成分	1	GB/T 222	GB/T 223
2	拉伸	1	GB/T 2975	GB/T 228
3	冲击	3	GB/T 229	GB/T 229
4	冷弯	1	GB/T 2975	GB/T 232

续上表

序号	检验项目	取样数量	取样方法及部位	试验方法
5	表面	逐张(根)	—	目视
6	尺寸	逐张(根)	—	卡尺、直尺
7	超声检测		按材质复验要求	

④钢材表面锈蚀等级应符合《涂覆涂料前钢材表面处理 表面清洁度的目视评定 第1部分：未涂覆过的钢材表面和全面清除原有涂层后的钢材表面的锈蚀等级和处理等级》（GB/T 8923.1—2011）的规定。

⑤钢板厚度δ的偏差应符合《热轧钢板和钢带的尺寸、外形、重量及允许偏差》（GB/T 709—2006）。

（3）焊接材料复验

①焊接材料应结合焊接工艺，通过焊接工艺评定试验进行选择，保证焊缝性能不低于母材，工艺简单，焊接变形小，所选焊条、焊剂、焊丝均应符合相应国家标准要求。

②CO_2气体保护焊的气体纯度应大于99.9%。

焊接材料应有生产厂家提供的出厂质量证明外，公司对所有不同批号的焊接材料进行首批抽样复验，其机械性能及化学成分应达到相关标准的规定，并做好复验检查记录。实际生产中根据一定的批量，由质量检验部门随机进行抽查复验，以保证焊接材料质量可靠。

焊条和CO_2焊丝的复验主要考察熔敷金属的力学性能，满足标准的要求；其中对低温冲击试验的结果要求有足够的富余量，以保证产品焊缝有良好的韧性，具体如表18-19所示。

焊接材料表　　　　　　　表18-19

焊材名称	用途	标准	标准号
焊条	低合金钢	《热强钢焊条》	GB/T 5118—2012
焊丝	碳素钢、低合金钢	《熔化极气体保护电弧焊用非合金钢及细晶粒钢实心焊丝》	GB/T 8110—2020

（4）涂装材料复验

涂装材料进厂时，工厂验证生产厂家的出厂质量证明，对每批涂装材料取样进行复验，复验结果不低于生产厂家质量证明书上的性能指标为合格，复验合格后投入使用，并做好复验检查记录备查。

（5）螺钉的复验

其复验应符合国家标准的规定，复验后，如对产品质量有异议，应在产品质量保证期内向生产厂提出，进行仲裁试验。

（6）材料管理

①为确保材料进厂后材料在复验、入库、存放等环节中全过程受控，所有参与物资供应的人员严格按"制造质量保证体系"和公司质量体系程序文件要求执行，全面履行各自职责。

②负责钢材验收并提交验收证书（包括材料品名、数量、质量检验证书及验货时间），并将所有"质量检查合格单"报监理工程师备查。

③材料复验合格后入库，由质检部门在质保书上加盖合格印章，编上序号，作为领料依据；

在实物指定位置做明显检验合格标识。

④本工程材料专料专用,严格执行材料领退制度,对于检验不合格材料及时反馈给业主和供货单位并立即换料或退料,以免使用过程中混用。

⑤焊接材料由专用仓库储存、按规定烘干、登记领用。领用量不得多于4h用量,当焊条、焊剂未用完时,应交回焊条房重新烘干。烘干后的焊条应放在专用的保温筒内备用。

⑥涂装材料存放于专用仓库中,配备有整套的消防设备。涂装材料将注明使用期限,确保不使用过期的产品。

⑦为确保材质管理的可追溯性,用于本项目上的所有钢材、型材、焊材和涂装材料进厂检验和复验合格后,纳入公司物资供应计算机网络系统进行管理。

⑧螺钉等应按包装箱上注明的批号、规格分类保管,室内架空存放,堆放不宜超过五层。保管期内不得任意开箱,防止生锈和沾染脏物。

18.3.3 厂内制造加工

(1)放样及下料

①放样。采用计算机三维放样技术,对钢护栏各构件进行准确放样,绘制各构件零件详图,作为绘制下料套料图及数控编程的依据。

②下料。

a. 下料前核对钢材的牌号、规格、材质等相关资料,检查钢材表面质量。

b. 下料严格按工艺套料图进行,钢板及大型零件的起吊转运采用磁力吊具,扁钢加劲板等采用专用吊具起吊,保证钢板及下料后零件的平整度。

c. 钢板采用等离子或火焰切割下料、数控激光下料等。

d. 管材采用锯床切割下料、数控激光下料、半自动切割机下料等。

(2)腰圆孔加工

钢护栏立柱及横梁上的腰圆孔采用平面数控激光精密切割或三维激光制孔加工。

(3)零件折弯加工

防撞栏杆立柱板材及部分型材折弯加工在400t或1300t油压机上进行。加工流程如下:

①制作零件压制专用模具及检查样板;

②零件定位夹紧,启动油压机将零件压制成型。

(4)专用工装设计

设计立柱自动焊接工具,在立柱装配上研发了多点气动夹紧+三维机械手臂焊接工装,实现立柱自动装焊功能。

18.3.4 防撞护栏制造工艺

(1)防撞护栏制作流程

①在隔板划线平台上完成自动划线,进行立柱各零件的下料切割。

②制作专用模具及检验样板,将外侧翼缘板折弯成形,对内翼缘板各零件进行组焊。

③立柱外侧翼缘板上专用胎架压紧定位焊。
④立柱腹板定位装焊。
⑤立柱腹板两侧加劲及立柱顶板定位装焊。
⑥立柱内侧翼缘板压紧定位焊。
⑦角钢及底板定位焊。(现在已经完成底座板安装的立柱制造时不安装底座)
⑧检查立柱单元件长度、宽度、对角线差、焊接质量和平面度等。合格单元件标记后转入存放。

(2)横孔制孔工艺

横梁长圆孔采用冲孔加工或者等离子精密切割。
①使用锯床及辅助工装定位,对横梁进行下料。
②在激光下料机上制顶夹具,使用激光下料进行方管长条孔的开制。(根据现场测量结果部分在现场配钻。)
③标示打包,转入涂装工序。

18.3.5 防撞护栏工地安装工艺

钢护栏安装施工是整个钢护栏工程的关键工序,影响到大桥整体工程的安全和美观,钢护栏安装质量的好坏关系到整体的质量。

防撞护栏运输至现场后使用叉车下车,将护栏部件沿桥面放置。使用人工安装立柱及横梁。

主桥边立柱应在预埋板上画线定位,定位完成后安装立柱,立柱与底座采用单侧坡口焊接,焊缝质量为一级熔透,后安装横梁,横梁与立柱应进行终拧,一次成型。

主桥中立柱采用栓接,安装之前应对预埋板定位尺寸进行复测,对在允许误差范围内的立柱予以安装定位,柱脚螺栓初拧定位,后安装横梁,横梁线形调直后再进行终拧。

安装钢护栏,在钢立柱的垂直面上由下至上四档顺序安装,每四根钢立柱安装相应长度钢护栏四根,将钢立柱与钢护栏连接处的2只螺栓预拧紧,安装30m后进行线形、高低调整,纠正后再拧紧全部螺栓。

每一根钢管护栏与另一根钢管护栏装配结合点处在钢管内加装相应连接套管的钢管并用螺栓紧固,连成一体。防撞护栏安装流程如图18-3所示。

图18-3 防撞护栏安装流程图

主要施工过程如下:在基座上放出安装基准轴线;拆除包装,安装立柱并调直;已安装底座板的护栏现场焊接;使用叉车安装下横梁:待立柱定位后使用叉车安装下部横梁。使用螺栓进行连接,螺栓暂不紧固;安装其他横梁:使用叉车依次向下安装横梁,待全部横梁安装完成后紧固螺栓。

18.3.6 防撞护栏安装验收标准

防撞护栏验收具体标准如表18-20所示。

防撞护栏验收标准　　　　　　　表18-20

检查项目	规定值或允许偏差	检查方法和频率
镀(涂)层厚度(μm)	符合设计	测厚仪:抽检10%
拼接螺栓抗拉强度(MPa)	符合设计	抽样做拉力试验,每批3组
立柱外边缘距路肩边线距离(mm)	符合设计	直尺:抽检10%
立柱中距(mm)	±10	钢卷尺:抽检10%
立柱竖直度(mm/m)	±4	垂线、直尺:抽检。10%
横梁中心高度(mm)	±5	直尺:抽检10%
护栏顺直度(mm/m)	±5	拉线、直尺:抽检10%
护栏平面偏位(mm)	±4	拉线、钢卷尺、经纬仪:30m检查一处

18.4 小结

为确保工程质量,桥面铺装施工中采用大型机械化施工,对拌和机、运料车、摊铺机和压路机等的生产能力、数量及组合方式做到协调、匹配,并做好开工前的保养、试机工作。确保在施工期间不发生有碍施工质量和进度的故障。车行道铺装前桥面应进行表面喷砂处理,混凝土桥面板应平整粗糙,干燥整洁,不得有浮浆、尘土、水迹、杂物或油污等。

防撞护栏及检修道护栏的施工应注意以下几点:
①防撞护栏立柱焊接成型后焊角应打磨光滑,保证立柱美观。
②横梁为冷弯空心方钢,要求表面光滑无划伤痕迹,加工螺栓孔尺寸位置应准确。
③防撞护栏的所有螺栓都应镀锌钝化并清理螺纹。
④防撞护栏、检修道护栏杆所有外露焊缝表面均须打磨、抛光。
⑤所有焊缝必须经过焊接工艺试验评定,选择合理的焊接工艺和合适的焊接材料。
⑥防撞护栏制造、安装的精度要求为:立柱平面容许偏差(每10根立柱通线检查)±2mm,横梁平面容许偏差(30m通线检查)±2mm,立柱高度容许偏差±1mm。

第四篇

控制篇

19 平面控制网及高程施测方法

大桥桥梁设计中心线为直线,设计纵坡为 0.7% 和 -2.45%,竖曲线半径为 20000m。悬索桥施工需要进行大量的施工测量和监测测量,悬索桥自身的结构特点和施工特点决定了其测量内容和方式也具有一定的特殊性,具体如下:

首先,悬索桥的桥形结构易受温度、风力、索塔偏位等因素影响,因此大量的测量工作需在夜间温度稳定、温差小、风力小的时段进行,并且由于悬索桥的结构敏感性需要在观测测量的同时精确测量温度、气压等环境参数,用以修正观测所得的测量数据。

其次,悬索桥通常具有跨径大、高差大的特点,因此所有的测量数据必须归算至同一水准面(大桥设计高程面)上。

再者,大桥建于长江上,测量条件恶劣,为了确保通视及测量精度,在两岸桥区应适当加密控制点;悬索桥结构特别是缆索部分随着施工的推进,有的部位的空间位置会发生很大的变化,因此,布设自控制网时,应考虑其通视情况。

另外,监控测量是悬索桥施工的重要环节,并且在运营阶段仍然发挥着重要作用,因此建设初期就必须对大桥的监控测量提前策划设计,提出监测方案,方案必须具有系统性、连续性、实用性。

测量是工程建设的"眼睛",大规模、高要求的工程建设离不开高精度的测量工作,而测量工作的基准是布设在地面稳定的、高精度的且方便施测的测量控制网。

本项目选取原测量成果作为本项目的平面与高程控制网的起算点,复测成果与原成果坐标系统保持一致,即:

平面坐标系统:1954 北京坐标系 3°带,中央子午线 111°00′00″,投影面大地高 0m;
高程坐标系统:1985 国家高程基准,正常高程系统。
主要测量工作内容:
①测量控制网建立。
②索塔、锚碇等构造物测量及沉降监测。
③主、散索鞍安装测量。
④猫道施工测量。
⑤基准索股、一般索股、主缆绝对垂度的测量控制。
⑥索夹放样。
⑦钢桁梁线形测量。

⑧成桥竣工测量。

进场初期,由业主组织对施工单位进行交桩,并提供工程前期已建施工控制网的相关资料,该控制网即为工程的首级控制网。

(1)首级控制网的复测

待交桩结束后,立即对首级控制网按同等精度要求进行复测。施工过程中根据工程实际情况定期复测,每年至少复测两次。平面控制网复测采用静态GNSS(全球导航卫星系统)测量结合常规测量的方式进行;高程控制网复测采用常规精密水准测量和跨江三角高程测量结合的方式进行。

为了便于施工,平面坐标系统通常采用或转换成桥轴坐标系。

(2)控制网加密

根据现场需要,综合考虑桥位地形、通视条件、交通便利等因素,对控制网进行加密,加密网点按照与首级控制网相同的精度进行测量。

①经现场核实,本项目范围的原控制点均保存完好,对线路构造物处进行通视加密处理,以确保后期工作能顺利开展。

②二等强制墩上部结构顶部设有归心标志和水准点,底座设有水准标识,下部结构采用挖深扩大基础的方式埋设,宽度大于1.3m,埋深2m,采用混凝土浇筑。

③南锚碇区域地势平坦,为了精确定位后锚梁和锚杆,准备设立两个7m高的观测平台。观测平台采用钢管桩强夯,强夯深度为15m,并增设3m×3m小承台,待承台混凝土浇筑完成后,再进行平台墩柱钢筋混凝土浇筑,墩柱混凝土初凝时,增设强制墩模板进行钢筋混凝土浇筑,并埋设强制墩底座。

控制网共设10个点,5个为设计所给控制点,5个为加密点。平面采用GNSS相对定位技术结合测边三角网技术,高程采用对向观测三角高程。

④主塔加密点布设。

在宜都侧主塔加密点测设格栅和主索鞍安装前,宜都侧在原有控制网的基础上,在塔顶横梁上增设测站。通过多次对向测量(基本消除地球曲率和大气折光误差)得到其高程;用TS60全站仪通过测量得平面坐标。

宜都侧在原有控制网络基础上,在塔顶横梁上增设测站。通过多次对向测量(基本消除地球曲率和大气折光误差)得到其高程;用TM50全站仪通过测站、后视点可测得其平面坐标。

19.1 平面控制网测量

(1)平面控制网测量

本项目由湖北省路桥集团有限公司和四川公路桥梁建设集团有限公司分别于南岸和北岸进行参建。为了保证施工测量坐标统一、精准及后期工作的顺利开展,两公司项目部共同组织对控制网进行加密复测。

①平面控制网分别采用7台科力达全站仪进行两个时段静态观测(每个时段4h),控制网

测量等级为二等,按边连接方式构网。

②GNSS 控制外业观测质量良好,观测参数统计如表 19-1 所示。

观 测 参 数 统 计   表 19-1

点数	仪器数	时段数	测量时间长(min)	截止高度角(°)	采样间隔(″)
7	7	2	240	15	15

③经过优化处理后,按照下列公式计算相应等级的标准差 δ。

$$\delta = \sqrt{a^2 + b^2} \qquad (19\text{-}1)$$

其中,参数 a、b 取值按表 19-2 规定执行。

参 数 取 值 表   表 19-2

测 量 等 级	固定误差 a(mm)	比例误差系数 b(mm/km)
二等	≤5	≤1
三等	≤5	≤2
四等	≤5	≤3
一级	≤10	≤3
二级	≤10	≤5

对于四等 GNSS 网,a 取 5mm,b 取 3mm/km,边长 a 按实际长度计算。

重复基线:重复基线长度较差 ds 要满足条件 $ds \leq 2\sqrt{2}\sigma$

环闭合差:$W = \sqrt{W_X^2 + W_Y^2 + W_Z^2}$

a. 同步环闭合差应满足的限差:(n 为同步环边数)

$$W_X \leq \pm \frac{\sqrt{n}}{5}\sigma \quad W_Y \leq \pm \frac{\sqrt{n}}{5}\sigma \quad W_Z \leq \pm \frac{\sqrt{n}}{5}\sigma \quad W \leq \pm \frac{2\sqrt{n}}{5}\sigma$$

b. 异步环闭合应满足的限差:(n 为异步环边数)

$$W_X \leq \sqrt{\frac{4}{3}n}\sigma \quad W_Y \leq \sqrt{\frac{4}{3}n}\sigma \quad W_Z \leq \sqrt{\frac{4}{3}n}\sigma \quad W_S \leq 2\sqrt{n}\sigma$$

④网平差计算与精度统计。

GNSS 网平差采用南方测绘 GNSS 数据进行处理,平差计算过程分两步进行:首先在 WGS-84 坐标系中,以控制点 DQ02、DQ03、DQ04 作为三维固定起算点,进行基线向量网的三维无约束平差计算,结果经软件检查,各基线向量改正数均满足《公路勘测规范》,从而实现与地面控制网的坐标转换。

全网三维无约束平差精度分析和二维平差精度分析均满足规范要求。

⑤二等平面复测与原成果比较见表 19-3。

二等平面复测与原成果比较表   表 19-3

起点	复测坐标		首级控制网数据		差值(mm)		备注
	坐标 x	坐标 y	坐标 x	坐标 y	Δx	Δy	
IV115-2	3365087.174	549295.1172	3365087.177	549295.1196	-3	-3	
DQ02	3366243.988	549711.5505	3366243.988	549711.5505	0	0	

续上表

起点	复测坐标		首级控制网数据		差值(mm)		备注
	坐标 x	坐标 y	坐标 x	坐标 y	Δx	Δy	
DQ03	3365776.351	550503.7312	3365776.351	550503.7312	0	0	
DQ04	3364898.109	549467.8539	3364898.109	549467.8539	0	0	
DQ05	3365738.586	548583.7626	3365738.584	548583.761	2	1	
NM03	3365127.661	549026.353	3365127.662	549026.3498	-2	3	
NM04	3365238.03	548926.4811	3365238.03	548926.4824	-1	-1	
HB05-2	3365628.061	548815.7005	3365628.064	548815.7033	-4	-3	

19.2 高程具体施测方法

本项目跨越长江,南索塔与北索塔的间距为1km。为了满足精度要求,本项目二等控制网采用三角高程对象观测。跨江部分选取早上(5:00~7:00)或者晚上(17:00~19:00),尽量避免高温阳光照射等因素的影响。以一个点为起算点,闭合回到该点,最终根据所测成果计算综合平差,和设计院所给点进行对比。为了保证数据的准确性,进行多个点交叉测量。

(1)三角高程对向观测

考虑光照、气温等多个因素,选择早上(5:00~7:00)或者晚上(17:00~19:00)进行观测,进行多测回对向观测,以复核所测数据,如图19-1所示,A 为北岸测点,B 为南岸测点,L 为测上间距,i 为仪器或棱镜高。

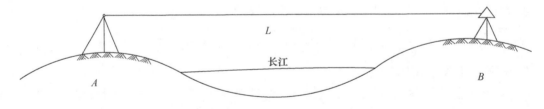

图19-1 对向观测示意图

对向观测测量计算如下:

$$\Delta H = L \times (\tan\alpha - \tan\beta) + i_{A\text{仪器高}} - i_{B\text{仪器高}} + i_{A\text{棱镜高}} - i_{B\text{棱镜高}}$$
$$H_A = H_B + \Delta H$$

式中,ΔH 为 A、B 两点高差;α、β 分别为 A 至 B 点和 B 至 A 点竖直角。

(2)中间法三角高程测量

利用全站仪测出未知点斜距 L 和竖直角 α,已知棱镜觇高为 v,仪器高为 i,则可求出未知点高程,具体如图19-2所示,L_A 为 A 点测得的斜距,L_B 为 B 点测得的斜距,α 为 A 点测得的竖直角,β 为 B 点测得的竖直角。

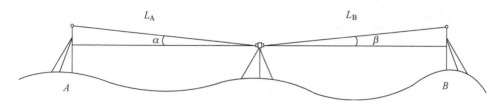

图 19-2 中间法三角高程测量

$$H_A = L_A \sin\alpha + L_A^2 \times (1-K) \div (2 \times R) + i - v_A$$

$$H_B = L_B \sin\beta + L_B^2 \times (1-K) \div (2 \times R) + i - v_B$$

$$\Delta H = H_A - H_B = L_A \sin\alpha - L_B \sin\beta + (L_A^2 - L_B^2) \times (1-K) \div (2 \times R) - v_A + v_B$$

K 为大气折光系数,R 为地球曲率半径,v_A、v_B 分别为 A、B 两点棱镜高。由式子可知当 $L_A = L_B$ 时,可以抵消折光系数和曲率改正,要保证中间法测量精度,测站位置应设置在两点中间。

在悬索桥测量过程中,三角高程测量为主要高程测量方法,为了保证施测有效,部分测量需对折光系数进行修正,其计算分析如下:

①K 值的计算公式。根据南北两岸对向观测所得的 A、B 两点的高差 H_{AB},在 A 点设站,对 B 点进行单向三角高程测量,再利用单向三角高程差公式计算。

$$H_{AB} = S_{AB} \times \tan\alpha + i_a - u_b + (1-K)/(2R) \times S_{AB}^2$$

反推此方向的 K 值:

$$K = (S_{AB} \times \tan\alpha + i_a - u_b - H_{AB}) \times 2R/(S_{AB}^2 + 1)$$

式中:H_{AB}——测站点 A 到观测点 B 点的高差;

  S_{AB}——测站点 A 到观测点 B 点的水平距离;

  α——测站点 A 到观测点 B 点的竖直角;

  i_a——测站点 A 仪器高度;

  u_b——观测点 B 棱镜高度;

  R——地球的平均曲率半径 R,取 6371×10^3 m。

②桥区 K 值变化小的测量方法。

对于 K 值变化小的桥区,可在桥位区域进行大量对向三角高程测量,反算桥区大桥折光系数 K 值,取平均值作为桥区平均 K 值。

③桥区 K 值变化大的测量方法。

宜都长江大桥靠近长江,受气象及环境影响,同方向的 K 值在不同时段存在较大差异。若仍采用桥区平均 K 值修正三角高程测量结果,其精度不能满足上部施工要求。在这种情况下,可在每次测量时,每间隔 2h 进行单向三角高程测量,反算出此方向此时段的 K 值,用以修正该时段的测量成果。

(3)跨江测量数据平差处理

跨江测量数据平差处理见表 19-4。

二等跨江数据处理结果一览 表19-4

点名	测站	后视	测站高(m)	棱镜高(m)	实测竖直角(°)	平均平距(m)	高差值(m)	平差反配值(m)	高程(m)	4月份实测高程(m)	差值(mm)
DQ02									102.4172	102.4172	0.0
DQ05	DQ02	DQ05	0.24	0.237	-2.3300	1235.8567	-50.1994	-0.0014	52.2164	52.216	0.4
	DQ05	DQ02	0.234	0.244	2.3226	1235.8451					
HB05-2	DQ05	HB05-2	0.235	0.238	-0.0627	256.9262	0.2592	-0.0003	51.9569	51.9566	0.3
	HB05-2	DQ05	0.238	0.238	0.0523	256.9270					
NM04	HB05-2	NM04	0.238	0.242	0.9165	405.4581	6.5000	-0.0005	58.4564	58.4565	-0.1
	NM04	HB05-2	0.2385	0.242	-0.9204	405.4594					
NM03	NM04	NM03	0.2385	0.236	-0.2635	148.8474	-0.6774	-0.0002	57.7788	57.7789	-0.1
	NM03	NM04	0.238	0.24	0.2598	148.8458					
IV115-2	NM03	IV115-2	0.238	0.244	-1.2455	271.8014	-5.9127	-0.0003	51.8658	51.8654	0.4
	IV115-2	NM03	0.239	0.241	1.2460	271.8010					
DQ04	IV115-2	DQ04	0.239	0.227	-0.0001	256.0938	0.0156	-0.0003	51.8812	51.8799	1.3
	DQ04	IV115-2	0.232	0.244	-0.0018	256.0930					
DQ03	DQ04	DQ03	0.236	0.236	2.3368	1358.0571	55.5412	-0.0015	107.4208	107.4203	0.5
	DQ03	DQ04	0.236	0.238	-2.3470	1358.0733					
DQ02	DQ03	DQ02	0.237	0.235	-0.3160	919.9218	-5.0026	-0.0010	102.4172	102.4172	0.0
	DQ02	DQ03	0.238	0.2387	0.3074	919.9205					
Σ						4852.9637	0.0055	-0.0055			

$f_{允} = \pm 4\sqrt{4.853} = \pm 8.8$；$f_{差} = -5.5$，满足规范要求。$f$ 为闭合差。

为了保证精度要求，用 DQ02、DQ03、NM03、DQ05 进行了多个点交叉测量，其平差结果见表19-5。

二等跨江交叉测量数据计算一览 表19-5

点名	测站	后视	测站高(m)	棱镜高(m)	实测竖直角(°)	平均平距(m)	高差值(m)	高程(m)	平差反配值(m)	高程(m)	4月份实测标高(m)	差值(mm)
DQ02								102.4172		102.4172	102.4172	0.0
DQ05	DQ02	DQ05	0.24	0.237	-2.3300	1235.8567	-50.1994	102.4172	0.0001	52.2179	52.216	1.9
	DQ05	DQ02	0.234	0.244	2.3226	1235.8451		52.2178				
NM03	DQ05	NM03	0.234	0.242	0.4221	754.3936	5.5627	52.2178	0.0001	57.7807	57.7789	1.8
	NM03	DQ05	0.239	0.237	-0.4236	754.3954		57.7805				
DQ03	NM03	DQ03	0.239	0.24	1.7575	1613.5097	49.6409	57.7805	0.0002	107.4217	107.4203	1.4
	DQ03	NM03	0.242	0.242	-1.7669	1613.5262		107.4213				

续上表

点名	测站	后视	测站高 (m)	棱镜高 (m)	实测 竖直角 (°)	平均平距 (m)	高差值 (m)	高程 (m)	平差 反配值 (m)	高程 (m)	4月份 实测标高 (m)	差值 (mm)
DQ02	DQ03	DQ02	0.238	0.244	−0.3154	919.9149	−5.0046	107.4213	0.0001	102.4172	102.4172	0.0
	DQ02	DQ03	0.241	0.24	0.3075	919.9140		102.4167				
	Σ					4523.6778	−0.0005		0.0005			

$f_允 = \pm 4\sqrt{4.524} = \pm 7.5$；$f_{闭合差} = -0.5$，满足规范要求。$f$ 为闭合差。

19.3 小结

为了保证施工测量坐标统一、精准及后期工作的顺利开展,根据工程前期已建施工控制网的相关资料,项目部与其他单位合力完成控制网并进行加密复测。

20 锚碇施工测量

大桥为主跨1000m的单跨双铰钢桁梁悬索桥,组合梁桥面系,主缆矢跨比1/9,北岸边缆跨度276m,南岸边缆跨度269m。

成桥状态主跨跨中处主缆中心点设计高程为90.189m,塔顶处主缆中心理论交点高程为201.3m,主缆理论散索点高程在白洋侧为81.3m,在宜都侧为79.3m。

全桥共两根主缆,中跨两主缆中心横向间距为36m。为使锚室结构不与主线引桥冲突,使主线引桥在锚碇中间处顺利穿过,设计散索点向桥梁中线外侧平移4.5m,理论散索点横向间距为45m,理论散索点到主塔中心面的距离仍为白洋侧276m,宜都侧269m。边跨主缆所在平面与中跨主缆竖直面的夹角为:白洋侧为0.9341°,在宜都侧为0.9584°。

20.1 南锚开挖线施工放样

采用GNSS-RTK法放样出南锚开挖边线,并根据开挖线,按1:1的边坡挖出锚碇基坑,并做好相应的防护。

20.2 南锚基底垫层施工放样

采用GNSS-RTK法放样出基坑平面具体位置,根据设计基底高程控制垫层顶面高程。

20.3 锚碇施工测量方法

锚碇基础施工完成后,开始进行锚固系统定位支架的安装,定位架安装完成后即开始锚梁吊装,锚梁一次吊装到位并进行精确定位调整,然后根据锚碇锚块分层浇筑顺序吊装锚杆。锚固系统采用的坐标系,其原点为散索鞍理论中心,坐标系的 X 轴垂直于前、后锚面向下,Y 轴与 X 轴垂直,Z 轴和 X、Y 轴为右手定律关系。具体详见图 20-1。设计方给出前、后锚面固定参数,其部分施工断面,需要根据前后锚面固定参数要素表自行进行解算数据。

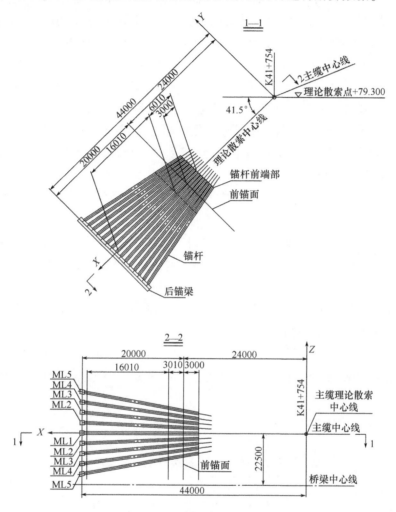

图 20-1　锚固系统相对坐标系布置图

大桥锚固系统精度要求:前锚固孔道中心线坐标偏差 ±10mm,前锚面孔道角度 ±0.2°,测量定位方案以此作为精度标准。在施工过程中不仅要保证测量定位精度,还必须保证要有较高的效率以保证施工的进度。同时锚固系统的结构涉及复杂的空间解析几何计算,测量定位采用的是全站仪三维解析测量方案,由实际坐标解算与之相应的设计坐标并根据结果实时进行改正,直到满足精度要求。

(1)施工测量放样一般方法

①坐标定向:在导线控制点上架设仪器,后视高级控制点,定向后直接测量。一般在已知导线控制点建站简单快捷,后视投入人员、棱镜少,定向边长比前视作业距离长,测量精度较高。

②后方交会:因南锚碇施工范围大,在已知导线控制点上建站后,施工途中或已施工预埋件易造成视线遮挡,为方便测量锚梁及锚杆等预埋件,在锚碇四周顶部边缘稳定地带、预埋件安装的正前方未知点上架设仪器,并根据两个控制点的坐标及两个水平值、距离计算未知点坐标。实施施工中后视投入人员、棱镜较多,交会角宜小于120°且大于30°,交会定向时用长边定向,定向距离远大于前视作业距离几倍,有利于保证前视作业的精度。

(2)施工测量放样控制方法

①直接坐标法。通过锚杆端部三维坐标直接定位锚杆,根据测量所得的坐标和设计坐标对比计算坐标差,不断进行调整使放样点到达最佳位置,是最常用的放样方法。

此方法的优点是坐标计算方便、对测量员要求较低;缺点是坐标差反映的是 X、Y、Z 方向的调整量,X、Y、Z 方向与锚杆轴线关系不明显,不易迅速反应、快速准确地指导现场调整施工,短时间很难调整到高精度的状态。

②空间参考线法。把锚杆假想为一条空间线段,根据测量所得的长度和角度与设计长度和角度对比,不断进行调整,使锚杆与设计线重合。

此方法通过在测量仪器上增设空间参考线程序,可以直接模拟设计线形,将高程和纵桥向调整到锚杆中轴线方向,调整过程容易,能够在短时间内达到较高的定位精度。

(3)坐标系选用

锚固系统定位支架安装采用绝对控制法和相对控制法相结合的方法进行,主要定位控制需要使用高精度 TM50 全站仪进行。

根据宜都长江大桥平曲线要素可知,线路处于直线段,为了保证精确安装效率,施工测量过程中进行坐标系转换,X 坐标的正值方向为桩号前进方向,Y 坐标为距道路中心线左右偏距,高程与设计高程一致。

主缆型钢锚固系统安装测量流程图如图 20-2 所示。

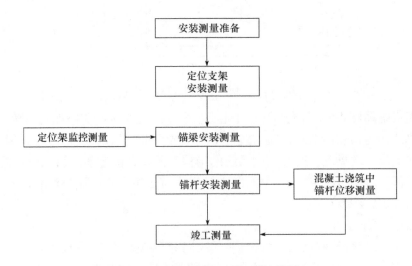

图 20-2 主缆型钢锚固系统安装示意图

20.4 锚碇模板测量

①锚体各结构层施工前,用全站仪测定锚体结构控制点的平面坐标并做出明显标记,作为钢筋制作和模板安装的基线。

②待模板安装完成,用全站仪检测模板顶口的三维坐标,并比较其与设计坐标的差值,确定调整量,重复以上操作直至控制其差值在规范要求范围内,填写相关资料报监理复核。

③在锚体基础混凝土浇筑前,预埋 24 个沉降观测标志,使用水准仪测量各点高程作为初始值。在锚体施工期间,分阶段定期观测各点高程计算沉降值并做好记录。

④每次混凝土浇筑完成后,用全站仪检测各结构控制点的三维坐标与设计值的差值,整理相关资料作为竣工验收成果报监理复核。

各锚面斜面测量示意图如图 20-3 所示。

根据设计控制角点坐标$(X1,Y1,Z1)$、$(X2,Y2,Z2)$

现场实测高程 ΔZ,反算 ΔX、ΔY,经多次渐进,最终将实测坐标值和计算坐标值误差控制在规范范围之内。

$\Delta X = X1 - (Z1 - \Delta Z)(X1 - X2)/(Z1 - Z2)$,$\Delta X - X$ 实测符合规范要求;

$\Delta Y = Y1 - (Z1 - \Delta Z)(Y1 - Y2)/(Z1 - Z2)$,$\Delta Y - Y$ 实测符合规范要求。

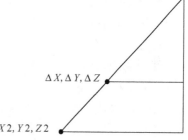

图 20-3 各锚面斜面测量示意图

20.5 锚固系统测量

(1)锚固系统支撑定位

①后支架、前支架和中支架组成支撑定位体系,其中后支架贴合于后锚梁以支撑定位后锚梁;前支架和中支架是变形极小的层片式框架,用于定位锚杆。支撑定位支架结构体系使后锚梁、锚杆安装定位一次性完成,且定位精度高,避免了因锚杆反复测量定位而造成施工工期和施工成本的浪费。

②锚杆逐层安装、定位,使锚固系统的安装和锚体混凝土施工同步进行,节约了建设工期。

(2)后锚梁支撑定位

后锚梁与锚杆连接,后锚梁安装前,在混凝土中设置预埋底座,并以支撑牛腿作为支撑后锚梁,调整其空间姿态。在安装过程中,先检查锚梁底端支撑牛腿倾角和高程,并弹出十字轴线,锚梁底端十字线应与牛腿十字线重合。使用测量仪器定位控制锚梁上端腹板中心点坐标,经初调后静置约 1h,观测支架变形量,并逐一检查各锚杆接头中心点坐标,最后再根据修正值对锚梁进行精确调整。

(3)支架定位安装

后支架安装前,首先进行分片架制作,以满足运输施工条件。由于定位支架高且宽,安装时进行分节、分片吊装。在拼装支架前,先由测量人员检查复核预埋件中心偏位、高程,并放出十字中心线。若测量数据偏差较大,应及时通知技术人员对定位架进行调整,并满足结构受力要求。支架定位测量重点是控制好支架桁片顺桥向与桥中线偏转角度、锚梁背靠支撑面倾斜角度、桁片内侧净距、锚杆支撑水平横杆高程。支架安装时应根据环境温度和支架变形量参数做出适当修正。

(4)后锚梁安装定位

后锚梁直接搁置于后支架的抄垫上,对其先放样出支撑牛腿和支架的中心线,然后利用两根20t的吊带对后锚梁隔板进行捆绑起吊,以加强对后锚梁的保护,防止变形,在其中一根带吊与吊钩之间设置一台25t的手拉葫芦,用于后锚梁的姿态调整。当后锚梁就位后,由测量人员对后锚面轴线进行测量复核,并通过抄垫进行调节,确保偏位误差不超过2mm。

(5)锚杆支撑定位

锚杆支撑定位主要由前、中层片式框架组成。在施工过程由测量人员准确地计算出该截面各锚杆的间距,并计算出其三维坐标,并准确地放样出层片式框架的轴线具体位置。

(6)锚杆安装定位

锚杆一端与后锚梁连接,拼装前须先对相应锚梁上接头中心点进行测量复查,以防止偏差过大对整根锚杆安装精度产生影响。安装时使用测量仪器对锚杆前端中心点进行控制测量,逐层安装,逐层测量。待该批锚梁全部吊装到位后,再根据支架变形测量值与温度修正值进行精确调整,并使用限位装置对水平位置、高程进行锁定。依次逐根、逐层进行锚杆安装,并在混凝土浇筑前后,分别对锚杆进行复测校核,以确认定位精度前后一致。

(7)各锚面锚杆转化参数计算

根据设计给出三个面锚杆距主缆中心线的参数,可以推算出其他锚面锚杆距主缆中心线的参数。

20.6 支架预埋件坐标计算转化

预埋件各部位计算:以理论散索点为起算点,各预埋件的中心坐标计算公式如下:

$$X = X_1 + L\cos A + d\sin A$$
$$Y = Y_1 + L\sin A - d\cos A$$

式中:X_1、Y_1——理论散索点的坐标;

L——预埋件与理论散索点的距离;

d——预埋件与中心锚杆轴线的偏距;

A——中心锚杆轴线与大地正北方向的夹角。

20.7 各锚面锚杆坐标转化计算公式

理论散索点与水平面竖直夹角为 41.5°，水平夹角为 0.958°。该点与主线中心线偏距为 22.5m，由此可以算出主缆中心轴线前后锚面的坐标。

20.8 定位检测及注意事项

①在锚体混凝土浇筑前，应对锚碇模板进行测量校准，并通知测量监理到现场进行复核。
②定期检查锚体模板，看模板是否在施工过程中出现变形，以免影响锚体的外观尺寸。
③按照施工的要求，锚固系统的定位选择在温度稳定且较低的时候进行，以防止钢构件高温下的变形。
④支架与锚固系统在安装过程中选择最佳时间点对其进行测量控制，前期应根据不同的环境条件分别测量，以分析最佳观测时间点。
⑤浇筑混凝土过程中注意对支架、锚梁、锚杆进行监测，发现异常应立即停止浇筑并根据原因分析进行应急处理，待处理妥当后再继续浇筑。
锚固系统在埋入混凝土过程中，受混凝土的挤压作用，会发生轻微位移，主要体现为上浮，在浇筑初期锚固系统未完全被锁定在混凝土内，有较大上浮，随着锚杆被锁定在混凝土中，上浮量越来越小。所以在安装初期要通过监测找出位移规律，在安装时设置锚杆预偏，可以消除大部分变形影响。
⑥在锚固系统与支架的各安装阶段中还应进行监测测量，根据变化值确定是否需要对上段锚杆做出安装调整。
⑦加强测量控制点的保护和复测工作，确保测量精度能达到规范要求。

20.9 小结

锚碇施工涉及的环节较多，而施工测量与其施工质量密切相关，因此在施工过程中需对锚碇模板、锚固系统、支架预埋件、各锚面锚杆、定位等情况进行详细的测量与检测。

锚碇模板测量中，按照全站仪正确使用方法测量相关数据，确保钢筋制作和模板安装基线的准确。在锚体基础混凝土浇筑前后，使用水准仪测量各沉降观察点高程值。

锚固系统测量中，严格监测锚固系统支撑定位、后锚梁支撑定位、支架定位安装、锚杆支撑定位、锚杆安装定位、各锚面锚杆转化参数计算等相关数据。

21 索塔施工测量

对于宜都长江大桥的索塔，塔柱横桥向通常设有向内的倾角，随着塔柱自由高度的增加，受自重与日照的影响，会产生向内的位移。因此，塔柱施工立模时，要考虑节段划分、工序安排等因素，通过计算，设置一个向外的预偏量，修正索塔线形。

索塔封顶阶段要考虑实际温度与设计温度偏差引起的索塔竖向伸缩变形、索塔混凝土的收缩徐变和后期荷载对索塔压缩的影响，以及基础可能的沉降，经监控计算，设置相应的预高量，对索塔的封顶高程进行修正。

21.1 基础施工测量

基础包括钻孔桩与承台。桩位放样采用 TS09 全站仪以三维坐标法进行。

承台施工测量主要内容及方法有：

①采用全站仪极坐标法放样主塔基础轮廓线及纵横轴线十字线，指导支护系统与土方开挖的施工；

②用全站仪自由设站法、极坐标法在垫层上放样主塔基础轮廓线及纵横轴线十字线，检查桩位偏差，指导钢筋绑扎以及预埋件的埋设；

③承台高程采用水准仪测量控制；

④在索塔塔座混凝土浇筑完成后设沉降观测点，为主塔沉降观测做准备。

21.2 塔柱和横梁测量定位

（1）高程控制

索塔高程测量的主要方法是精密全站仪坐标法，并以精密全站仪交会法为辅助；高程测量则以精密全站仪三角高程测量为主要方法，以全站仪测距竖直度为辅助。

宜都长江大桥南索塔塔高151m，塔柱高程精度要求达到绝对高程5mm。施工过程中如何将高程从塔底精确传递到中上塔柱,满足下一道施工工序的测量精度要求,是保证结构施工质量的关键。对于超过100m的高程传递,采用常规的悬挂钢尺法水准测量,精度虽然可以满足要求,但是受塔柱施工模板、下横梁支架的影响,很难找到合适的垂直传递通道。另外由于钢尺的长度受限,不得不分为2次进行传递,还需要对测量值进行尺长、温度、拉力等因素改正,这必然增大传递误差。

经现场实测分析可以采用中间法三角高程测量,可以很大程度上抵消仪器高量取、觇高量取、大气参数差等因素引起的三角高程误差。

中间法三角高程测量原理如下:

利用全站仪测出未知点斜距 L 和竖直角 α,已知棱镜觇高为 v,仪器高为 i,仪器所在高程为 h,则可求出未知点高程 H:

$$H = h + L\sin\alpha + L^2 \times (1 - K) \div (2 \times R) + i - v$$

式中,K 为大气折光系数;R 为地球曲率半径。

(2)索塔断面的几何控制

塔柱的倾斜度一般要求≤1/3000;轴线点偏差≤±5mm。为了满足这种高精度的控制要求,每次浇筑混凝土前必须将模板依据测量放线点调整到位,这样塔柱段面尺寸、轴线、垂直度等指标就能满足要求,竣工测量后整个索塔的空间位置也就能够保证。

21.3 施工测量放样

索塔施工测量仪器采用 LricaTS09plus1″R500 全站仪,测量的基本方法为全站仪极坐标法,主要测量内容为塔身劲性骨架定位测量、塔身模板定位测量及索鞍格栅定位测量。

(1)劲性骨架定位测量和塔身模板定位测量

劲性骨架定位用自加工的小棱镜直接测量,塔身模板与横梁模板定位测量,根据现场通视条件采用小棱镜杆或2.15m棱镜杆。

采用的棱镜均为徕卡圆棱镜,常数为0(小棱镜杆的常数为17.5mm)。选择合适的测站点,直接测量模板各角点,事先根据实测高程计算对应实时理论坐标,模板调整就位后进行报检。

部分角点若通视无法观测时,可以采用钢尺量距的交回法来确定模板误差,模板的高程以埋设在索塔四周的水准点为基准,采用中间法三角高程测量。模板各角点差值严格按照1cm精度控制,可保证索塔整体线形的顺直。

(2)索鞍格栅定位测量

格栅定位的精度直接影响主索鞍定位精度,定位要求高。

将仪器直接安置于塔顶可测得平面坐标,采用后方交会测量时应控制测站夹角,并与第三个高级控制点进行复核,采用极坐标法直接测量格栅各角点。

格栅的高程测量需要时实测量位于塔顶的预埋水准点,由于索塔较高,同样采用中间法三角高程测量,采用多个测站重复测量取中数的方法来获取绝对高程。格栅各角点的高差采用天宝 DiNi03 精密水准仪配 2m 钢瓦尺进行调整测量,高差测量精度根据试验经验可以达到 0.1mm。

21.4 沉降和位移观测

(1)沉降观测

在索塔塔座上共埋设 4 个沉降监测点,按二等水准精度要求实施闭合几何水准测量,环闭合差应控制在 1mm 内,平差后点位精度应在 1mm 内。

观测周期可以根据环境、工况实施不定期的观测。

(2)水平位移观测

水平位移观测点设置在索塔顶的上、下游最外侧,每根塔柱各设置两个观测点。

采用极坐标法直接测量,多次测量各观测点。

21.5 小结

对于大桥的索塔基础、塔柱、横梁等采用全站仪、水准仪、加密水准仪进行测量,严格管控施工质量。

施工测量放样、位移、沉降监测,采用徕卡全站仪对塔身劲性骨架定位、塔身模板定位及格栅定位进行测量,根据环境、工况等因素进行不定期的观测分析,根据实际测量结果进行实时修正。

22 索鞍安装测量

全桥设南北锚散索鞍 4 个、南北索塔主索鞍 4 个。

主索鞍底座钢格栅和散索鞍底座安装调整完成后，必须进行全桥联测检查，确认无误后方可浇筑格栅底座下混凝土。主索鞍底座钢格栅和散索鞍底座的安装精度决定了主索鞍及散索鞍的精度，所以在浇筑底座混凝土前必须对安装调整好的钢格栅或底座进行连续观测 5d，观测时间应选在温度较为稳定的时段（一般在晚上 12 点以后），确保位置稳定后方可浇筑底座下的混凝土。

（1）索鞍施工测量安装项目精度表

主、散索鞍安装实测具体项目如表 22-1、表 22-2 所示。

主索鞍安装实测项目 表 22-1

项次	检 查 项 目		规定值或允许值	检查方法和频率	权 值
1	最终偏位（mm）	顺桥向	符合设计要求	全站仪；每鞍测量	3
		横桥向	10		2
2	高程(mm)		+20,0	全站仪；每鞍测量 1 处	3
3	四角高差(mm)		2	水准仪或全站仪；每鞍测量四角	2

散索鞍安装实测项目 表 22-2

项次	检 查 项 目	规定值或允许偏差	检查方法和频率	权 值
1	底板轴线纵横偏位(mm)	±5	全站仪；每鞍测量	3
2	底板中心高程(mm)	±5	水准仪；每鞍测量	2
3	底板扭转(mm)	2	全站仪；每鞍测量	2
4	安装基线扭转(mm)	1	全站仪；每鞍测量	1
5	散索鞍竖向倾斜角	符合设计要求	全站仪；每鞍测量	2

（2）测量仪器

索鞍施工测量投入的主要测量仪器如表 22-3 所示。

主要测量仪器表 表 22-3

序号	仪器名称	型 号	规 格	精度指标	单 位	数 量
1	全站仪	徕卡 TM50	—	0.5″1mm + 1ppm	台	1
		徕卡 TS09	—	1″1mm + 1.5ppm	台	1

续上表

序号	仪器名称	型号	规格	精度指标	单位	数量
2	电子水准仪	天宝 DINI03	—	0.3mm/km	台	1
3	棱镜	徕卡	—	—	个	20
4	钢卷尺	—	5m	—	把	4
5	尺垫	—	3kg/个	—	对	1
6	水平尺	—	—	—	把	6
7	铟钢尺	—	天宝2m	—	把	2
8	温度测压计	—	—	—	根	4

(3)施工测量方案及精度分析

主索鞍施工测量:平面主要测量方法为全站仪极坐标法,高程测量采用全站仪三角高程法。主塔索鞍相对高差、平整度采用精密水准测量方法。

①宜都侧主索鞍。

a. 测量方法。测量方法采用全站仪极坐标法。放样时读取测站气象参数并输入仪器自动改正,采用全站仪分别观测斜距、天顶距和水平角,在求得觇点概略高程后进行斜距化平、仪器测距常数改正后计算平面坐标,其中距离、角度观测2测回。

在测量时间的选择上要避免日照等外界条件的影响,一般选择在气温稳定、无风的夜晚进行终定位。

b. 格栅高程测量。水准点预埋:格栅的高程测量需要在塔顶预埋水准点。

对向观测法测量水准点绝对高程:由于索塔较高,同样采用对向观测高程测量,与四川公路桥梁建设集团有限公司采用多个测站重复测量取中数的方法来获取各自绝对高程。

两岸塔柱水准点闭合检验:由所得的塔柱水准点高程进行对向观测,进一步检验各水准点高程的准确性。

格栅高程测量:格栅各角点的高差采用天宝 DiNi03 精密水准仪配2m钢瓦尺进行调整测量,高差测量精度根据试验经验可以达到0.1mm。

②宜都侧散索鞍。

宜都侧散索鞍测站采用仪器平差返测的方法进行,结果无误后,再进行左幅底板的纵横方向的轴线精确测量放样,并弹墨线为记。

测量方法采用全站仪极坐标法。放样时读取测站气象参数并输入仪器自动改正,采用全站仪分别观测斜距、天顶距和水平角,在求得觇点棱镜高度后进行斜距化平、仪器测距常数改正后计算平面坐标,其中距离、角度观测2测回。

底板的平面定位采用全站仪进行,先将底板纵横方向的轴线精确测量放样,并弹墨线为记。

在斜面上测放出设计所定的理论底板轴线,并做好标记。在标记处焊上限位装置。

散索鞍高程测量采用三角高程法,以某水准点为后视点,用正倒镜多次观测对中杆棱镜,取其平均值。

底板下四角设置调整高程的底架,用千斤顶将其高程调到设计位置。

再调一次轴线位置,反复两次将底板的平面位置和高程调到设计位置。

③散索鞍支墩位移点布设及监测。

散索鞍支墩平面位置测量采用极坐标测量模式。为了减少对点误差,用基座安装棱镜代替常规的棱镜杆定向测量,基座的光学对中器里的十字丝必须和测点标志中心完全重合、基座气泡居中方可报告测站观测员施测。为能通过多点数据来判定支墩的位移,在每幅的支墩上预埋两个测点。

宜都侧散索鞍主墩位移测量时,可在某一点设站,后视点观测得到散索鞍的平面坐标及高程。

散索鞍支墩位移点测量频率及控制指标按监控要求实施执行。

④塔顶位移点布设及偏位监测。

a. 监测目的。悬索桥的结构特点决定了索塔的主要功能是承受竖向荷载,其次是能承受一定程度的弯矩,受塔根部的混凝土抗拉能力的限制,索塔抗弯能力十分有限,索塔顺桥向可承受的不平衡水平力小。因此,索塔偏位的测量监控贯穿于悬索桥上部结构施工的全过程,包括猫道架设、主缆架设、加劲梁安装,以随时掌握索塔受力是否处于安全状态。另外,由于塔顶偏位引起主缆跨径的变化,进而影响主缆线形的控制,因此基于线形计算的需要,塔顶的偏移量也是需要随时掌握的。

b. 测量方法。塔顶偏位测量,可采用测距的方法进行监测,该项监测的测站点可采用局部平面控制网点。不同工况下所测的监测点的坐标,与其初始值的差值,即为该工况下索塔的水平位移。

在塔锚联测前,首先在两个索塔塔顶分别预埋好2个点位,用特制棱镜杆与钢筋焊接并埋在混凝土中,使预埋件与塔柱成为一体,点位务求稳固、安全,避免在施工中遭破坏。在测量过程中,保证同精度观测,减少和克服外界测量的误差,通过四次正倒镜观测求平均值来减小观测误差。测量时间均在晚上7点以后,索塔上无作业,塔式起重机动臂横桥向摆放,方可观测。每次测量,立镜员将徕卡棱镜安置在预埋对中杆上,棱镜的方向对准测站方向,均采用极坐标法测量。

23 上部结构施工前准备工作

为了采集整个悬索桥上部结构索塔、锚碇的初始相对位置与几何状态数据,同步实施初始监测,以及为后序猫道架设提供精确的基准数据,特开展塔锚联测工作。

本次测量投入 TM50、TS60 全站仪两台及 DNA03 电子水准仪器各一套,测量人员 5 人,于 15 日协助监控单位一起完成。本次塔锚联测工作主要包括以下内容。

①散索鞍基准位置测量。
②锚碇沉降和位移监测。
③塔顶高程传递。
④各塔索鞍测量与索塔变形监测的联测。
⑤索塔跨径测量。
⑥塔沉降监测。

23.1 施测

此次塔锚联测,南北两岸同时进行,均选择在无风的晚上进行测量。每次测量时都严格进行了温度及气压改正。

(1)各塔索鞍测量与索塔变形监测的联测

①塔索鞍测量分两类。第一类是位于索鞍底板上四条边的中点,测量目的为通过相对几何关系定位出索鞍中心的平面位置。

在加密控制点上架设全站仪,南边塔加密选取已知控制点,测边测角进行平面控制测量,边长观测采用对向观测,内业计算时将边长归算至设计高程面上。北边塔采用相同方法。两个加密点相互定向后测量出相对几何关系,待内业计算出控制点坐标后形成索鞍轴线坐标。

第二类是索鞍底板的四个角点,测量目的为确定索鞍的平整度以及高程。

采用塔顶联测点水准成果分别测出各点高程。同时利用塔顶联测水准点测量出底板上的四角高程。

②索塔水平位移及扭转状态的变形监测。通过在地面控制点建站,采用全站仪三维坐标法测量。监测点采用预埋套管+焊接10cm杆件装配微棱镜方式布设于塔顶边角上。首次观

测时根据塔上部通视及施工情况确定设站点、后视点、检查点,其他工况下监测均采用第一次的设站及定向方式,保持数据的延续性。

南边塔监测施测 4 测回,仪器自动照准测量并记录平面 X、Y 坐标,测量时严格记录温度、气压。

(2) 索塔跨度测量

索塔的跨度测量是在底板标示点测量之后进行的,选择索塔相对的两个标示点测点设站,直接测量至对岸塔索鞍对应测点中心点的平距,加上此标记点与理论中心点距离即可认定为索塔跨径。上、下游各施测 4 测回。

(3) 塔顶高程传递

采用高精密全站仪,从地面水准点垂直将高程传递至塔顶加密点。

因为塔的高度过高,不能实施普通水准测量,高程测量采用全站仪三角高程法实施对象观测,实测 6 个测回,然后将全站仪转移至横梁上某测量点,观测某一点,实施对象观测,从而消除大气折光、仰俯角误差,从而传递高程。同步使用全站仪对同一索塔上两控制点间高差进行复核。计算与设计温差产生的塔柱混凝土竖向变形量,修正传递高程。测量方式如图 23-1 所示。

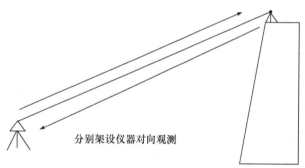

图 23-1 三角高程法测高程

对向观测可消除大气折光、仰俯角误差,具体施测计算如下:

$$\Delta H = L \times (\tan\alpha - \tan\beta) + i_{A仪器高} - i_{B仪器高} + i_{A棱镜高} - i_{B棱镜高}$$

$$H_A = H_B + \Delta H$$

式中,ΔH 为 A、B 两点高差;α、β 分别为 A 至 B 点和 B 至 A 点竖直角。

(4) 散索鞍基准位置测量

采用 TM50 全站仪极坐标法测量散索鞍三维坐标,在南岸以一点作为测站点,另一点为后视点,在北岸以某一点作为测站点,另一点为后视点,施测 4 测回,仪器自动照准测量并记录平面 X、Y、Z 坐标,测量时严格记录温度、气压。

(5) 桥塔偏位初始数据采集

在塔顶角点打孔安装棱镜头连接杆,将棱镜头固定于塔顶,即可视棱镜与桥塔为一整体,然后对其棱镜进行观测,对桥塔偏位初始值进行连续 36h 不间断观测,测量频率为每半小时进行一次,通过 36h 不间断观测,对数据进行分析比较,选取其稳定时段的数据作为桥塔偏位初始数据。桥塔里棱镜布置如图 23-2 所示。

(6) 桥塔沉降监测

边塔塔座上共布置 8 个沉降监测点,通过二等水准测量方法实施。方法同锚碇沉降监测所述。测量路线如图 23-3 所示。

图 23-2　桥塔偏位棱镜布置图　　　　图 23-3　南边塔塔柱沉降监测点示意图

(7) 锚碇沉降和位移监测

监测点之间的水准联测,拟采用闭合水准路线的形式:以南锚碇为例,以基准点出发分别测量锚碇上的 6 个沉降监测点,然后回到基准点。二等水准测量观测成果的重测和取舍按《国家一、二等水准测量规范》(GB 12897—2006)有关要求执行。

锚碇的位移监测由 TM50 全站仪完成,在南岸以基准点作为测站点,另一点为后视点,在北岸以某一点作为测站点,另一点为后视点,施测 4 测回,仪器自动照准测量并记录平面 X、Y 坐标,测量时严格记录温度、气压。测量路线如图 23-4 所示。

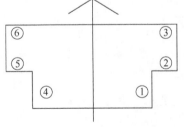

图 23-4　锚碇沉降监测路线图

23.2　测量作业技术指标、要求

本次宜都长江大桥首次塔锚联测,采用瑞士 LeicaTM50、TS60 高精度全站仪,严格量取仪器高、棱镜高、温度、气压、湿度,测量与已知点之间的边长、水平角、垂直角。施测过程中严格按照测量规范等级要求进行多测回测量和往返测量。相关指标、要求如表23-1、表23-2所示。

三角控制网测量作业技术指标、要求 表23-1

级别项目		二 等
三角网测量	测角中误差	±1″
	边长相对中误差	1/12万
	方位角中误差	±1.5″
	测回数	≥12
	使用仪器类型	DJ07
	三角形最大闭合差	3.5″
	一测回内2C(视准轴误差)互差	9″

徕卡TM50全站仪主要技术参数 表23-2

测角精度 Hz,V	0.5″(0.15mgon)
测程	圆棱镜(1.5~3500m)
望远镜数	30×
测距精度	0.6mm+1×10^{-6}D(D为测距)
最小读数	0.01mm
ATR精度	基本精度1mm,1000m精度2mm
ATR测时	3~4s
补偿范围	±10′
工作温度	−20~+50℃

高程测量采用仪器为高精度水准测量的精密电子水准仪,实现观测、读数、记录、计算、校核自动化,其作业效率和可靠性大大提高。

该仪器具有如下特点:

①采用条码尺自动读数,避免了人眼的读数误差,精度高。

②仪器自动读数,速度快,工效可提高50%。

③在光线不好的地方仍然可以读数,工作环境较宽松。仪器具体参数如表23-3所示。

徕卡DNA03型电子水准仪主要技术参数 表23-3

每公里往返测高程精度	0.3mm/1.0mm
望远镜放大倍率	24×
测量范围	1.8~110m
最小读数	0.01mm
单次测量时间	3s
数据记录	内存6000个测量数据或1650组测站数据
补偿器	磁性阻尼补偿器
补偿精度	0.3″
补偿范围	±10′
工作温度	−20~+50℃

高程测量严格按照《国家一、二等水准测量规范》(GB 12897—2006)进行二等高程测量,测段进行往返观测。相关技术标准及技术要求如表23-4、表23-5所示。

二等水准测量主要技术标准　　　　　表23-4

等级	每千米高差全中误差(mm)	路线长度(km)	水准仪等级	水准尺	观测次数		往返较差或闭合差(mm)
					与已知点联测	附合或环线	
二等	2	≤400	DS1	钢瓦	往返	往返	$4\sqrt{L}$

等水准观测主要技术要求　　　　　表23-5

等级	水准尺类型	水准仪等级	视距(m)	前后视距差(m)	测段的前后视距累积差(m)	视线高度(m)
二等	钢瓦	DS1	≤50	≤1.0	≤3.0	下丝≥0.3

23.3　小结

①塔锚联测时南北两岸必须同时进行,选择无风的晚上进行测量。
②测量前,所有仪器必须经过校准及鉴定。
③每次测量时严格对温度及气压进行改正。
④测量作业过程中注意人员、仪器安全。

24 猫道施工测量

24.1 猫道天顶角法测量控制

在地面控制点上架设仪器,用天顶角法观测猫道索的跨中点高程,同时测量猫道索的温度,将实测值与设计值对比,对猫道承重索的垂度进行调整。分别在猫道索架设完成、牵引系统形成、主缆架设前,对塔锚位置进行全面的测量,确定塔锚的轴线、平面位置、高程及各跨跨径。

(1)猫道承重索线形控制

根据前期资料,监控单位给出了各跨猫道承重索在设计温度下的高程及猫道承重索的其他相关数据。

线形温度修正系数,公式中的符号说明如下:

D:相对于第一次塔锚联测的跨度变化量,跨度增加为正,跨度减小为负,单位为 m;

T:猫道调整跨的平均温度,单位为℃;

x:测点的位置,取测点到桥塔塔顶中心线的距离(宜都侧边跨和中跨为到宜都侧桥塔塔顶中心线的距离,白洋侧边跨为到宜都侧桥塔塔顶中心线的距离),单位为 m;

y:测点高程,单位为 m;

X:设计温度下测点到桥塔塔顶中心线的距离(宜都侧边跨和中跨为到宜都侧塔顶桥塔中心线的距离,白洋侧边跨为到宜都侧桥塔塔顶中心线的距离),单位为 m;

Y:设计温度下测点高程,单位为 m;

K_y:猫道承重索线形温度修正系数;

K_{x1}、K_{y1}、K_{y2}:猫道承重索线形跨度变化修正系数。

在调整前测出温度 T(℃),跨度变化量为 D(m),跨度增加为正,跨度减小为负;则猫道承重索线形的高程控制点位置及高程计算式为:

$$x = X + D \times K_{x1}$$
$$y = Y + K_y \times (T - 20) + D \times K_{y1} + D_2 \times K_{y2}$$

上式中各跨的 X、Y、K_y 以及 K_{x1}、K_{y1}、K_{y2} 分别从下表可查出,具体参数如表24-1~表24-4所示。

猫道承重索在设计温度下(20℃)的高程控制(单位:m) 表24-1

索 号	宜都侧边跨		中跨		白洋侧边跨	
	X	Y	X	Y	X	Y
1	135.7250	135.0795	500.0000	101.2818	132.3085	134.5007
2	135.7250	135.0274	500.0000	101.2226	132.3085	134.4733
3	135.7250	134.9387	500.0000	101.1344	132.3085	134.3889
4	135.7250	134.7201	500.0000	101.0179	132.3085	134.2470
5	135.7250	134.6510	500.0000	100.8734	132.3085	134.0471
6	135.7250	134.5346	500.0000	100.8734	132.3085	133.5279
7	135.7250	134.6129	500.0000	101.0179	132.3085	133.8366
8	135.7250	134.7841	500.0000	101.1344	132.3085	134.0866
9	135.7250	134.9176	500.0000	101.2226	132.3085	134.2771
10	135.7250	135.0136	500.0000	101.2818	132.3085	134.4090
轴线	135.7250	135.0954	500.0000	101.3159	132.3085	134.5007

猫道承重索线形温度修正系数(单位:m/℃) 表24-2

索号	宜都侧边跨	中跨	白洋侧边跨
	高程修正系数 K_y (m)	高程修正系数 K_y (m)	高程修正系数 K_y (m)
轴线	-0.0174	-0.0223	-0.0167

猫道承重索线形跨度变化修正系数(一) 表24-3

索号		1	2	3	4	5
宜都侧边跨	K_{x1}	0.5	0.5	0.5	0.5	0.5
	K_{y1}	5.5776	5.5958	5.6256	5.6869	5.7048
	K_{y2}	-1.4563	-1.3653	-1.2309	-0.9606	-0.9407
中跨	K_{x1}	0.5	0.5	0.5	0.5	0.5
	K_{y1}	1.9205	1.9194	1.9178	1.9158	1.9132
	K_{y2}	0.0171	0.0171	0.0169	0.0171	0.0172
白洋侧边跨	K_{x1}	0.5	0.5	0.5	0.5	0.5
	K_{y1}	5.5307	5.5445	5.5849	5.6394	5.7057
	K_{y2}	-1.7133	-1.6959	-1.6206	-1.3658	-1.1419

猫道承重索线形跨度变化修正系数(二) 表24-4

索号		6	7	8	9	10
宜都侧边跨	K_{x1}	0.5	0.5	0.5	0.5	0.5
	K_{y1}	5.7273	5.7122	5.6716	5.6329	5.5998
	K_{y2}	-0.7983	-0.8797	-1.0493	-1.1995	-1.3158

续上表

索号		6	7	8	9	10
中跨	K_{x1}	0.5	0.5	0.5	0.5	0.5
	K_{y1}	1.9132	1.9158	1.9178	1.9194	1.9205
	K_{y2}	0.0172	0.0171	0.0169	0.0171	0.0171
白洋侧边跨	K_{x1}	0.5	0.5	0.5	0.5	0.5
	K_{y1}	5.8030	5.7593	5.6935	5.6305	5.5741
	K_{y2}	-0.5548	-0.9460	-1.1797	-1.4771	-1.5933

(2)猫道垂度调整

①调整方法。首先测量索塔位置,确定各跨跨径,计算各跨各根猫道承重索高程。采用间接三角高程法观测调整各跨猫道承重索的高程,调整需考虑温度对猫道垂度的影响。利用塔顶门架处的卷扬机对猫道承重索垂度进行调整,此项工作反复进行,直至猫道承重索垂度满足要求为止。

绝对高程调整是调整个猫道线形的高程。完成猫道面层铺装以后,逐一紧固猫道上横向连接型钢的工作卡,利用千斤顶调整猫梁与猫道预埋件的螺纹拉杆的位置来达到设计规定的垂度要求。绝对高程还将在使用过程中,根据猫道垂度的变化情况不定时调整。

相对高程调整是选择温度稳定、无风的黄昏或者早晨对上、下游猫道承重索的垂度进行逐一测量,测出各承重索的实际垂度和设计垂度的差值,根据弧长与垂度的关系计算每根承重索的弧长调整值。其顺序为先中跨后边跨。方法为在一控制点上架设全站仪,根据被测点相对控制点的夹角和天顶角测量调整就位。被测点与相对控制点的夹角用来确定所测位置,天顶角用来计算猫道所测位置的高程。

②计算方法及公式。根据承重索跨中点的平面坐标(X,Y)与建站控制点的坐标(X_0,Y_0,H_0)计算出控制点与跨中点连线的方位角及平距。

方位角计算:

$$\Delta X = X - X_0 \quad \Delta Y = Y - Y_0$$

当$\Delta X > 0, \Delta Y > 0$时,方位角$\alpha = \arctan|\Delta Y/\Delta X|$;

当$\Delta X > 0, \Delta Y < 0$时,方位角$\alpha = 360 - \arctan|\Delta Y/\Delta X|$;

当$\Delta X < 0, \Delta Y > 0$时,方位角$\alpha = 180 - \arctan|\Delta Y/\Delta X|$;

当$\Delta X < 0, \Delta Y < 0$时,方位角$\alpha = 180 + \arctan|\Delta Y/\Delta X|$。

水平距离$L = (\Delta X_2 + \Delta Y_2)/2$。

将仪器建站,拨转仪器至计算的方位角上,用十字丝中心瞄准猫道承重索中心位置,读出竖向倾角α,并根据理论水平距离L和实测竖直角α,计算出牵引索中心与全站仪之间的实测竖直高度H_a,并根据监控所给的修正值计算出理论高度H,再根据理论H和实测高度H_a的差值h来进行猫道承重索调整。其计算式如下:

$$H_a = H_A + [L \times \tan\alpha + L_2 \times (L - K) \div (2R)] + i$$
$$h = H - H_a$$

式中,K为大气折光系数;R为地球曲率半径;i为仪器高度;H_A为测站点高程。

24.2 施工质量标准

各根猫道承重索在跨中高度的相对误差宜控制在 ±30mm 以内。

24.3 猫道架设完毕数据收集

分别在猫道架设完成、牵引系统形成、主缆架设前,对塔锚位置进行全面的测量,包括塔锚的轴线、平面位置、高程及各跨跨径。

24.4 小结

猫道施工监测采用天顶角法观测猫道索的跨中点高程,同时测量猫道索的温度,根据理论值与实测值的差异调整猫道承重索的垂度。

分别在猫道索架设完成、牵引系统形成、主缆架设前,对塔锚位置进行全面的测量,确定塔锚的轴线、平面位置、高程及各跨跨径。

25 上部结构控制测量

25.1 主缆控制测量

主缆是悬索桥的主要承力结构,本桥由两根主缆作为吊挂钢桁梁的受力结构,为使架设后的主缆线形与设计一致,必须在施工中对主缆线形进行控制,以确保主缆架设精度。主缆索股架设分为一般索股架设和基准索股架设,而基准索股是一般索股调整的基础。基准索股线形控制就是索股架设时,对基准索股的各跨跨中绝对高程及锚跨张力的控制。因此,必须选定好基准索股和监控好基准索股。基准索股选定的原则:索股处于相对自由状态,便于测量其他索股。

(1) 环境影响因素及作业条件

影响主缆索股调整的环境因素主要是温度和风力,其中温度影响最为显著,因此调索通常在温度相对稳定的夜间进行。

温度测点布设于各锚碇、各索塔、各跨跨中位置,宜都长江大桥主跨1000m,应增加主跨四分点作为测点,每个测点断面测量上下左右四点温度。通常要求长度方向索股的温度差 $\Delta t \leqslant 2℃$,断面方向索股的温差 $\Delta t \leqslant 1℃$,测温仪器的精度一般不能低于 $0.2℃$。

对于风力,主要监测主跨跨中位置,风速不超过 $10.7 m/s$(五级)。

主缆架设前应选择气候条件较为稳定的时段测定。

(2) 主缆架设施工测量控制

主缆是悬索桥的主要结构组成部分,承担桥梁上部结构的全部恒载及活载。主缆架设成型的质量,是悬索桥施工的关键工序。由于主缆架设是在猫道上完成的,除对主缆基准索股、一般索股、索夹、吊索等线形调整测量外,还须进行锚碇、塔柱的变形监测,以保证主缆线形及索夹位置满足设计要求及桥梁施工安全。基准索股的测量与调整是悬索桥主缆架设中最关键的一环,由于一般索股的垂度测定是以基准索股为参照基,因此基准索股垂度调整的精度决定着整个主缆架设的精度,所以应严格控制基准索的垂度测量和精度调整。

(3) 主缆基准索股测量控制

主缆基准索股垂度测定是通过测量基准索股的绝对高程而得的,基准索股垂度调整是通过垂度及锚跨张力来控制的。

①将牵引就位的第一根索股作为基准索,基准索高程测量在气温稳定、无雨雾、风速较小的夜间进行。测量前应对外界气温和索股温度进行测量,索股温度测量用接触式温度计。测点沿长度方向布置为边跨中、主跨1/4、主跨1/2、主跨3/4共5个断面;测点沿断面方向布置为:索股上缘及下缘;温度稳定的条件为:长度方向索股的温度差$\Delta t \leqslant 2℃$,断面方向索股的温差$\Delta t \leqslant 1℃$。不符合上述温度稳定条件不能进行索股调整。

②基准索股的线形应采用绝对垂度进行调整。根据基准索股跨中设计坐标及里程,测设基准索股边跨及中跨跨中点位,并刻划标志,安装棱镜夹。利用全站仪双测站单向三角高程测量法,测量基准索跨中位置棱镜夹上两棱镜中心高程,然后换算出基准索中跨跨中高程,计算上、下游基准索股高差;同时还应测量塔顶偏移、索股温度等数据,将数据报监控单位用于计算索股调整长度并做温度和跨度修正。重复上述操作,直至中跨跨中的垂度符合设计要求。中跨跨中垂度调整完成后,再调整两边跨跨中垂度,调整方法同中跨,垂度调整完成后在索鞍处将索股固定。

③基准索股垂度调整完成后,应对其线形至少连续观测三个晚上,观测宜在风力不小于5级的夜间且温度稳定时进行,并应记录对应的跨中高程、气温、索股温度及索鞍某点的偏量。如各项限差都未超过允许偏差的范围,第一根索股的垂度即调整完成。确认基准索股的线形稳定后,才能进行一般索股的架设。

(4)一般索股垂度测量控制

基准索股以外的索股为一般索股。一般索股采用相对垂度法调整,方法是在各跨跨中利用大型测量卡尺测出待调整索与基准索之间的相对高差,并经跨度与温度修正后,求出调整量并进行调整,调整在夜间进行。在一般索股架设期间,应定期复测基准索股的绝对垂度,以检查基准索股的垂度是否在后续索股的架设中发生了变化。

(5)主缆紧缆后的线形测量

当主缆的一般索股和基准索股架设完成后,应进行紧缆施工。紧缆分为预紧缆和正式紧缆两部分,是把架设好的169根索股通过紧缆机紧成一根主缆,使空隙率符合设计要求,并用钢带将主缆捆扎紧,使原为六边形的主缆截面接近圆形。

主缆紧缆完成后,在夜间恒定的大气温度条件下,测量出主缆空缆线形,即测定主缆中跨1/4处、1/2处、3/4处及边跨的跨中处的主缆空缆线形,包括主缆的绝对垂度、两根主缆的高差以及两塔的跨径和索鞍的预偏量。将实测数据报监控,为索夹位置计算和放样测量提供初始数据。

25.2 索夹放样

索夹的施工放样在悬索桥施工中是相对重要的一环。索夹的位置准确与否,将关系到结构的受力状况,因此在施工中必须采取最佳的测量方法,准确地放出各个索夹的位置,以确保索夹最大限度地接近设计位置。

①索夹放样前,根据监控组提供的索夹位置,进行施工放样数据的计算,主要包括两部分内容:一是吊索中心线与主缆的中心线在空缆状态下的坐标计算和吊索中心线与主缆的天顶

线交点的坐标计算,两者的里程是一致的;二是吊索中心线与主缆天顶线交点到索夹两端的距离的计算。

对于天顶线交点到索夹两端的距离,不同位置的索夹数值不同,且同型号的索夹其数值也有差别,索夹放样数据需要根据索夹中心线与主缆轴线交点到索夹两端的距离、空缆状态下主缆的水平倾角、主缆半径、索夹销轴与天顶线交点到索夹两端的距离计算得到。

进行索夹放样需根据桥塔偏位、温度、风力确定观测时间,放样时,将2台仪器分别架设在同一侧的边塔塔顶上,互相后视建站。首先,2台仪器分别对中间塔柱两边的索夹进行施测,精确定位索夹的位置,然后2台仪器分别由跨中向边跨进行其他索夹位置放样。放样过程尽量选择在阴天无风的条件下进行,以减小风对天顶线放样的影响。主缆天顶线的确定可以采用主缆分中的方法确定,主缆分中的方法是用卡尺和水平尺来确定主缆的天顶线。天顶线放样位置为主缆实际半径的一半的位置。

②由于索夹数量较多,在白天沿主缆的曲线把索夹的位置在主缆上做临时标记。选择夜间气温相对稳定的时段,以临时标记为参考进行索夹的放样。

③由于索夹位置受温度变化影响非常显著,而索夹中心里程是根据特定的结构状态计算出来的,在实际操作时,结构的实际状态与计算采用的状态存在一定的误差。因此,放样时应测量空气温度和主缆表面温度,然后对索夹位置加以修正。

④索夹放样完成后,采用距离法检验相邻两索夹的吊索中心线与天顶线的交点之间的距离是否与计算值相符。

索夹安装完成后进行吊索安装,安装误差应满足相应规范的限差要求。

25.3 吊索安装测量

在确定实际空缆线形后,需要重新计算吊索长度。悬索桥的加劲梁线形主要由空缆线形、吊索长度及加劲梁上的恒载决定;一旦索股架设完成,空缆线形就已确定;吊索架设完成后,加劲梁的线形就已确定;可见,悬索桥线形控制的关键在于控制主缆的架设线形并在完成的空缆线形上决定吊索长度。在吊索长度决定后,一般不可能再调整成桥线形,能调的也只是进行微调。

以设计加劲梁线形为目标状态,利用主缆实际的架设线形和较准确的加劲梁一期恒载和二期恒载,考虑主缆的架设误差,在施工监控与仿真分析系统中可以计算吊索的下料长度,经设计人员计算确认后,交由厂家精确制作。

25.4 钢桁梁吊装过程中桥塔偏位及主索鞍顶推测量

(1)钢桁梁吊装过程中对主索鞍做顶推的监控

钢桁梁的吊装将引起索塔较大的位移和跨径较大的变化,而过大的索塔变形和跨径变化,是悬索桥上部构造施工中不能允许的,因而只有通过对主索鞍的顶推,来恢复索塔位置和设计的跨径。主索鞍座是随着钢桁梁吊装的进程而逐渐进行的,顶推的时间与量由监控计算给出。顶推监控通过量取格栅横桥向轴线到主鞍几何中心(主索鞍座的接缝中心)的距离,确定主索鞍座的偏移量,从而实现对顶推量的监控。

(2)钢桁梁架设过程中梁段线形的监测

钢桁梁架设过程中线形监测的目的,是观察吊装后钢桁梁中线的变化和钢桁梁焊接后的梁段中心线是否与设计桥轴线方向相吻合。监测可通过高精度全站仪的绝对坐标法进行道路放样,测量梁段中线的偏位情况。

(3)架设过程中索塔及散索鞍位移的监测

架梁过程中定期对索塔位移进行监测。散索鞍位移的监测,可在散索鞍的顶面横桥向方向轴线上设置监测点,每个散索鞍设置一个监测点,采用坐标法测量散索鞍的位移。此项监测的初始值,应在上部构造施工前测定,此后根据施工的进展,定期对散索鞍的位移进行监测。

(4)合龙段监测

钢桁梁合龙前,对合龙段两侧梁段长度,以及合龙段处空间现有长度进行测量,记录索股及梁段温度。

(5)钢桁梁施工质量标准

自锚式悬索桥加劲梁的施工质量标准如表25-1所示。

自锚式悬索桥加劲梁的安装质量标准　　　表25-1

项　目		规定值或允许偏差
吊点平面偏位（mm）	纵桥向	±15
	横桥向	±10
吊点锚固面(吊耳中心点)高程（mm）	高程误差	±10
	左右高差	10
锚管或吊耳角度误差(°)		1
纵断面线形		符合设计要求

(6)支座安装

加劲梁吊装期间,进行竖向支座和横向抗风支座安装。可采用全站仪坐标法调整支座平面位置,水准仪调整支座高度和水平度。支座安装质量标准如表25-2所示。

支座安装质量标准　　　表25-2

项　目	规定值或允许偏差
竖向支座的纵、横向偏位(mm)	5
支座高程(mm)	±10
竖向支座垫石钢板水平度(mm)	2
竖向支座滑板中线与桥轴线平行度	1/1000
横向抗风支座支挡垂直度(mm)	≤1
横向抗风支座支挡表面平行度(mm)	≤1
支挡表面与横向抗风支座表面间距(mm)	2

25.5 钢桁梁线形测量

在钢桁梁安装完成后需进行线形测量及上、下游的高程对比。

钢桁梁在制造过程中,根据检测所需要求,按照索夹所在位置向边跨1.5m处方向焊接了监控观测点,以便后续钢桁梁线形测量。

本项目由两家单位完成,为了保证测量的数据精准可行,测量选定在无风或风很小的夜晚进行。使用两台高精密的全站仪,按附合导线进行闭合测量。待数据测量完成后,根据所测得数据进行对比分析,如有偏差,进行重测,直到数据无误后交由监测单位。

钢桁梁线形测量前应提前测出该时段的气温、湿度、气压及折光系数来修正全站仪参数,并根据修正参数,直接进行相对坐标(桩号、偏距、高程)测量。每30min测量大气温度和桁梁上的温度。

由于折光系数受江面雾气影响,为了保证数据准确性,应每隔2h进行折光系数修正。

25.6 小结

25.6.1 主缆控制测量小结

主缆是悬索桥的主要承力结构,为使架设后的主缆线形与设计一致,必须在施工中对主缆线形进行控制,以确保主缆架设精度。因此,必须选定好基准索股和监控好基准索股。基准索股处于相对自由状态,便于测量其他索股。测量中需考虑以下几点因素:

①环境影响因素及作业条件:主要是温度和风力,温度影响最为显著,因此调索通常在温度相对稳定的夜间进行。

②主缆架设施工测量控制:严格控制基准索的垂度测量和精度调整。

③主缆基准索股测量控制:基准索股垂度测定是通过测量基准索股的绝对高程而得的,基准索股垂度调整是通过垂度及锚跨张力来控制的,严格监测基准索股的绝对高程。

④一般索股垂度测量控制:利用大型测量卡尺测出待调整索与基准索之间的相对高差,并经跨度与温度修正后,求出调整量进行调整,调整在夜间进行。

⑤主缆紧缆后的线形测量:在夜间恒定的大气温度条件下,测量出主缆空缆线形。

25.6.2 索夹放样小结

索夹的施工放样在悬索桥施工中是相对重要的一环。索夹的位置准确与否,将关系到结构的受力状况,因此在施工中必须采取最佳的测量方法,准确地放出各个索夹的位置,以确保索夹最大限度地接近设计位置。

25.6.3 吊索安装测量小结

在确定实际空缆线形后,需要重新计算吊索长度。以设计加劲梁线形为目标状态,严格控制施工监控与仿真分析得到的计算吊索下料长度,经设计人员计算确认后,交由厂家精确制作。

25.6.4 钢桁梁吊装、线性测量小结

在钢桁梁吊装过程中,需监测桥塔偏位及主索鞍顶推数据,确保施工过程中桥塔偏位在合理范围内,且主索鞍顶推结果也满足规范要求。

在钢桁梁安装完成后,进行桁梁的线形测量以及上、下游的高程对比,确保钢桁梁线形满足设计要求。

26 成桥竣工测量与变形观测

26.1 主缆线形测量

在地面控制使用两台全站仪同时对主跨的 1/4 处、1/2 处、3/4 处以及边跨 1/2 处的主缆高程进行相对坐标测量(桩号及高程测量),并测量索股温度、索塔偏位及散索鞍偏移量。

进行主缆线形测量时,应在夜间进行,且应根据当时所测量的大气温度、湿度、气压及折光系数进行仪器修正。为了避免在雾气浓密的夜晚进行测量,应在每个轮回测量后,及时与对岸进行对向观测,求出折光系数参数,进行折光系数修正。

26.2 钢桁梁长度和轴线方向的测量

采用全站仪坐标法实测桁梁两端伸缩缝桥轴线和两边线对称位置处的坐标,根据实测坐标反算桁梁轴线和两边线的长度及轴线的方位,同时测量大气温度和桁梁表面温度。

26.3 索塔和主索鞍位置测量及跨径测量

①测量主索鞍横桥向轴线坐标,并与设计坐标比较,以反映主索鞍在成桥时顺桥向方向的偏位情况;

②测量各索塔几何中心的坐标,并与设计坐标比较,以反映成桥时索塔顶的偏位情况;

③在塔顶直接测量左、右幅索塔和桥轴线位置的实际跨径,并与设计跨径比较,以反映成桥时跨径的偏差情况;

④采用对向三角高程测量或者全站仪竖向测距的方法,测量索塔的高度并与设计高度比

较,应反映成桥索塔高度的偏差。

26.4 散索鞍位置测量

采用全站仪坐标法测量散索鞍座横桥向轴线的里程,并与设计里程比较,以反映散索鞍座在成桥时顺桥向方向的偏位情况。

26.5 索塔、锚碇变形观测

宜都长江大桥南岸侧是重力式锚碇,且受长江水位影响较大。为了施工过程中对数据进行精准分析,应定期对锚碇和主塔进行三维坐标测量。

(1)主塔测量

每个塔身设置四个沉降观测点,根据二等测量对索塔进行沉降观测;并定期观测主塔偏位情况,作为后续主索鞍顶推的相关依据。

(2)锚碇测量

锚碇根据前趾、中趾、后趾分布情况,在锚碇左右幅分别埋设三个棱镜头,进行三维空间测量,并根据长江水位的变化进行实测数据对比分析。

26.6 小结

主缆线形测量,即对主缆高程进行相对坐标测量(桩号及高程测量),并测量索股温度、索塔偏移及散索鞍偏移量,确保主缆施工完成后满足设计、规范等各方面要求。

确定钢桁梁轴线和两边线的长度及轴线的方位,确保钢桁梁施工满足设计要求。

索塔和主索鞍位置测量及跨径测量:确定主索鞍在成桥时顺桥向方向的偏位情况,确定成桥时索塔顶的偏位情况,确定桥时跨径的偏差情况,确定成桥索塔高度的偏差,使索塔和主索鞍施工满足设计、规范相关要求。

散索鞍位置测量为监测散索鞍座在成桥时顺桥向方向的偏位情况。

第五篇

成果篇

27 关键技术与主要创新

27.1 关键技术问题

大桥设计过程中有以下主要关键技术问题需解决：

(1) 富水巨厚卵石地层锚碇基础设计问题

大桥宜都岸锚碇边缘距离长江大堤仅 170m。覆盖层上部为粉质黏土，平均厚度 4.5m，中、下部为大粒径砂卵石，平均层厚 47m，下伏基岩为强风化泥质砂岩。上覆黏土层及下伏泥质砂岩层透水性弱，而卵石层与长江连通，透水性强。地下水受到上、下相对隔水层的阻隔，雨季长江水位高于堤内地面时成为孔隙承压水，枯季水位下降成为孔隙潜水。

国内类似水文地质条件下悬索桥锚碇多采用地下连续墙或沉井等深基础方案。但本项目桥址范围卵石中存在大量大粒径漂石（地勘揭示最大粒径达 74cm），若采用地下连续墙，墙体深度 65m，需穿越近 50m 卵石层，成槽困难，深基坑开挖难度大，风险高；若采用沉井基础，深度需 35m，在卵石层沉井下沉困难，且汛期涌水风险大。且由于汛期（5~10 月）无法开展深基坑施工，地下连续墙工期合计需 17 个月，沉井需 14 个月。

综合分析，上述两种基础均存在基坑围护措施工程规模大、施工风险高、经济性差、工期长的问题，亟须研究富水巨厚卵石地层合理的锚碇基础方案。

(2) 单跨钢桁梁悬索桥全寿命期支承体系设计问题

大跨径悬索桥加劲梁梁端支承体系一般采用抗拉拔支座，由于整体刚度较小，加劲梁在可变荷载作用下梁端纵向位移及转角过大，导致支座工作条件不佳，常未达预期寿命即损坏，对结构的安全运营造成了较大影响，大吨位支座的更换更是一直以来的技术难题；大跨径悬索桥结构刚度小，需设置昂贵的大规格伸缩缝以满足静、动荷载作用下梁端位移，且梁端过于频繁的伸缩与转动会严重影响伸缩缝寿命。

综上分析，亟须针对本桥结构特点开展全寿命期合理支承体系设计研究，选择耐久性好、全寿命周期成本低的合理支撑体系。

(3) 桥面铺装耐久性及主梁安装问题

大跨径悬索桥加劲梁挠度大，结构疲劳及桥面铺装耐久性问题突出。桥面铺装耐久性不及预期,正交异性桥面板疲劳开裂问题明显。

大桥加劲梁采用板桁分离式钢桁梁,传统架设工序为:单节间吊装→临时连接→桥面系钢梁安装→桥面板安装。该方法工序复杂,施工速度慢,效率低。宜都长江大桥工期紧,加劲梁如采用传统安装方案,架设工期需约160d,严重影响项目进度,亟须结合项目特点优化节段构造及架设方案,实现加劲梁快速化、装配化安装的目的。

大桥设计过程中秉承品质工程及全寿命周期成本合理化的理念,重视安全环保,追求大桥与自然融合,促进结构、施工、使用安全协调发展;推进快速化、整体化、装配化施工工艺,通过不断优化设计方案,实现大桥安全可靠、适用耐久、技术先进、经济合理、环保节能的目标。

27.2 设计创新点及成效

针对以上设计过程中发现的问题,项目部提出相应的设计创新点并取得如下成效:

(1) 首创富水卵石层悬索桥锚碇大型浅埋扩大基础应用及性能评估理论

大桥锚碇基础设计过程中充分利用卵石层摩阻系数大、后期压缩量小、枯水期长江水位低的特点,首次在富水巨厚卵石地层上采用浅埋基础锚碇,基础平面尺寸101m×71.5m,开挖深度仅8.0m,基底进入卵石层约3m,高于枯水期地下水位,基坑开挖过程不涉水。浅埋扩大基础方案回避了富水卵石层中大范围深基坑开挖风险,明挖浅基坑基础一个枯水期(6个月)即完成施工,该方案较沉井或地下连续墙方案在施工安全性、便利性、工期、环保性等方面具有明显优势。宜都长江大桥浅埋扩大基础方案锚碇总造价仅1.33亿元,相比于深基础方案,节约工程造价超1.5亿元,经济优势显著。

大桥在国内首次将悬索桥锚碇基础置于第四系浅层卵石层基础上,针对卵石层基础受力特性、锚碇基础长期变形、锚碇基础稳定备用措施等进行了专题研究。

针对卵石层的受力特性,提出了基于旁压试验的九参数模型,完善了规范中较大粒径的卵石层的物理力学参数及相关特性;在国内首次将悬索桥锚碇基础置于第四系浅层卵石层,结合施工过程中锚碇基础变位观测,进行了悬索桥锚碇大型浅埋扩大基础在卵石层上的长期变形有限元分析,完善了适用于悬索桥锚碇基础的卵石层有限元本构模型参数;通过试验验证了注浆加固对于卵石层物理力学特性的改善及悬索桥锚碇基础抗滑稳定性的提高;专题研究对悬索桥锚碇基础在卵石层推广采用大型浅埋扩大基础具有重要实用价值。

(2) 基于全寿命周期的单跨双铰钢桁梁悬索桥约束支承体系

大桥梁端采用摆轴式塔连杆替代了易损的支座,塔连杆上端铰接于预埋在塔内的伸臂,下端铰接于主桁上弦杆耳板,拉杆采用工字形截面,长10m,板厚30mm,通过两端销轴的转动实现加劲梁的纵向位移与转动,使加劲梁变形更为平顺,塔连杆为完全受拉构件,抗疲劳性能优,两端销轴挡板设计为中部圆形挖空的正六边形,并配6颗高强度螺栓,运营期内定期将销轴旋转120°即可使销轴与拉杆的接触面均匀摩擦,保证了塔连杆的耐久性,可实现与主体结构同寿命,在全寿命期内避免大型支座更换。

针对梁端位移过大的问题,在主梁及主缆跨中位置设置柔性中央扣结构来加强主缆、桥塔及主梁三者的耦合,有效提高主梁纵向刚度,减小梁端纵向位移。经综合比选,宜都长江大桥通过在跨中设置3对柔性中央扣,可减小梁端位移量约30%,伸缩缝规格由1840mm减小为1360mm,规格显著缩小。

大桥基于全寿命周期提出单跨双铰悬索桥钢桁梁塔连杆+柔性中央扣支承体系,显著提高结构耐久性的同时,大幅减少全寿命期成本。大桥全寿命周期节约成本超4000万。

(3)首创板桁分离式钢桁梁大节段整体化安装工艺

鉴于传统板桁分离式钢桁梁架设方案存在工序复杂、施工速度慢、效率低的弊端,大桥设计过程充分利用长江优质航道资源及桥下水深条件好的优势,提出轻型化桁梁+钢混组合桥面系悬索桥结构体系,在满足长江中游地区桥梁抗风稳定需要的前提下,显著提升结构刚度、铺装耐久性及桥梁抗涡振性能。

抗风试验表明,轻型化桁梁+钢混组合桥面系悬索桥结构体系在$-5°\sim+5°$风攻角下,均未出现竖弯及扭转涡振现象,抗涡振性能良好。

针对本项目工期紧、主梁需快速化安装的问题,设计中将钢桁梁节段长度由15m(单大节间)调整为30m(4节间)一段,连同桥面系钢纵梁整体吊装,单节吊重约400t。与传统单大节间(15m)吊装方案相比,本桥钢桁梁构造及安装工艺方案在节段数减半的同时,节省了桥面系纵梁安装工序,两相比较,可显著提高工效,缩短工期,减少桥面系施工高空作业量。

大桥加劲梁吊装时间从2019年9月10日至2019年11月15日,仅历时65d,较传统加劲梁小节间吊装方案节约工期近3个月。

28 科研成果

28.1 科技成果

该项目取得了不少的科技成果，具体课题成果如表28-1所示。

科技成果课题表　　　　　　　　　　　　表28-1

序号	项 目 名 称	评价等级
1	千米级悬索桥猫道关键技术研究与应用	国际先进
2	主塔超大截面下横梁防裂体系关键技术研究与应用	国际先进
3	大节段钢桁梁合龙施工技术研究与应用	国内领先
4	大跨悬索桥主缆型钢锚固系统精确安装关键技术研究与应用	国内领先
5	暗埋式智能喷淋T梁预制关键技术研究与应用	国内先进
6	复杂富水厚覆盖层泵吸反循环超长大直径钻孔灌注桩关键技术研究与应用	国内先进
7	浅埋基础超大重力式锚碇关键技术研究与应用	国内先进

28.2 论文

以该项目为背景，发表论文8篇，其中核心论文1篇，具体如表28-2所示。

论文发表清单　　　　　　　　　　　　表28-2

序号	论 文 名 称	期刊等级
1	宜昌白洋长江公路大桥BIM辅助设计、协同管理应用	普通期刊
2	白洋长江公路大桥锚碇温控方案研究	中文核心
3	重力式锚碇分区分层自循环温控大体积混凝土施工技术	普通期刊

续上表

序号	论 义 名 称	期刊等级
4	大跨悬索桥主缆型钢锚固系统安装的精度控制技术	普通期刊
5	钢桁梁加固吊具拆除关键技术分析	普通期刊
6	大跨悬索桥锚固系统安装精度控制及施工关键技术研究	普通期刊
7	白洋长江大桥猫道施工关键技术	普通期刊
8	大气腐蚀对白洋长江大桥钢结构影响研究	普通期刊

28.3 专利

以该项目为背景,参与人员成功申请使用新型专利27项、发明专利5项,具体如表28-3、表28-4所示。

实用新型专利清单　　表28-3

序号	专 利 号	专 利 名 称	授权日期
1	ZL201821593179.6	一种桥梁钢筋笼地模滚焊架	2019.09.03
2	ZL201821594029.7	一种桥梁施工用承重挂架	2019.09.24
3	ZL201821611364.3	一种桥梁预制T梁	2019.09.24
4	ZL201821593178.1	一种台座暗埋式自动喷淋养护装置	2019.09.24
5	ZL201821593203.6	一种钢筋预绑胎架	2019.09.03
6	ZL201821593174.3	一种建筑边条处理用的拉毛条	2019.09.03
7	ZL201821594052.6	一种T型预制桥梁模架	2019.09.03
8	ZL201922084126.2	主塔下横梁悬挑段牛腿托架体系	2020.08.28
9	ZL201922084453.8	主塔下横梁斜撑支架体系	2020.08.28
10	ZL201922155077.7	预制T梁高周转模架	2020.11.03
11	ZL201922150201.0	预制T梁喷淋养生系统	2020.11.03
12	ZL202020023940.3	钻孔灌注桩成孔系统	2020.11.03
13	ZL201922131896.8	大跨悬索桥主缆型钢锚固定位支架	2020.12.01
14	ZL201922143501.6	大跨悬索桥主缆型钢锚固系统	2020.12.01
15	ZL201922218830.2	悬索桥猫道面层安装系统	2020.12.01
16	ZL201922218829.X	悬索桥猫道系统	2020.12.01
17	ZL202020024815.4	桩基钢筋笼制作与定位装置	2020.12.01
18	ZL201922501346.0	超大重力式锚碇浅埋基础支模体系	2020.12.18
19	ZL201922474984.8	超大重力式锚碇悬臂模板体系	2020.12.18
20	ZL201922501330.X	大跨钢-混组合桥大节段钢桁梁拼装系统	2020.12.18

续上表

序号	专利号	专利名称	授权日期
21	ZL201922475060.X	大跨钢-混组合桥大节段钢桁梁移运梁系统	2020.12.18
22	ZL201922501339.0	大跨钢-混组合桥大节段钢桁梁运梁栈桥	2020.12.18
23	ZL201922235416.2	盖梁穿芯杆挂架微调落位拆模结构	2020.12.18
24	ZL201922498976.7	近塔端梁架设系统	2020.12.18
25	ZL201922498978.6	超大重力式锚碇浅埋基础	2021.01.29
26	ZL201922486299.7	超大重力式锚碇温控系统	2021.01.29
27	ZL201922236429.1	盖梁穿芯棒挂架支模体系	2021.01.29

发明专利清单　　　　　　　　　　　　表28-4

序号	专利号	专利名称	授权日期
1	ZL201911176579.6	主塔下横梁施工体系及施工方法	2021.03.16
2	ZL201911212747.2	大跨悬索桥主缆型钢锚固系统及施工方法	2021.03.16
3	ZL201911219665.0	喷淋预制T梁的施工方法	2021.05.28
4	ZL201911423147.0	超大重力式锚碇浅埋基础及施工方法	2021.08.20
5	ZL202010011086.3	超长大直径钻孔灌注桩的施工方法	2021.10.22

28.4 工法

依托该悬索桥施工方法，获批省部级工法8项、企业级工法1项，具体如表28-5所示。

工法清单　　　　　　　　　　　　表28-5

序号	工法名称	工法编号
1	千米级悬索桥猫道系统精确安装施工工法	GGG(鄂)C3249-2020
2	千米级悬索桥猫道系统无损拆除施工工法	GGG(鄂)C3250-2020
3	主塔超低超大截面下横梁斜撑支架体系施工工法	GGG(鄂)C3322-2020
4	重力式锚碇超大浅埋基础施工工法	GGG(鄂)C1159-2020
5	超大重力式锚碇分区分层自循环温控大体积混凝土施工工法	GGG(鄂)C2216-2020
6	暗埋式自动喷淋T梁预制施工工法	GGG(鄂)C3326-2020
7	大节段钢桁梁合龙施工工法	GGG(鄂)C3328-2020
8	大跨悬索桥主缆型钢锚固系统高精度安装施工工法	GGG(鄂)C1160-2020
9	大跨径悬索桥大节段钢桁梁整体架设施工工法	HBLQGF-C3-01-2020

28.5 QC(质量控制)成果

该悬索桥施工项目共获湖北省建设工程质量安全协会颁发 9 项奖励,其中二等奖 3 项、三等奖 5 项、优秀奖 1 项,具体如表 28-6 所示。

成果清单　　　　　　　　　　表 28-6

序号	授予单位	奖励等级	项目名称
1	湖北省建设工程质量安全协会	二等奖	提高大跨悬索桥主缆型钢锚固系统安装效率
2	湖北省建设工程质量安全协会	二等奖	桥梁施工整体拆除承重挂架研制
3	湖北省建设工程质量安全协会	二等奖	钢筋笼地模滚焊架研制
4	湖北省建设工程质量安全协会	三等奖	提高大跨钢-混组合桥大节段钢桁梁施工效率
5	湖北省建设工程质量安全协会	三等奖	提高超大重力式锚碇温控效果
6	湖北省建设工程质量安全协会	三等奖	薄壁实心墩穿芯杆盖梁支模体系研制
7	湖北省建设工程质量安全协会	三等奖	台座暗埋式自动喷淋养护装置研制
8	湖北省建设工程质量安全协会	三等奖	预制 T 梁模架研制
9	湖北省建设工程质量安全协会	优秀奖	钢筋预绑胎架研制

参考文献

[1] 交通运输部. 公路桥涵设计通用规范：JTG D60—2015[S]. 北京：人民交通出版社股份有限公司，2015.

[2] 交通运输部. 公路钢筋混凝土及预应力混凝土桥涵设计规范：JTG D62—2004[S]. 北京：人民交通出版社股份有限公司，2004.

[3] 交通运输部. 公路圬工桥涵设计规范：JTG D61—2005[S]. 北京：人民交通出版社，2005.

[4] 交通运输部. 公路桥涵地基与基础设计规范：JTG D63—2007[S]. 北京：人民交通出版社股份有限公司，2007.

[5] 交通运输部. 公路桥涵施工技术规范：JTG/T F50—2011[S]. 北京：人民交通出版社股份有限公司，2011.

[6] 姚玲森. 桥梁工程[M]. 3版. 北京：人民交通出版社股份有限公司，2021.

[7] 吉伯海，傅中秋. 钢桥[M]. 2版. 北京：人民交通出版社股份有限公司，2020.

[8] 肖汝诚. 桥梁结构体系[M]. 北京：人民交通出版社，2013.

[9] 中交第二航务工程局有限公司. 公路与桥梁施工技术[M]. 北京：人民交通出版社，2014.

[10] 中交第二公路工程局有限公司. 悬索桥[M]. 北京：人民交通出版社，2014.

[11] 《中国公路学报》编辑部. 中国桥梁工程学术研究综述·2021[J]. 中国公路学报，2021，34(2)：1-97.

[12] 王春江，戴建国，臧喻，等. 自锚式钢箱梁悬索桥静力稳定性分析[J]. 桥梁建设，2019，49(2)：47-51.

[13] 蔡凡杰，胡厚兰. 滑模与爬模施工工艺在桥梁高墩施工中的应用[J]. 公路，2013，(6)：68-71.

[14] 黄宏伟，张冬梅，徐凌，等. 国内外桥梁桩基础形式的现状[J]. 公路交通科技，2002，(4)：60-64.

[15] 李军堂，秦顺全，张瑞霞. 桥梁深水基础的发展和展望[J]. 桥梁建设，2020，50(3)：17-24.

[16] 薛光雄，沈锐利，先正权，等. 悬索桥基准丝股线形的确定与测控[J]. 桥梁建设，2004，(4)：4-6.

[17] 叶硕. 西堠门大桥主缆索股架设施工[J]. 世界桥梁，2011，(3)：17-20.

[18] 田永强. 五峰山长江大桥主缆索股架设完成[J]. 世界桥梁，2019，47(3)：96-97.

[19] 冯传宝. 五峰山长江大桥上部结构施工控制技术[J]. 桥梁建设，2020，50(1)：99-104.

[20] 张晖，徐永明，李志鹏. 大跨径悬索桥猫道架设牵引系统施工技术[J]. 铁道建筑技术，2020，(8)：112-115.

[21] 李海南，李世举，陈杨永. 阳宝山特大桥主缆施工测量控制技术[J]. 交通世界，2021，(17)：110-111.

[22] 张德平,徐伟,黄细军,等.赤壁长江公路大桥钢锚梁索塔锚固结构优化设计[J].世界桥梁,2019,47(5):12-16.

[23] 姜华,魏群,彭运动.坝陵河大型悬索桥钢桁加劲梁安装施工新技术[J].华北水利水电学院院报,2010,31(1):37-40.

[24] 住房和城乡建设部.混凝土结构工程施工质量验收规范:GB 50204—2015[S].北京:中国建筑工业出版社,2015.

[25] 住房和城乡建设部.钢筋焊接及验收规程:JGJ 18—2012[S].北京:中国建筑工业出版社,2012.

[26] 建设部.混凝土用水标准:JGJ 63—2006[S].北京:中国建筑工业出版社,2006.

[27] 住房和城乡建设部.预应力筋用锚具、夹具和连接器应用技术规程:JGJ 85—2010[S].北京:中国建筑工业出版社,2010.

[28] 全国钢标准化技术委员会(SAC/TC 183).预应力混凝土用钢绞线:GB/T 5224—2014[S].北京:中国标准出版社,2015.

[29] 全国钢标准化技术委员会(SAC/TC 183).预应力热镀锌钢绞线:GB/T 33363—2016[S].北京:中国标准出版社,2017.

[30] 全国钢标准化技术委员会.环氧涂层七丝预应力钢绞线:GB/T 21073—2007[S].北京:中国标准出版社,2018.

[31] 住房和城乡建设部建筑结构标准化技术委员会.无粘结预应力钢绞线:JG/T 161—2016[S].北京:中国标准出版社,2017.

[32] 严国敏.现代悬索桥[M].北京:人民交通出版社,2002.

[33] 周念先.桥梁方案比选[M].上海:同济大学出版社,1997.

[34] 唐寰澄,唐浩.中国桥梁技术史第一卷古代篇(上)[M].北京:北京交通大学出版社,2017.

[35] 王应良,高宗余.欧美桥梁设计思想[M].北京:中国铁道出版社,2008.

[36] 项海帆,潘洪萱,张圣城,等.中国桥梁史纲[M].上海:同济大学出版社,2009.

[37] 孟凡超.悬索桥[M].北京:人民交通出版社,2011.

[38] 梁鹏,肖汝诚,夏明,等.超大跨径缆索承重桥梁结构体系[J].公路交通科技,2004,21(5):53-56.

[39] 杨进.悬吊斜拉组合桥结构应用于武汉市杨泗长江大桥的技术经济优势分析[J].桥梁建设,2010,(5):1-2.

[40] 张劲泉,曲兆乐,宋建永,等.多塔连跨悬索桥综述[J].公路交通科技,2011,28(8):30-45.

[41] 交通运输部.公路悬索桥设计规范:JTG/T D65—05—2015[S].北京:人民交通出版社股份有限公司,2015.

[42] 徐恭义.在悬索桥中再度设计应用板式加劲梁[D].成都:西南交通大学,2005.

[43] 姜友生.桥梁总体设计[M].北京:人民交通出版社,2012.

[44] 住房和城乡建设部.大体积混凝土施工规范:GB 50496—2018[S].北京:中国建筑工业出版社,2018.

[45] 交通运输部. 水运工程大体积混凝土温度裂缝控制技术规程：JTS/T 202—1—2010[S]. 北京：人民交通出版社股份有限公司, 2010.

[46] 住房和城乡建设部. 混凝土坝安全监测技术标准：GB/T 51416—2020[S]. 北京：中国计划出版社, 2020.

[47] 交通部. 公路沥青路面施工技术规范：JTG F40—2004[S]. 北京：人民交通出版社, 2004.

[48] 自然资源部. 国家一、二等水准测量规范：GB/T 12897—2006[S]. 北京：中国标准出版社, 2006.

[49] 魏洋, 董峰辉, 郑开启, 等. 桥梁施工技术[M]. 北京：人民交通出版社股份有限公司, 2021.

[50] 沈锐利. 缆索承重桥梁[M]. 北京：人民交通出版社股份有限公司, 2021.